中华二千年史

卷五

明清五：明清两代社会生活

邓之诚 著

高艳红 陈虎 点校

中華書局

目　录

补遗

明清两代社会生活

（一）制度

（1）田制

（甲）田之种类

明

明初，严核田数，设《鱼鳞册》以尽田形，设《黄册》以稽户役，豪猾无所隐其奸。又召民开垦荒地，天下田数达八百余万顷。

国初，两浙富民畏避徭役，往往以田产诡托亲邻佃仆，谓之铁脚诡寄。久之，相沿成风，乡里欺州县，州县欺府，奸弊百出，谓之通天诡寄。上素知其弊，及即位，乃遣国子生武淳等，往各处集里甲耆民，躬历田亩以量度之，图其田之方圆，次其字号，书其主名，及田丈尺四至，类编为册，以所绘若鱼鳞然，故号《鱼鳞图册》（徐学聚《国朝典汇》卷九十）。

明太祖即帝位，遣周铸等百六十四人，核浙西田亩，定其赋税。复命户部核实天下土田。……先是，诏天下编《黄册》，以户为主，详具旧管、新收、开除、实在之数为四柱。而《鱼鳞图册》以土田为主，诸原坂、坟衍、下隰、沃瘠、沙卤之别毕具。《鱼鳞册》为经，土田之讼质焉。《黄册》为纬，赋役之法定焉（《明史》卷七十七《食货志》）。

又以中原田多芜，命省臣议，计民授田。设司农司，开治河南，掌其事。临濠之田，验其丁力，计亩给之，毋许兼并。北方近城地多不治，召民耕，人给十五亩，蔬地二亩，免租三年。每岁中书省奏天下垦田数，少者亩以千计，多者至二十余万。官给牛及农具者，乃收其税，额外垦荒者，永不起科。二十六年，核天下土田，总八百五十万七千六百二十三顷，盖骎骎无弃土矣（《明史》卷七十七《食货志》）。

民田

田有官田有民田，中叶以后，民田多夺于官，图册混乱，田数仅及明初之半。万历时，通丈全国之田七百万顷，终不能复原数。

明时土田二等，曰官田，曰民田。民所自占得买卖之田，曰民田。官田为皇庄、还官田、没官田、断入官田、牧马草场、城壖、苜蓿地、牲地、园陵、坟地、公占隙地、学田、诸王公主勋戚大臣内监寺观赐乞庄田、职田、边臣养廉田、军民商屯(一)制度田。国初官田未广，率皆前代公田及无主者。厥后上贪下僭，渐占敚民业。若没官田全户抄札，有一没、二没、三没者。断入官田，因讼争律应入官者，固皆民业也。若所屯之田，半属逃亡绝户之遗，亦民业也。降自中叶，官庄军屯多而民田日寡矣（王原深《明食货志》卷三）。

凡田以近郭为上地，迤远为中地、下地。五尺为步，步二百四十为亩，亩百为顷。太祖仍元里社制，河北诸州县土著者以社分里甲，迁民分屯之地以屯分里甲。社民先占亩广，屯民新占亩狭，故屯地谓之小亩，社地谓之广亩。至宣德间，垦荒田永不起科及洿下斥卤无粮者，皆核入赋额，数溢于旧。有司乃以大亩当小亩以符旧额，有数亩当一亩者。步尺参差不一，人得以意赢缩，土地不均，未有如北方者。贵州田无顷亩尺籍，悉征之土官。而诸处土田，日久颇淆乱，与《黄册》不符。弘治十五年，天下土田止四百二十二万八千五十八顷，官田视民田得七之一。……其后福建诸州县，为经、纬二册，其法颇详。然率以地为主，田多者犹得上下其手。神宗初，建昌知府许孚远为归户册，则以田从人，法简而密矣。万历六年，帝用大学士张居正议，天下田亩通行丈量，限三载竣事。用开方法，以径围乘除，畸零截补。于是豪猾不得欺隐，里甲免赔累，而小民无虚粮。总计田数七百一万三千九百七十六顷，视弘治时赢三百万顷（《明史》卷七十七《食货志》）。

军屯

屯田有军屯，有民屯，有商屯。边军自耕以给饷，曰军屯。边地祁寒，军屯渐废，万历时，辽东宽甸等六堡，农田甚盛，然民所自垦，非军屯也。

太祖初，立民兵万户府，寓兵于农，其法最善。又令诸将屯兵龙江诸处，惟康茂才绩最，乃下令褒之，因以申饬将士。洪武三年，中书省请税太原、朔州屯卒，命勿征。明年，中书省言："河南、山东、北平、陕西、山西及直隶、淮安诸府屯田，凡官给牛种者十税五，自备者十税三。"诏且勿征，三年后亩收租一斗。……而军屯则领之卫、所。边地，三分守城，七分屯种。内地，二分守城，八分屯种。每军受田五十亩。……初亩税斗。三十五年定科则：军田一分，正粮十二石，贮屯仓，听本军自支，余粮为本卫、所官军俸粮。永乐初，定屯田官军赏罚例：岁食米十二石外余六石为率，多者赏钞，缺者罚俸。又以田肥瘠不同，法宜有别，命军官各种样田，以其岁收之数相考较。……又更定屯守之数。临边险要，守多于屯。地僻处及输粮艰者，屯多于守。屯兵百名委百户，三百名委千户，五百名以上指挥提督之。屯设红牌，列则例于上。年六十与残疾及幼者，耕以自食，不限于例。屯军以公事妨农务者，免征子粒，且禁卫、所差拨（《明史》卷七十七《食货志》）。

惟我太祖，加意于此，视古最详。考其迹，则往所有闲地即分军以立屯。考其制，则三分守城，七分屯种。以言其数，则外而辽东一万一千三百八十六顷；内而极安如浙江者，亦有二千二百七十四顷一十九亩六分六丝六忽。推之于南北二京卫所、陕西、山西诸省，尤极备焉（徐学聚《国朝典汇》卷二五六《屯田》）。

民屯

荒地召民开垦，其编入什伍，设长以督者，曰民屯。官予牛、种，收所入以给军。日久，民或逃亡，其留者多起科。

四年（洪武），命工部遣官往广西买耕牛，以给中原屯种之民。五年正月，诏今后犯罪当戍两广者，发临濠屯田（徐学聚《国朝典汇》卷二五六《屯田》）。

六年（洪武），太仆丞梁埜仙帖木尔言："宁夏境内及四川西南至船城，东北至塔滩，相去八百里，土膏沃，宜招集流亡屯田。”从之。是时，遣邓愈、汤和诸将屯陕西、彰德、汝宁、北平、永平，徙山西、真定民屯凤阳。又因海运饷辽有溺死者，遂益讲屯政，天下卫、所、州、县军民皆事垦辟矣。其制，移民就宽乡，或召募或罪徙者为民屯，皆领之有司（《明史》卷七十七《食货志》）。

嘉靖十年五月，陕西巡按御史陈世辅言，本镇沿边一带，宜行镇巡官，同守巡官，遍历边地，逐一阅视城堑墩堡宜修设者，以时兴举。堡塞修，始议耕种，量其土宜，设立大小屯堡。大者百人，立屯长副；小者五十人，立屯长，令督责耕种。缺种者官给秋还。旧纳粮者收税，不纳粮者三年后起科。近墩设小教场，暇则习射其间(徐学聚《国朝典汇卷》二五六《屯田》）。

商屯

明仿宋制，使商纳粮于边而偿以池盐，曰商屯，亦曰开中。及盐法坏，商纳粮而盐不时得，商屯遂废。

明初，募盐商于各边开中，谓之商屯。迨弘治中，叶淇变法，而开中始坏。诸淮商悉撤业归，西北商亦多徙家于淮，边地为墟，米石直银五两，而边储枵然矣。世宗时，杨一清复请召商开中，又谓仿古募民实塞下之意，招徕陇右、关西民以屯边。其后周泽、王崇古、林富、陈世辅、王畿、王朝用、唐顺之、吴桂芳等争言屯政。而庞尚鹏总理江北盐屯，寻移九边，与总督王崇古，先后区画屯政甚详。然是时，因循日久，卒鲜实效（《明史》卷七十七《食货志》）。

庄田

自官田没入者曰皇庄。

天顺八年十月，宪宗初立宫中庄田，顺义县安乐里板桥村原额地一十顷十三亩。初，太监曹吉祥占军地二十四顷八十四亩，共三十五顷没入官。至是，拨为宫中庄田，皇庄之名始此（徐学聚《国朝典汇》卷十九）。

弘治二年，户部尚书李敏等以灾异上言："畿内皇庄有五，共地万二千八百余顷。"……武宗即位，逾月，即建皇庄七，其后增至三百余处。……世宗初……户部尚书孙交造皇庄新册，额减于旧。帝命核先年顷亩数以闻，改称官地，不复名皇庄，诏所司征银解部。然多为宦寺中饱，积逋至数十万以为常（《明史》卷七十七《食货志》）。

正德八年八月，立皇庄五处：一、昌平州楼子村，一、静海卫河两岸，一、青县孙儿庄，一、安州骟马庙，一、清苑阎社。……嘉靖元年十月，敕核畿内皇庄。……已而言（夏言）等会同顺天、保定各巡按孟春、周季凤，巡抚王琳、宋越等，勘出各项田庄，共计二十万九百一十九顷二十八亩，其侵占民田二万二百二十九顷二十八亩，俱令还民。言等又以原敕系皇庄者，解部类进，犹非国体，复疏详述皇庄创立之始，及庄甲掊克之害，因及皇店皇盐罔利之非，乞并扫除，以洗累朝之弊，垂百代之休。从之，改皇庄为官地云（徐学聚《国朝典汇》卷十九）。

赐田，王曰王府庄，勋戚曰勋戚庄，皆不纳国赋，多者至数万顷。

太祖赐勋臣、公侯、丞相以下庄田，多者百顷，亲王庄田千顷。又赐公侯暨武臣公田，又赐百官公田，以其租入充禄。指挥没于阵者皆赐公田。勋臣庄佃，多倚威扞禁，帝召诸臣戒谕之。其后公侯复岁禄，归赐田于官。……初，洪熙时，有仁寿宫庄，其后又有清宁、未央宫庄。天顺三年，以诸王未出阁，供用浩繁，立东宫、德王、秀王庄田。二王之藩，地仍归官。……神宗赉予过侈，求无不获。潞王、寿阳公主恩最渥。而福王分封，括河南、山东、湖广田为王庄，至四万顷。群臣力争，乃减其半（《明史》卷七十七《食货志》）。

正德二年十月，赐皇亲沈傅、吴让静海县庄田六千五百余顷。让妻厉氏奏河间静海庄田一处，系河淤退滩田土，乞照皇亲夏儒事例给与管业，盖奸民李良等捏称投献也。事下户部，查河间庄田册，并无静海河淤退滩地，及差官勘前地顷亩数，多见有军民管业，难便定拟。覆奏，上不从，卒赐二家为庄田永业（徐学聚《国朝典汇》卷十九）。

弘治二年，户部尚书李敏等以灾异上言:“畿内……勋戚、中官庄田三百三十有二，共地三万三千余顷。”（《明史》卷七十七《食货志》）

徽、兴、岐、衡四王，田多至七千余顷。会昌、建昌、庆云三侯争田，帝辄赐之（《明史》卷七十七《食货志》）。

奏乞者多，庄田日滥。

嘉靖四年，玉田伯蒋轮请故宜兴大长公主田千顷，言官部臣，皆执不可。上特许割其半畀之，诏:“至今但系先朝给赐戚畹田土，不许妄争，以伤朝廷大义。”（徐学聚《国朝典汇》卷十九）

成化三年，庆云伯周寿受奸民李政等投献，奏乞庆都、清苑、清河地，共五千四百余顷。长宁伯周彧受奸民魏忠等投献，奏乞景州、东光地一千九百余顷作庄田（徐学聚《国朝典汇》卷十九）。

（嘉靖）又革王府所请山场湖陂。德王请齐、汉二庶人所遗东昌、兖州闲田，又请白云等湖，山东巡抚邵锡按新令却之，语甚切。德王争之数四，帝仍从部议，但存藩封初请庄田。其后有奏请者不听（《明史》卷七十七《食货志》）。

占夺民田者尤众。

永乐七年，隆平侯张信强占练湖八十余里，又占江阴县官田七十余顷，为都御史陈瑛所劾。……命法司杂治之（徐学聚《国朝典汇》卷十九）。

至英宗时，诸王、外戚、中官所在占官私田，或反诬民占，请案治。比案问得实，帝命还之民者非一。乃下诏禁夺民田及奏请畿内地。然权贵宗室庄田坟茔，或赐或请，不可胜计（《明史》卷七十七《食货志》）。

（正德）十六年七月，户部覆巡按御史范永銮奏言:“静海县濒海地多闲旷，小民自行垦辟纳税，百有余年。近皇亲沈傅、吴让受奸民投献冒夺之，因蚕食延袤百里，履亩而税，贫民采捕鱼蛤者，皆令输租，不堪其扰。又天津诸卫，逆瑾受献为庄田者，不下千顷。瑾败入官，而诸内臣又一切传奏，号为皇庄。虽屡奉诏查核，而不令主者得还，故产日流移。宜令抚、按查勘。二皇亲系冒占者，即以予民。诸勋戚庄田皆宜如例，禁勿多取，遇灾则蠲之，不奉诏者罪如律。”上曰：“可。”（徐学聚《国朝典汇》卷十九）

嘉靖三十九年，遣御史沈阳清，夺隐冒庄田万六千余顷（《明史》卷七十七《食货志》）。

后乃议限以顷数，然卒不能行。

先是，户部奉旨酌议裁革勋戚冒滥庄田，勋臣传派五世者，限田百顷，戚畹限田七百顷。宗支已绝及失爵者，夺之。奸民影射者，征租。至是……上曰：“傳派五世勋臣，及公主见在驸马各庄田，仍会同屯田御史议定应留顷数规则以闻。”部又更议元勋世裔，限以百顷，勋戚半者限田五十顷。驸马李和于原议七百顷外益以三百顷，以足千顷之数，诏如议（徐学聚《国朝典汇》卷十九）。

穆宗从御史王廷瞻言，复定世次递减之限：勋臣五世限田二百顷，戚畹七百顷至七十顷有差。……熹宗时，桂、惠、瑞三王及遂平、宁国二公主庄田，动以万计，而魏忠贤一门，横赐尤甚（《明史》卷七十七《食货志》）。

清

民田

清初经明季之乱，逃亡未复，土地荒芜，田数仅五百余万顷。至乾隆之末，遂达七百万顷，几与明季相埒。百余午间，日以劝农为事，至以实官奖励垦荒，并以此为官吏考成。熟荒固易恢复，而生荒若关外奉、吉、黑之地，亦得以开发。

顺治元年（一六四四年），定开垦荒地之例，州、县、卫、所荒地，分给流民及官兵屯种。有主者令原主开垦,官给牛、种,三年起科。……六年(一六五一年),始定州、县以上官以劝垦为考成,凡地方官招徕各处逃民,不论原籍别籍,编入保甲,开垦荒田,给以印信执照,永准为业。三年后有司亲察成熟亩数,抚按勘实,奏请征粮,不得预征私派。州、县以劝垦之多寡为优劣,道、府以督催之勤惰为殿最,每岁终载入考成。至十五年(一六五八年),定督、抚一年内开垦荒地二千顷至八千顷以上,道、府开垦千顷至六千顷以上,州、县开垦百顷至六百顷以上,卫、所开垦五十顷至二百顷以上,分别议叙,不准以二三年垦数合算(《皇朝文献通考》卷一《田赋考》)。

康熙二年(一六六三年),申明地方官开垦劝惩之例,凡督、抚、道、府、州、县劝垦多者,照顺治十五年议叙之例,州、县、卫、所荒地一年内全无开垦者,令督、抚提参。其已垦而复荒者,削去各官开垦时所得加级纪录,仍限一年督令开垦,限内不完者,分别降罚。前任官垦过熟地,后任官复荒者,亦照此例议处。又以各省开垦甚多,自康熙二年为始,限五年垦完。如六年之后,察出荒芜尚多,将督、抚以下分别议处。至三年(一六六四年),以布政使亦有督垦之责,照督、抚例议叙。府同知、通判不与知府同城,自劝民开垦者,照州、县例议叙。四年(一六六五年),以限年垦荒,恐州、县捏报摊派,令停止。六年(一六六七年),定劝垦各官,俟三年起科,钱粮如数全完,取具里老无包赔荒地甘结到部,始准议叙(《皇朝文献通考》卷二《田赋考》)。

康熙十年(一六七一年),准贡监生员民人垦地二十顷以上,试其文义通者,以县丞用。不能通晓者,以百总用。一百顷以上,文义通顺者,以知县用。不能通晓者,以守备用。凡招民垦荒,督、抚具题户部核明起科果实,送吏、兵二部照例分叙。其招民不足额,垦地钱粮未经起解,假捏出结具题者,捏报州、县官革职,转报司道、府降四级调用。题报督、抚降二级调用(《皇朝文献通考》卷二《田赋考》)。

乾隆五年（一七四〇年），有零星土地永免升科之谕。初犹限以亩数，至十一年（一七四六年），以广东高、雷、廉等府所垦荒地，本非沃壤；十八年（一七五三年），以琼州海外瘠区；三十一年（一七六六年），以滇省山头地角，尚有旷土，皆听民耕种，不限亩数，概免升科（王庆云《熙朝纪政》卷四《纪劝垦》）。

《授时通考》之颁行，亦足见其重视劝农。

乾隆二年（一七三七年），谕……朕思为耒耜教树艺，皆始于上古圣人。其播种之方，耕耨之节，与夫备旱驱蝗之术，散见经籍，至详且备。后世农家者流，其说亦各有可取，所当荟萃成书，颁布中外，庶三农九谷，各得其宜，望杏瞻蒲，无失其候。著南书房翰林，同武英殿翰林编纂，至六年（一七四一年）书成，凡七十五卷，名曰《授时通考》（《皇朝文献通考》卷四《田赋考》）。

其次则为清丈，所以杜隐匿也。

顺治十一年（一六五四年），定丈量规制。州、县地用步弓，各旗庄屯地用绳。如有民地缺额，督、抚详查开除。至十二年（一六五五年），颁部铸步弓尺于天下，广一步、纵二百四十步为亩（方广十五步、纵十六步）。有司于农隙时，亲率里甲，履亩丈勘，以定疆界，杜占争，均亩赋。凡丈量之制，州、县册籍，原载坵段四至不清者丈，欺隐牵累、有地无粮者、有粮无地者丈，亩步不符、赋则或浮者丈，熟荒相间、旗民盐灶以及边地民番相错者丈，壤界相接、畛域不分者丈，荒芜召垦、寄粮分隶者丈，水冲沙压、公占应抵应豁者丈。濒江濒海之区，五年一丈，视其或涨或坍，分别升免（《皇朝文献通考》卷一《田赋考》）。

康熙二十九年（一六九〇年），清丈芦洲田亩。……三十三年（一六九四年），清丈福建沿海地。……三十四年（一六九五年），定云南清浪卫业经清丈田地，每十亩科粮一石（《皇朝文献通考》卷二《田赋考》）。

雍正元年（一七二三年），又以濒江近海之区，定制十年清丈一次。

恐未至十年有坍涨者，令各州、县、卫、所官，不时清查，坍者即行豁免，涨者即行升科。……六年（一七二八年），定沿江滨海地亩五年一丈，新垦者升科，坍塌者除赋（《皇朝文献通考》卷三《田赋考》）。

明、清两代垦田数比较表

朝	年号	垦田数
明	洪武二十六年	八百五十万七千六百二十三顷
明	弘治十五年	四百二十二万八千五十八顷
明	万历六年	七百一万三千九百七十六顷
清	顺治十八年	五百四十九万三千五百七十六顷四十亩
清	康熙二十四年	六百七万八千四百三十顷一亩有奇
清	雍正二年	六百八十三万七千九百十四顷二十七亩有奇
清	乾隆十八年	七百八万一千一百四十二顷八十八亩
清	乾隆三十一年	七百四十一万四千四百九十五顷五十亩有奇
清	嘉庆十七年	七百九十一万五千二百五十一顷有奇

屯田

清初，以黔、蜀人少，大兴屯田，渐及甘、新。乾隆时，各省屯田合计达三十九万余顷。

前明卫、所之设，以屯养军，以军隶卫，唐府兵遗法也。自军政废弛，始募民为兵，于是屯军专职漕运，无漕之军，受役不得休息，屯户始大困矣。国初因明之旧，卫、所屯田，给军分佃，罢其杂徭。寻裁指挥，设守备，改卫军为屯丁，令无运，屯田同民田一体起科。顺治十三年，令浙江各卫，有屯无运与无屯有运者，均征拨帖，而屯困稍苏。雍正二年，从廷臣请，以内地屯卫，悉归并州、县管辖，裁都司以下官，惟带运之屯，与边卫无州、县可归者仍旧。初屯丁卖产，有司利其税入，给契令得卖买，既而禁之。屯丁贫不能赎，民间执业已久，于是有加津贴运之令。自国初以来，屡减免各省重额屯粮与其耗羡，而屯田之利病，实与漕运相终始云。若夫垦荒兴屯之令，定于世祖入关之始。康熙五年，御史甫震疏请黔、蜀屯田，略曰："国用不敷之故，由于养兵。以岁费言之，兵饷居其八。以兵饷言之，绿旗又居其八。今黔、蜀地多人少，诚行屯田之制，驻一郡之兵，即耕其郡之地；驻一县之兵，即耕其县之地，养兵之费既省，荒田亦可渐辟。"下部议行。雍正初，令安西兵丁试行屯垦。后又招民于渊泉县之柳沟、玉门县之赤金等处，承种屯田。又设甘肃柳林湖屯田（属凉州镇番县）。乾隆初，黔苗底定，以绝产给兵屯粮种。又于直隶口外、八沟、塔子沟及甘肃瓜州等处兴屯。今案乾隆三十一年，各省屯田三十九万余顷，屯赋银七十八万五千两，屯粮九百万七千石有奇。新疆屯田，自准夷四部，悉隶版图，边防与屯政相为表里，东自巴里坤，西至伊犁，北至科布多，南至哈喇沙尔、天山左右，水土沃饶，前后垦辟十数万亩，边民永无馈饷之劳，其各城回民，纳粮以帕特玛（每一帕特玛，合官石五石三斗）、纳普尔钱以腾格（每五十普尔为一腾格，每二腾格为一两），疆里及于戎索，而计册待夫重译，尤古所未闻。暨金川既平，留兵屯戍，儹拉美诺之降番亦给地，俾安耕凿焉（王庆云《熙朝纪政》卷四《纪屯田》）。

清因明之旧，卫屯给军分佃，罢其杂徭。顺治元年，遣御史巡视屯田。三年，定屯田官制。卫设守备一，兼管屯田。又千总、百总，分理卫事。改卫军为屯丁。六年，定直隶屯地输租例。其时裁屯田御史，继裁巡按，由巡抚主之。十三年，定屯军贴运例。……康熙十五年，以各卫荒田在州、县辖境，军地民田多影射，令檄所司清厘。雍正二年，从廷臣请，并内地屯卫于州、县，裁都司以下官。惟带运之屯，与边卫无州、县可归者，如故。九年，令屯卫田亩可典与军户，不得私典与民。乾隆元年，豁免广东屯田羡余，因除各省军田额外加征例。……五十四年，毕沅等奏，各省屯丁四年一编审，止稽户口之数，其田产或有漏匿，以时核之。百余年来，屯田利病与漕运终始。……光绪二十四年，太常卿袁昶奏理屯田，因有改卫为屯之谕，令天下核卫田亩数，详定租章。而江西以租悉充饷，与他省赡运者不同，额仍旧贯。……明年（廿八年），谕各省勘实屯地，檄屯户税契执业，改屯饷为丁粮，归州、县征解。除屯丁、运军名目，裁卫官。是时综计各省屯田约二十五万余顷。……宣统元年，浙抚增韫更请令承田者但刻期报明，统不纳价。部议即允占业，屯价不妨量收。盖屯卫嬗变，时势然也（《清史稿·食货志一·田制》）。

旗田

清代官田，有旗田、官田之分。旗田之属于内务府者，曰内务府官庄，所辖有粮庄，有庄头。清初，随入关者，圈地以耕，或近畿人民带田来投者，皆曰庄头。

初设官庄，以近畿民来归者为庄头，给绳地，一绳四十二亩。其后编第各庄头田土分四等，十年一编定（《清史稿·食货志一·田制》）。

顺治元年，设立官庄。是时近畿百姓带地来投，设为纳银庄头。愿领入官地亩者，亦为纳银庄头。各给绳地。……康熙八年，编各庄头等第，以其田土编为四等。至二十三年，题准每十年编定一次（《皇朝文献通考》卷五《田赋考·八旗田制》）。

乾隆十年十一月，奏准本司所属大粮庄头，共五百名。定例整分庄头，各给地十八顷。半分庄头，各给地九顷。内有自盛京随从来京圈地充当庄头者，原圈地亩自二三十顷至四五十顷不等。嗣后凡原圈地亩，庄头之缺，如伊子孙兄弟近族承替，仍照旧充当，无庸撤减（《总管内务府现行则例会计司》卷一《安设粮庄》）。

其圈地百余顷设壮丁十人以耕者，曰粮庄。

国初设近畿官庄百三十二所，每庄给田三百晌（每六亩为一晌），庄头各给绳地（每四十二亩为一绳），隶内务府而征其赋（王庆云《熙朝纪政》卷六）。

设粮庄，庄给地三百晌，晌约地六亩。庄地坐落顺、保、永、宣各属，奉天、山海关、古北口、喜峰口亦立之，皆领于内务府。此外有部、寺官庄，分隶礼部、光禄寺。又设园地，植瓜果蔬菜，选壮丁为园头。世宗初，设总理专官，司口外报粮编审（《清史稿·食货志一·田制》）。

康熙二十四年，设立粮庄，每庄各给地千八百亩。旧例每庄壮丁十名，选一人为庄头，给田一百三十晌。场园马馆，另给田四晌。庄丁蕃衍，则留于本庄，缺则补足。给牛八头，量给房屋、田种、口粮、器皿，免第一年钱粮。至是，设粮庄，每庄地三百晌。其头等、二等庄头，不准给牛。又山海关内，古北口、喜峰口外，粮庄每一所纳粮百石（合仓石三百六十石）。山海关外，粮庄每一所纳粮百二十石（合仓石四百三十二石）。至二十六年，题准于交纳银二百两之庄头内，改为粮庄，增壮丁为十五名（《皇朝文献通考》卷五《田赋考·八旗田制》）。

宗室官员及兵丁圈地为庄田，不属内务府。圈地惟入关之初有之，虽以他处之地偿还人民，然以斥卤而纳膏腴之赋，受害无穷。

顺治元年，谕户部曰："我朝定都燕京，期于久远，凡近京各州、县无主荒田，尔部清厘，分给东来诸王勋臣兵丁人等，盖非利其土地，以无处安置，故不得已而取之。可令满、汉分居，各理疆界，以杜争端。"于是巡按御史柳寅东条上满、汉分居五便。二年，令民地为旗人指圈者，速以他处补给，美恶务令均平。十年，停止圈拨，然旗下退出荒地，与游牧投来人丁，皆复行圈补。又有因圈补而并圈接壤民地者。康熙初，鳌拜当国，欲以正白旗屯庄给镶黄旗，而另圈民地给正白旗。户部尚书苏纳海，以拨地迟延罪死。总督朱昌祚、巡抚王登联，以拨换地亩旗民困苦上闻，亦逮死。及圣主亲政，乃昭雪之。八年，谕："比年以来，复将民间房地，圈给旗下，以致民生失业，流离困苦，以后著停。今年所圈房地，俱著退还。"并饬部，将张家口、山海关等处旷土，换拨各旗耕种，并令新满洲以官庄余地拨给。其指圈之地归民，是为旗区地亩，旗人不习耕作，又以生齿日繁，始稍稍典卖矣。雍正初，清查旗地，动内帑赎回。凡不自首与定例后复私卖买者，皆入官为公产旗地（嘉庆十七年，额征入官旗地三万七千三百余顷）。……凡赎入官地，并抵帑、籍没等田，皆征其租，谓之旗租（嘉庆十一年，征收旗租银四十万三千余两）。自旗人生计，日以不足，旗租岁充饫赐。谨按《会典》，近畿之地，各旗王公宗室庄田，以顷计者一万三千三百有奇；各旗官兵分拨庄田，以顷计者十四万九百有奇（王庆云《熙朝纪政》卷四《纪圈地》）。

旗地典卖与民人者，乾隆时，由公家出价代为取赎，谓之二次地。

乾隆四年谕："……其时旗人所得地亩，原足以资养赡。嗣因生齿日繁，恒产渐少，或因事急需将地亩渐次典与民家为业，阅久辗转相授，已成民产。今欲典出旗地，陆续赎回。……可将此旨，行文直隶总督，详悉妥议。"五年，议定取赎民典旗地及旗人下乡种地之例。……九年，定民典旗地减价取赎之令。凡民典旗地，不论契载年限，总以十年为率。在十年之内者，照原价；十年以外者，减原价十分之一；二十年以外，减十之二；三十年以外，减十之三；四十年以外，减十之四；五十年以外者，半价取赎。至十一年，复定取赎旗地，自十年以外，每年递减。至五十年以外，仍以半价取赎。又令八旗官兵承买公产地者，亦照官赎减价。……十八年，令嗣后旗下奴仆及开户人典买旗地，定限一年内自首，官为回赎，照民典旗地例，分年限价取赎。如系其主之地，十年以内，即减原价十分之一；十年以外，减十之二，以次递减。若原主不能赎，即交八旗内务府作为公产，官为收租，岁终将收过租息数目奏闻，请旨赏给贫乏旗人，以资养赡。……二十一年，谕："八旗另记档案及养子开户人等，俱准其出旗为民。……伊本身田产，应遵旨准其带往为业，至于老圈并典买八旗地亩，不便将旗地带入民籍，应查明动官帑赎回。"……二十二年，准民奴典卖旗地，分别减价，先行发帑赎回，照旗地旗租之例收租。……二十八年，谕："上年因八旗回赎旗地，积至一万余顷之多。降旨令户部会同内务府八旗大臣定议，以三千顷安设庄头，俱赏给八旗作为恒产。"(《皇朝文献通考》卷五《田赋考·八旗田制》)

乾隆五年，部议准直隶督臣奏：一、取赎民典旗地，百姓不苦于得价还地，实惧其夺田别佃。应令地方官于赎地之时，将见在佃户及见出之租数，造册备案，嗣后无论何人承买，仍令原佃承种，其租银照旧。如庄头土豪无故增租夺佃者，罪之。……二十三年，谕："出旗为民之汉军内，所有向日承种井田、屯田者，俱久赖地亩为生。一旦将此项地亩撤出，未免失其生业。著将伊等现在承种地亩，加恩即行赏给耕种。"至四月，直隶总督方观承言："汉军出旗为民人等，内有原领井田并屯种官地，蒙恩赏给耕种，带入民籍，请将此项地亩，勘明村庄段落，填给印照注明。"(《皇朝文献通考》卷五《田赋考·八旗田制》)

盛京庄田设于铁岭、承德，渐及喜峰口、黑龙江、呼兰等地。每丁分地数十至百余亩，给口粮籽种，科租以充兵饷。

顺治五年，定八旗庄屯地界。国初，按旗分处，各有定界。继因边内地瘠，粮不足支，展边开垦，移两黄旗于铁岭、两白旗于安平、两红旗于石城。两蓝旗所分张义站、靖远堡地瘠，以城地与之。至是，复定官员庄屯，两黄旗设于承德县沙河所，两白旗设于宁远，两红旗设于承德县塔山，两蓝旗设于锦州。又准沙河以外，锦州以内，八旗官员家丁，每名给地三十六亩。……康熙十八年……更定两便之法。奉天所属，东自抚顺起，西至宁远州老天屯，南至盖平县拦石起，北至开原县，除马厂羊草地外，实丈出三十二万九千四十九顷三十亩，定旗地二十七万六千三百二十二顷八十亩。新满洲迁来，若拨种豆地，每六亩给地种一半，拨种谷米、黏米、高粮地，每六亩给各种六升。二十五年，以锦州、凤城等八处荒地，分给旗民开垦，给以耕牛及口粮、农器。……雍正十一年，喜峰口驻防兵丁一百名，以铁门关外大屯地分给，每名给地一顷十有五亩七分、菜园四分有奇，令其耕种，照民例分别科则租银，留充兵饷。乾隆二年，设立黑龙江屯庄，黑龙江湖兰地方，设庄四十所，每十丁编为一庄。令盛京将军等选八旗开户壮丁四百名，各给地六十亩、房二间，并给口粮、籽种。六年，增设呼兰庄屯。又择闲丁五十名，增设庄五所。七年，设庄屯于温得亨山及都尔图地方。……选壮丁五十名，增设庄五所，各给牛、种、器具、口粮(《皇朝文献通考》卷五《田赋考·八旗田制》)。

驻防庄田，则给各省驻防旗丁，自三十亩至二百余亩不等。

顺治四年，给江宁、西安驻防旗员圈地，江宁六十亩至一百八十亩不等，西安二百四十亩或二百十有五亩不等。惟浙江驻防官兵，不给田，俸饷照经制支领。……七年，驻防官员等给园地，兵及壮丁，每名给地三十亩。临清、太原，以无主地并官地拨给。保定、河间、沧州，以八旗退出地拨给。康熙三十一年，以山西阳曲、太原二县屯地，给与驻防满洲官兵。三十二年，令八旗驻防各省官兵，俱于所住之处，给与地亩(《皇朝文献通考》卷五《田赋考·八旗田制》)。

八旗庄田数简表

旗别	庄园数	亩数	坐落地点
正黄旗	整庄五所，半庄十二所，庄四所，园三所。	共地百有六顷五十六亩。	大兴、宛平、三河、宝坻、顺义、涿州、房山、雄县、易州、任丘各州县。
镶黄旗	整庄四所，半庄一所，园一所。	共地三十六顷六十亩。	大兴、通州、武清、平谷、河间各州县。

续表

旗别	庄园数	亩数	坐落地点
正白旗	整庄四所，半庄一所，园二所。	共地三十六顷。	顺天、香河、通州、宝坻、房山及沙河所等处。
镶白旗	整庄一百七十六所，半庄五所，庄八所，整园八所，园二十所，果地、靛地、网户、猎户等地七十六处。	共地千七百一十七顷十有四亩有奇。	大兴、宛平、良乡、固安、永清、东安、香河、通州、三河、武清、宝坻、昌平、密云、怀柔、房山、霸州、蓟州、玉田、平谷、遵化、丰润、迁安、滦州、乐亭、保定、易州、河间、任丘、沧州、保安及辽阳、海城、盖平、铁岭、山海关外等处。
正红旗	整庄一百四十五所，半庄三所，整园五十所，半园十一所。	共地一千二百四十四顷十六亩。	顺天、宛平、昌平、涿州、文安、保定、定兴、涞水及辽阳、海城、盖平各州县。
镶红旗	整庄二百九十八所，半庄二十三所，庄五所，整园一百十一所，半园二所。	共地二千六百三十顷一亩。	大兴、宛平、永清、香河、通州、宝坻、昌平、涿州、房山、霸州、滦州、新城、河间、肃宁、沧州、延庆及张家口外等处。
正蓝旗	整庄五百四十四所，半庄一百五十一所，庄二十二所，整园一百三所，半园十九所，园七十三所，果菜牧地五处。	共地五千三百十有三顷二十四亩有奇。	大兴、宛平、良乡、永清、东安、香河、通州、武清、昌平、顺义、怀柔、涿州、房山、霸州、玉田、平谷、遵化、丰润、永平、昌黎、滦州、乐亭、新城、易州、青县、无极、保安及承德、辽阳、开原、锦州、宁远、广宁、开平、冷口外等处。
镶篮旗	整庄二百三十一所，半庄六十三所，庄九所，整园一百二所，半园二所，园三所。	共地二千二百五十四顷七十亩。	大兴、宛平、固安、永清、东安、昌平、怀柔、滦州、蠡县、安州、高阳及辽阳、海城、盖平、锦州、开平等处。

官田

清初承旧制，有耤田千余亩。康熙时，命各省皆设耤田。

顺治十一年，耕耤于南郊。耤田在正阳门外之西，中为先农坛，坛内地一千七百亩，其二百亩给坛户种五谷蔬菜，以给祭祀之需。余千五百亩，收租银三百两，以备修理坛墙。凡耤田岁收黍一石二斗二升一合八勺、谷一石五斗五升七合八勺、大麦五斗七升九合七勺、小麦一石三斗五升三合，藏之神仓。康熙四年，谕曰："天子为耤千亩，诸侯百亩。……朕意欲令地方守土之官，行耕耤之礼。……著九卿详议具奏。"九卿会议请通行奉天、直隶各省，于该地方择地为耤田，每岁仲春，行九推之礼。明年，颁耕耤仪于直省，令择东郊官地洁净丰腴者立为耤田。如无官地，则置买民田，以四亩九分为耤田。后立先农坛，令守坛之农夫，灌溉耤田，所收谷数，造册报部（《皇朝文献通考》卷十二《田赋考·官田》）。

耤田行于首都先农坛，坛地凡千七百亩。雍正间，令疆吏饬所属置耤田（《清史稿·食货志一·田制》）。

又有陵地。

东、西陵地，红桩以内，例绝耕樵。东陵白桩界外，初听民耕。道光朝，乃严其禁。青桩以外，遵、蓟、密、承诸界内，兵民私垦，至地万余区，久益增廓。光绪末，定为计区勘丈，将熟地分则升科，储学堂之用焉（《清史稿·食货志一·田制》）。

学田。

凡京师坛壝官地，及天下社稷、山川、厉坛、文庙、祠墓、寺观、祭田、公地一切免征。国初，赐圣贤裔祭田，其孔林地、四氏学学田、墓田地、坟地，咸除租赋。学田专资建学，及赡恤贫士，佃耕租而租率不齐，旧无常额。乾隆中，都天下学田，万一千五百八十余顷。光绪变法，直省遍兴学堂，需费无艺，则又拨所在荒地，划留学田，以补剂之（《清史稿·食货志一·田制》）。

井田。

先是，以新城、固安官地二百四十顷，制井田，选旗民百户，户授百亩，公百亩，共力养公田。嗣更于霸州、永清仿行，然成效卒鲜。乾隆初，屯庄择勤敏者充屯户，按亩科粮，是为井田改屯地（《清史稿·食货志一·田制》）。

雍正二年，以新城、固安官地三百四十一顷制为井田，令无业旗民往耕，自十六岁以上，六十岁以下，各授田百亩，外八分为私田，中百亩为公田。造庐舍，给口粮、牛、种、农具咸备。又设管理劝教以董之，而愿往者卒少。五年，议将欠粮及犯法官兵，发往井田效力，则视为徒作之地。操耒耜者，皆非安分食力之人。乾隆元年，遂改屯田为屯庄（《乾隆会典》：井田每户原给田百二十五亩，以十二亩五分为公田，十二亩五分为室庐场圃，以百亩为私田。〔王庆云《熙朝纪政》卷四《纪屯田·附记井田》〕）。

凡牧地，皆为官田，无所科征。

牧马草场在畿辅者，顺治二年，以近畿垦荒余地斥为牧场，于顺天、津、保各属分旗置之。自御马厂以下，各按其旗地牧养。亲王方二里，郡王一里，亦圈地也。曰屯垦。康熙中，招垦天津两翼牧地，计亩二万一千五百余。乾隆时，丈直隶马厂地振业贫民，命曰恩赏官地。在盛京者，奉天屯卫各地，八旗分作牧厂。……大凌河东厂、西厂荒地三十一万八百余亩，养息牧余地万四千六百晌，乾、嘉中陆续放垦。后又综各城旗马厂可垦地三十八万九千余亩，悉归城旗承种。……同治二年，变通锦州、广宁、义州厂荒，西厂留牧，东厂招佃；其东北隅之高山子地数万亩，义州教场闲地万余亩，并行租佃，以为城兵伍田。……彰武本官牧，旋亦劝垦议科。于是养息牧生熟地共放六十一万八千八百余亩，其余荒八万九千六百余亩，余地三万五千三百余亩，即以为蒙、汉杂居牧佃，兼拊畜穷黎。吉林之乌拉，康熙时，于五屯分庄丁地，遂为五官牧场，颇富零荒。

宣统时，拨充学田，放垦实地二千三百余晌。……至荆防马厂。……光绪末厘出厂地二万余亩，俱令招垦，以租息济警政小学。宣统初，宁夏满营牧地余界，开渠垦地，亩可二十一万，旗、民各半之。……安徽万顷湖牧场，改垦放田八万二千七百余亩，其流民占耕及民间认荒者，皆名曰佃民，其留旗丁田二万亩，亦招民佃，岁输谷麦，是为官佃。……口外牧场，隶独石者为御马厂。此外礼部、太仆寺、左右翼及八旗，均有牧场在张家口外。……其后密云、热河同时放荒。热河宽旷，于留牧外得地千四五百顷，更以三一留牧，余咸招垦（《清史稿·食货志一·田制》）。

（乙）赋役

明

正赋

明时，田分上、中、下三等九则曰等则，租分夏税、秋粮二等，纳米麦曰本色，折银绢杂物者曰折色。官田既多，赋独在民。自正统折收金花银两后，民间纳赋，除南漕外，多以银不以米麦矣。

十四年（洪武），创编赋役《黄册》，以一百为里，推丁粮多者十人为里长，余百户分为十甲，岁役里长一人，管摄一里之事。城中曰坊，近城曰厢，乡都曰里。十年一周。每里编为一册，册首总为一图。鳏寡孤独不任役者，则带管于一百一十户之外，而列于图后，名曰畸零。册成，一本进户部，各布政司及府、州、县各存一本。十年攒造一次，遂为定制（徐学聚《国朝典汇》卷九十）。

太祖为吴王，赋税十取一，役法计田出夫。县上、中、下三等，以赋十万、六万、三万石下为差。府三等，以赋二十万上、下、十万石下为差。即位之初，定赋役法，一以《黄册》为准。册有丁有田，丁有役，田有租。租曰夏税，曰秋粮，凡二等。夏税无过八月，秋粮无过明年二月（《明史》卷七十八《食货志》）。

洪武初，令官田起科，每亩五升三合五勺，民田每亩三升三合五勺，重租田每亩八升五合五勺，芦地每亩五合三勺四杪，草场地每亩三合一勺，没官田每亩一斗二升。……二十六年，定凡各州、县田土，必须开豁各户若干，及条段四至，系官田者照依官田则例起科，系民田者照依民田则例征敛，务要编入《黄册》，以凭征收税粮。如有出卖，其买者听令增收，卖者即当过割，不许洒派诡寄（王圻《续文献通考》卷三）。

洪武九年，天下税粮，令民以银、钞、钱、绢代输。银一两、钱千文、钞一贯，皆折输米一石，小麦则减直十之二。棉苎一匹，折米六斗，麦七斗。麻布一匹，折米四斗，麦五斗。丝绢等各以轻重为损益，愿入粟者听。十七年，云南以金、银、贝、布、漆、丹砂、水银代秋租。于是谓米麦为本色，而诸折纳税粮者，谓之折色（《明史》卷七十八《食货志》）。

国初天下田土，总计八百四十九万六千五百二十三顷，令征科之数，制为两次。夏税则纳米麦四百七十一万二千九百石，外此复输钱三万九千八百锭，绢三十八万八千七百。秋粮则纳米二千四百七十三万四百石，外此复输钱五千七百三十锭，绢五千九百（徐学聚《国朝典汇》卷九十）。

虽岁贡银三十万两有奇，而民间交易用银，仍有厉禁。至正统元年，副都御史周铨言："行在各卫官俸支米南京，道远费多，辄以米易货，贵买贱售，十不及一。朝廷虚糜廪禄，各官不得实惠。请于南畿、浙江、江西、湖广不通舟楫地，折收布、绢、白金，解京充俸。"江西巡抚赵新亦以为言，户部尚书黄福复条以请。帝以问行在户部尚书胡濙。濙对以太祖尝折纳税粮于陕西、浙江，民以为便。遂仿其制，米麦一石，折银二钱五分。南畿、浙江、江西、湖广、福建、广东、广西米麦共四百余万石，折银百万余两，入内承运库，谓之金花银。其后概行于天下。自起运兑军外，粮四石折银一两解京，以为永例。……诸方赋入折银……而仓廪之积渐少矣（《明史》卷七十八《食货志二》）。

东南之赋特重。

初，太祖定天下官、民田赋，凡官田亩税五升三合五勺，民田减二升，重租田八升五合五勺，没官田一斗二升。惟苏、松、嘉、湖，怒其为张士诚守，乃籍诸豪族及富民田以为官田，按私租簿为税额。而司农卿杨宪又以浙西地膏腴，增其赋，亩加二倍。故浙西官、民田视他方倍蓰，亩税有二三石者。大抵苏最重，松、嘉、湖次之，常、杭又次之。……建文二年诏曰："江、浙赋独重，而苏、松准私租起科，特以惩一时顽民，岂可为定则以重困一方。宜悉与减免，亩不得过一斗。"成祖尽革建文政，浙西之赋复重。宣宗即位，广西布政使周幹，巡视苏、常、嘉、湖诸府还，言："诸府民多逃亡，询之耆老，皆云重赋所致。"……嘉靖……越数年，乃从应天巡抚侯位奏，免苏州坍海田粮九万余石，然那移、飞洒之弊，相沿不改。至十八年，（顾）鼎臣为大学士，复言："苏、松、常、镇、嘉、湖、杭七府，供输甲天下，而里胥豪右蠹弊特甚。宜将欺隐及坍荒田土，一一检核改正。"（《明史》卷七十八《食货志二》）

加饷

嘉靖时始加饷。

三十年，始加派，自武宗正德九年，建乾清宫，加赋百万。初，天下财赋岁入太仓库者，二百万两有奇。旧制以七分经费，而存积三分备兵歉以为常。世宗中年，边供费繁，加以土木祷祀，月无虚日，帑藏匮竭。二十九年，俺答犯京师，增兵设戍，饷额过倍。三十年，京、边岁用，至五百九十万石。户部尚书孙应奎蒿目无策，乃议于南畿、浙江等州、县增赋百二十万，加派于是始。嗣后京、边岁用，多者过五百万，少者亦三百余万，岁入不能充岁出之半。由是度支为一切之法，箕敛、财贿、题增、派括、赃赎、算税契、折民壮、提编、均徭、推广事例兴焉。……《明史·食货志》曰：提编者加派之名也。其法以银力差排编，十甲如一甲，不足则提下甲补之。时东南被倭，南畿、浙、闽皆有额外提编，江南至四十万。及倭患平，应天巡抚周如年乞减加派，给事中何煃亦具陈南畿困敝，言军门养兵，工部料价，操江募兵，兵备道壮丁、府州县乡兵，率为民累，甚者指一科十，请禁革之。命如熚议，而提编之额仍不能减（《续文献通考》卷二《田赋考》）。

万历时加辽饷。

其后接踵三大征，颇有加派，事毕旋已。至四十六年，骤增辽饷三百万。时内帑充积，帝靳不肯发。户部尚书李汝华乃援征倭、播例，亩加三厘五毫，天下之赋增二百万有奇。明年，复加三厘五毫。明年，以兵、工二部请，复加二厘。通前后九厘，增赋五百二十万，遂为岁额。所不加者，畿内八府及贵州而已（《明史》卷七十八《食货志二》）。

崇祯时，复加辽饷三厘。

崇祯三年军兴，兵部尚书梁廷栋请增田赋，户部尚书毕自严不能止，乃于九厘外，复加三厘（《明史》卷七十八《食货志二》）。

至是军兴，兵部尚书梁廷栋又请增田赋，户部尚书毕自严不能止，乃于九厘外，复征三厘。惟顺天、永平以新被兵无所加，余六府亩征六厘，得他省之半，共增赋百六十五万有奇，合旧所增，凡六百八十余万，海内咨怨。……八年，征助饷银，总督卢象昇请加宦户田赋十之一，民粮十两以上同之。既而概征每两一钱，谓助饷（《续文献通考》卷二《田赋考》）。

曰剿饷。

（王）家祯故庸材，不足任，嗣昌乃荐（熊）文灿代之。因议增兵十二万，增饷二百八十万。其措饷之策有四：曰因粮，曰溢地，曰事例，曰驿递。因粮者，因旧额之粮，量为加派，亩输粮六合，石折银八钱，场地不与，岁得银百九十二万九千有奇。溢地者，民间土田溢原额者，核实输赋，岁得银四十万六千有奇。事例者，富民输资为监生，一岁而止。驿递者，前此邮驿裁省之银，以二十万充饷。议上，帝乃传谕："流寇延蔓，生民涂炭，不集兵无以平寇，不增赋无以饷兵。勉从廷议，暂累吾民一年，

除此腹心大患。”（《明史》卷二五二《杨嗣昌传》）

曰练饷及杂饷，共一千六百余万两，而民困极矣。

（崇祯）十二年六月，加征练饷。廷臣多请练边兵，帝命杨嗣昌定议。边镇及畿辅、山东、河北凡四总督、十七总兵官，各抽练额兵总七十三万有奇。又汰郡县佐贰，设练备、练总，专练民兵，于是有练饷之议。初，嗣昌增剿饷，期一年而止，后饷尽而贼未平，诏征其半。……于是剿饷外，复亩加练饷银一分，共增七百三十万（《续文献通考》卷二《田赋考》）。

盖自神宗末，增赋五百二十万。崇祯初，再增百四十万，总名辽饷。至是，复增剿饷、练饷，先后增赋千六百七十万，民不聊生，益起为盗矣。于是御史卫周嗣言："嗣昌流毒天下，剿、练之饷多至七百万，民怨何极？"御史郝晋亦言："万历末，合九边饷止二百八十万，今加派辽饷至九百，剿饷三百三十万业已停罢，旋加练饷七百三十余万。自古有一年而括二千万以输京师，又括京二千万以输边者乎？"疏语虽切直，而时事危急，不能从也（《续文献通考》卷二《田赋考》）。

岁计

明代赋入之米皆有常支，曰漕粮，曰宗禄，曰地方存留，曰改折。国用则取给于改折及商税之银。嘉靖以前，岁入银二百余万两，岁出不过百余万两，少仅七八十万。万历之初，出入恒四百万，末年加辽饷皆征银，共需千万。至崇祯季年，遂达二千余万，入不敷出者五百余万，虽苛敛不足以给矣。

世宗嘉靖初，内府供应视弘治时，其后乃倍之。初，太仓中库积银八百余万两，续收者贮之两庑，以便支发，而中库不动，遂以中库为老库，两庑为外库。及是时，老库所存者，仅百二十万两。二十二年，特令金花子粒银应解内库者，并送太仓备边用，然其后复入内库（《续文献通考》卷三十《国用考》）。

王圻曰：正统时，天下岁征入数，共二百四十三万两，出数共一百余万两。自正德后，出多入少，国用益不支矣。……臣等谨按……嘉靖二十八年以前，岁支多不过二百万，少仅七八十万。及二十九年备御边警，饷额倍增。三十四五年间，宣大被寇，募军赈恤，诸费取给内帑，岁无纪极，所入二百万之额，不能充所出之半（《续文献通考》卷三十《国用考》）。

穆宗隆庆元年……帝初即位。……至是，问户部京帑贮金以赡军国足备几年？奏言："所存仅足三月。计今岁尚亏九月有奇，边军百万，悉无所需。"帝大骇。……十二月，谕户部查内库太仓银出入数。尚书马森奏："太仓见存银一百三十五万四千六百五十二两，岁支官军俸银一百三十五万有奇，边储二百三十六万有奇，补发年例一百八十二万有奇，通计所出五百五十三万有奇，以今数抵算，仅足三月。京仓见存粮六百七十八万三千一百五十一石，岁支官库月粮二百六十二万一千五百余石，遇闰又加二十二万余石，以今数抵算，仅足二年。"……四年……是岁七月，户部尚书张守直又疏曰："国家贡赋在量入为出，尝计天下钱谷，一岁所入，仅二百三十万有奇，而中多积逋灾免奏留者。一岁所出，京师百万余，而边饷至二百八十余万，其额外请乞者不与焉。二年用四百四十余万，三年则三百七十九万，此其最少者，而出已倍于入矣。"（《续文献通考》卷三十《国用考》）

初世宗时，太仓所入二百万两有奇。至万历六年，太仓岁入凡四百五十余万两，而内府岁供金花银外，又增买办银二十万两以为常，后又加操马刍料银七万余两之多。久之，太仓、光禄、太仆银括取几尽，边赏首功向发内库者，亦取之太仆矣。……二十三年二月，户部以公私兼窘，陈时政之要，从之。略云：……顾各边镇且额外加添，以示宽容，自四十余万增至二百八十余万。……二十八年八月，给事中王德完奏，国家岁入仅四百万，而岁出至四百五十余万。……臣等谨按《食货志》，万历后每事溢经制数倍，且征调开采，阉人僭侈，由是二百年财力，殚竭靡遗矣（《续文献通考》卷三十《国用考》）。

庄烈帝崇祯……八年四月……时户部奏报两饷出入数，旧饷岁入四百二十三万九千两有奇，岁出四百二十九万三千两有奇；新饷岁入八百五十七万三千两有奇，岁出七百八十六万两有奇，合而计之，该存剩银六十五万九千两有奇。而频年征调，转输络绎，以及留者、蠲者、逋者、缓者在在见告，是岁缺额，遂至二百三十余万两。……祖宗朝，岁入京师者未满四百万，今且一千二百余万，尚可以用度不足，更责输将于百姓乎（《续文献通考》卷三十《国用考》）。

崇祯十六年三饷合一出入简表

兵饷左司	每年出银一千零六十一万零七百四十三两	出款内包括蓟州镇月饷一百七十二万余两，密云镇七十五万余两，昌平镇三十七万余两，柳沟镇二十八万余两，宣府镇四十八万余两，易州镇一百三十余万两，阳和镇五十六万余两，大同镇六十九万余两，延绥镇三十三万余两，甘肃镇十三万余两，固原镇四十万余两，京支各项七十九万余两，京营勇卫等营料草四十七万余两，勇卫京营官军廪粮米折四十八万两，剿饷银一百四十万余两，选练官舍银二十一万余两，其他盐菜、工食、日犒杂项等。
	每年入银九百八十七万一千七百两零，除蠲免外，实征七百七十五万七千七百十五两零	入款内包括浙江额银一百五十万余两，广东额银八十三万余两，四川六十三万余两，陕西七十三万余两，广西二十七万余两，贵州四万余两，河南、河北等府五十万余两，苏州府五十六万余两，庐州府十六万余两，淮安府二十四万余两，安庆府八万余两，顺天府十万余两，河间府十三万余两，大名府十四万余两，河南五府一州一百七十万余两，盐课银一百十八万余两，关税额银四十四万余两，镇江府十万余两，徽州府九万余两，其他池州府、广德州、徐州、广平府各数万两，淮安等五仓新旧税并仓助银八万余两，屯牧加科三万余两，各卫升科万余两，延庆州额银四千余两。

续表

兵饷右司	每年出银一千六十一万七百四十三两零	出款内包括宁远镇月饷一百五十三万余两，山海镇七十万余两，永平镇八十七万余两，天津镇二百三十三万余两，通州镇三十九万余两，山西镇三十六万余两，宁夏镇二十三万余两，登镇二十七万余两，临镇二十三万余两，凤阳护陵兵饷四万余两，京勇等营草料四十万余两，京营勇卫各仓场料豆草束二十九万两，援兵行盐银一百二十万两，该剿饷一百五十九万余两，其他勇卫盐菜、京营月米、京营练兵日犒等。
	每年入银一千二十二万九千八百三十二两零，除蠲免外，实征银八百零八万七千三百一十一两零	入款内包括江西额银一百二十八万余两，福建六十六万余两，山西一百一万六百五十三两零，山东二百十五万余两，云南十二万余两，湖广、江南八府二州八十九万余两，湖广江北七府六十四万余两，常州府二十五万余两，松江府二十三万余两，宁国府十一万余两，太平府七万余两，应天府二十三万余，凤阳府二十一万余，扬州府二十万余两，保定府十三万余两，真定府二十万余两，顺德府四万余两，盐课银一百十八万余两，关税银四十四万余两，其他和州、永平府各二万余两，滁州、南京屯派银、工部芦课、宣课司税各一万余两，保安州、五城典税各一二千两。
总计	二司每年共该出银二千一百二十二万一千四百八十七两零，共该入银二千一十万一千五百三十三两零，除蠲免去银四百二十五万六千五百零六两，实征银一千五百八十四万五千零二十七两，共计缺额银五百三十七万六千四百五十九两。	
附注	本表根据《倪文贞公奏疏》卷八《覆奏并饷疏》而作。	

丁役

民年十六曰成丁，服役，六十而免。凡田一顷，出夫一人，每岁服役三十日，编《黄册》载之，十年一造册。既而徭繁，吏得上下其手，赋役不均，人民苦之。

丁曰成丁，曰未成丁，凡二等。民始生，籍其名曰不成丁，年十六曰成丁。成丁而役，六十而免。又有职役优免者。役曰里甲，曰均徭，曰杂泛，凡三等。以户计曰甲役，以丁计曰徭役，上命非时曰杂役，皆有力役，有雇役。府州县验册丁口多寡，事产厚薄，以均适其力（《明史》卷七十八《食货志》）。

洪武元年二月，命中书定赋法役法。上以立国之初，经营兴作，必资民力，恐役及平民，乃命中书省验田出夫。于是省臣奏议，田一顷出丁夫一人，不及顷者以别田足之，名曰均工夫。直隶、应天等十八府州，及江西饶州、九江、南康三府，计田三十五万七千二百六十九顷，出夫如田之数。遇有兴作，于农隙用之（徐学聚《国朝典汇》卷九十）。

役法定于洪武元年。田一顷出丁夫一人，不及顷者以他田足之，名曰均工夫。寻编应天十八府州，江西九江、饶州、南康三府均工夫图册。每岁农隙赴京，供役三十日遣归。田多丁少者，以佃人充夫，而田主出米一石资其用。非佃人而计亩出夫者，亩资米二升五合。迨造《黄册》成，以一百十户为一里，里分十甲曰里甲。以上、中、下户为三等，五岁均役，十岁一更造。一岁中诸色杂目应役者，编第均之，银、力从所便（《明史》卷七十八《食货志》）。

二十六年，定凡各处有司，十年一造《黄册》，分豁上、中、下三等人户，仍开军、民、灶、匠等籍，除排年里甲依之充当外，其大小杂泛差役，各照所分上、中、下三等人户点差。……景泰元年，令里长户下空闲人丁，典甲首户下人丁一体当差，若隐占者，许里甲首告。……嘉靖九年，令各该司府州县审编徭役，先查岁额各项差役若干，该用银若干，《黄册》实在丁粮，除应免品官、监生、生员、吏典、贫难下户外，其应役丁粮若干，以所用役银酌量，每人一丁田几亩，该出银若干，尽数分派。如有侵欺余剩听差银两入己者，事发，查照律例，从重问拟（陈仁锡《皇明世法录》卷三十九）。

英宗正统初，行均徭《鼠尾册》法。先是，编徭役里甲者，以户为断，放大户而句单小，于是议者言，均徭之法，按册籍丁粮，以资产为宗，核人户上下以蓄藏得实也。……乃令以旧编力差、银差之数，难易轻重酌其中，役以应差里甲除当复者，论丁粮多少，编次先后，曰《鼠尾册》，按而征之。市民商贾家殷足而无田产者，听自占，以佐银差。正统初，佥事夏时创行于江西，他省仿行之，役以稍平（《续文献通考》卷十六《职役考》）。

弘治元年，令各处编审均徭，查照岁额差供，于该年均徭人户丁粮有力之家，止编本等差役，不许分外加增余剩银两。贫难下户，并逃亡之数，听其空闲，不许征银及额外滥设听差等项科目，违者听抚按等官纠察问罪。奏请改调，不举者坐罪。镇守衙门，不许干预均徭（陈仁锡《皇明世法录》卷三十九）。

武宗正德元年十一月，均畿内差役。巡抚都御史柳应宸言："顺天、永平二府并各卫、所差役不均，审户虽有三等九则之名，而上户则巧于规免；论差虽有三等出力之异，而下户不免于银差。且有司均徭当出于人丁，近年兼征地亩；军、卫均徭当出于余丁，近年兼派正军，奸弊难稽，民穷财尽，必须总括府、卫、所当用之役，而均派于所见有之丁，仍省冗差，革妄费，重必办于富势，轻则及于贫穷，而后畿民始得其所。"帝如其言行之（《续文献通考》卷十六《职役考》）。

嘉靖……十五年，题准今后凡遇编审均徭，务要查照律例申明禁约。如某州、县银、力二差，原额各该若干，实该费银若干，从公查审，刊刻成册，颁布各府、州、县，候审编之时，就将实费之数编作差银，分为三等九则，随其丁产，量差重轻，务使贫富适均，毋致偏累，违者纠察问罪（陈仁锡《皇明世法录》卷三十九）。

万历时行一条鞭法，苦累稍减，而役法犹未尽公。故明末言地方利病者，每主均田，以役自田生，均田者均其田之役而已。

（嘉靖）四十四年二月，议准江南行十段锦册法。其法，算该年银、力差各若干，总计十甲之田，派为定则。如一甲有余，则留以为二甲之用。不足，则提二甲补之。乡宦免田，十年之内止免一年，一年之内止于本户。寄庄田亩不拘同府别府，但已经原籍优免者，不许再免。臣等谨案《世宗实录》，十段锦之议，出于巡按御史温如璋。行之未几，里下骚然，莫必其命，浙江为尤甚。庞尚鹏巡抚浙江时，奏行一条鞭法（《续文献通考》卷十六《职役考》）。

条鞭法者，合均徭、里甲、土贡与两税为一，剂量均适。以一县丁粮充一年之役，事业易集。又一年之役均之十年，稍出不至困也（王原深《明食货志》卷四）。

嘉、隆后，行一条鞭法，通计一省丁粮，均派一省徭役。于是均徭、里甲与两税为一，小民得无扰，而事亦易集。然粮长、里长，名罢实存，诸役卒至，复佥农氓。条鞭法行十余年，规制顿紊，不能尽遵也（《明史》卷七十八《食货志》）。

免粮

耆民、节妇、官绅、生员皆得免役。嘉靖十年，定优免事例，一品官得免粮二十石，人丁二十丁，二品以下递减。

洪武元年八月，诏民年七十以上者，许令一子侍养，免其役。二年，令凡民年八十以上，止有一子，若系有田产应当差役者，许出丁钱雇令人代；无田产者，许存侍。十九年六月，诏有司存问高年，凡八十以上者，皆复其家。……三年，定民妇三十以前守志至五十以后不改节者，除免本家差役。四年，令免阙里孔氏子孙三十六户徭役。……十二年八月，诏凡致仕官，复其家，终身无所与。十三年十二月，免朝官及功臣家杂役。……十六年三月，复凤阳、临淮二县民徭赋，世世无所与。……二十年七月，迁南方学官教士于北，复其家。以北方学校无名师，生徒废学，命迁南方学官之有学行者教之，增广生员，不拘额数，复其家。至英宗正统十年，令监生家免差役二丁。世宗嘉靖九年，题准各灶户内有举人、监生、生员、省祭、吏役，照有司例，一体优免（《续文献通考》卷十七《职役考》）。

孝宗弘治元年，定诸王等亲属免丁之例，亲王王亲杂役免二丁，郡王王亲一丁，镇国等将军夫人亲父一丁（《续文献通考》卷十七《职役考》）。

万历九年，定一品免粮三十石，人丁三十丁，余递减，视嘉靖所免更多。生员无田者，官给免粮银一岁二两。

嘉靖……二十四年，议定优免则例，京官一品免粮三十石，人丁三十丁。二品免粮二十四石，人丁二十四丁。三品免粮二十石，人丁二十丁。四品免粮十六石，人丁十六丁。五品免粮十四石，人丁十四丁。六品免粮十二石，人丁十二丁。七品免粮十石，人丁十丁。八品免粮八石，人丁八丁。九品免粮六石，人丁六丁。内官内使亦如之，外官各减一半。教官、监生、举人、生员，各免粮二石，人丁二丁。杂职省祭官、承差、知印、吏典各免粮一石，人丁一丁。以礼致仕者，免十分之七。闲住者，免一半。其犯赃革职者，不在优免之例。如户内丁粮不及数者，止免实在之数。丁多粮少不许以丁准粮，丁少粮多不许以粮准丁，俱以本官自己丁粮照数优免，但有分门各户疏远房族，不得一概混免（《续文献通考》卷十七《职役考》）。

清

正赋

清初正赋承明之旧，首除三饷。旋以万历为准，只免崇祯时三饷。

清初入关，首除明季加派三饷。时赋税图籍，多为流寇所毁。顺治三年，谕户部稽核钱粮原额，汇为《赋役全书》，悉复明万历间之旧。计天下财赋，惟江南、浙江、江西为重，三省中尤以苏、松、嘉、湖诸府为最。……十一年，命右侍郎王宏祚订正《赋役全书》，先列地丁原额，次荒亡，次实征，次起运存留。起运分别部寺仓口，存留详列款项细数。其新垦地亩，招徕人丁，续入册尾。每州、县发二本，一存有司，一存学宫。赋税册籍，有丈量册，又称《鱼鳞册》，详载上、中、下田则。有《黄册》，岁记户口登耗，与《赋役全书》相表里。……复采用明万历一条鞭法。……圣祖即位……直省征收钱粮，夏税于五、六月，秋粮于九、十月，其报部之数，责成各有司于奏销时详加磨勘，按年送京畿道刷卷。自世祖定赋税之制，正杂款繁多，咨题违错，驳令查覆，印官即借部驳之名，擅行私派；其正赋钱粮本有定额，地方官吏遇有别项需用，辄令设法，实与加派无二。至是下令严禁。……三十年……时征收钱粮，官吏往往私行科派，其名不一。阖邑通里共摊同出者，名曰软抬；各里各甲轮流独当者，名曰硬驼，于是设滚单以杜其弊。其法于每里之中，或五户或十户一单，于某名下注明田地若干、银米若干、春秋应各完若干，分为十限，发与甲首，依次滚催，自封投柜。一限既定，二限又依次滚催，其有停搁不完不缴者严惩，民以为便。……乾隆初，州县征收钱粮，尚少浮收之弊。其后诸弊丛生，初犹不过就斛面浮收，未几，遂有折扣之法，每石折耗数升，渐增至五折六折，余米竟收至二斗五升，小民病之。……德宗即位之初，复新疆，筹海防，国用日增。户部条陈整顿钱粮之策，略云："溯自发逆之平，垂二十年，正杂钱粮，期可渐复原额。乃考核正杂赋税额征总数，岁计三千四百余万两，实征仅百四十五万两，赋税亏额如此。财既不在国，又不在民，大率为贪官墨吏所侵蚀。……请饬各督、抚、藩司认真厘剔，以裕度支。"诏从其请。然终清之世，诸弊卒未能尽革也。……总计全国赋额，其可稽者：顺治季年，岁征银二千一百五十余万两，粮六百四十余万石；康熙中，岁征银二千四百四十余万两，粮四百三十余万石；雍正初，岁征银二千六百三十余万两，粮四百七十余万石；高宗末年，岁征银二千九百九十余万两，粮八百三十余万石（《清史稿·食货志二·赋役》）。

火耗

民间以银纳粮，其数零星，成色不一，经火熔销，必有耗蚀，故官吏须加火耗，寖久有每两加至四五钱者，不啻公然贿赂，最为民害。雍正时，提以归公，作为文官养廉，岁二百余万两，然火耗之弊仍在。

雍正二年，以山西巡抚诺敏、布政使高成龄请提解火耗归公，分给官吏养廉及其他公用。火耗者，加于钱粮正额之外。盖因本色折银，镕销不无折耗，而解送往返，在在需费，州、县征收，不得不稍取盈以补折耗之数，重者数钱，轻者钱余。行之既久，州、县重敛于民，上司苛索州、县，一遇公事，加派私征，名色繁多，又不止于重耗而已。……自山西提解火耗后，各直省次第举行。其后又酌定分数，各省文职养廉二百八十余万两，及各项公费，悉取诸此。及帝（乾隆）即位，廷臣多言其不便。帝亦虑多取累民，临轩试士，即以此发问，复令廷臣及督、抚各抒所见。大学士鄂尔泰、刑部侍郎钱陈群、湖广总督孙家淦皆言："耗羡之制，行之已久，征收有定，官吏不敢多取，计已定之数，与未定以前相较，尚不逮其半，是迹近加赋而实减征也。且火耗归公，一切陋习悉皆革除。"……诏从鄂尔泰诸臣议（《清史稿·食货志二·赋役》）。

谨案，火耗起于前明，国初屡有厉禁。顺治元年，令曰："官吏征收钱粮，私加火耗者，以赃论。"康熙初，有额外科敛许民控告之律（四年），有克取火耗上司徇隐之律（十七年），禁令非不严也。禁之而不能，则微示其意而为之限；限之而不能，乃明定其额而归之公，其变法也以渐。……圣祖尝谕河南巡抚鹿祐曰："所谓廉吏者，亦非一文不取之谓。若纤毫无所资给，则居常日用及家人胥役何以为生？如州、县官止取一分火耗，此外不取，便称好官。若一概纠摘，则属吏不胜参矣。"（四十八年九月谕旨）时各省耗羡，每两多不过一钱，独湖南加至二三钱。……六十一年，陕西亏空事闻，总督年羹尧、巡抚噶什图奏："秦省火耗，每两有加至二三钱、四五钱者，请酌留各官用度，其余俱捐出弥补。”上谕：“断不可行。”……提解归公之议，倡于雍正二年山西巡抚诺岷、布政使高成龄，世宗令廷臣集议，议上，谕曰：“州、县火耗，原非应有，因地方公费，各官养廉，不得不取给于此。且州、县征收火耗，分送上司，以致有所借口，肆其贪婪，上司瞻徇容隐，此从来积弊也。与其州、县存火耗以养上司，何如上司拨火耗以养州、县乎？尔等请将分数酌定。朕思州、县有大小，钱粮有多寡，地广粮多州、县，火耗已足养廉，若行之地少粮少州、县，则不能矣。惟不定分数，遇差多事繁，酌计可以济用。或是年差少事简，即可等减。又或偶遇不肖有司，一时加增，而清廉者，自可减除。若……竟为成额，必至有增无减。又奏提解火耗，非经常可久之道。凡立法行政，孰可历久无弊？提解原一时权宜之计，将来亏空清楚，府库充裕，有司皆知自好，则提解自可不行，火耗亦可渐省。”盖年羹尧之议，至是始行。后乃酌定分数，而各省文职养廉二百八十余万两，及各项公费，实取诸此。先是，江南每两加耗五分，雍正六年以后，递增至一钱。十三年，高宗即位，谕曰：“向来耗羡，州、县任意征求。经巡抚诺岷、田文镜倡为提解归公之法，各就本省情形，酌定分数，以外不许丝毫滥征。然未提解以前，尚为私项，既提解，以后恐不肖官员，视同正课，又于耗羡之外，巧取殃民。著各督、抚严饬有司，耗羡一项，可减而决不可增。倘多取丝毫，即题参重治。”乾隆四年，从孙嘉淦、陈世倌奏，免直隶、江南蠲赋耗羡，仍以河南耗余拨补。五年，以地方无关紧要之事，辄动耗羡，令督、抚将各省必需公费，分晰款项，报部核奏。自是以后，各省耗羡掌于户部湖广司者，取之有定数，用之有定款，于世庙谕旨所云，将来府库充裕，提解不行，火耗渐省者，卒无有议及者矣。他如关税之有盈余、盐课之有杂费，昔归私橐，后充公帑，亦耗羡之类也（王庆云《熙朝纪政》卷三《纪耗羡归公》）。

普免

清代普免钱粮简表

朝代	年代	普免种类	普免数目
康熙	五十年	分三年轮免钱粮一周	共计免天下粮赋新旧三千八百余万
雍正	元年	普免天下康熙五十年以前宿逋	江苏一省至八百八十万（据《会典》则一千一百六十五万有奇）
乾隆	十年	将十一年直省钱粮通行蠲免，廷议三年之内轮免一周	计为数二千八百二十四万有奇
乾隆	三十年	遵康熙三十年庆典次第免各省漕粮五年而遍。又以漕粮内有例征折色者一律蠲免	
乾隆	三十五年	令各省钱粮通行蠲免一次	是年蠲免计二千七百九十四万有奇
乾隆	四十二年	令自戊戌年（四十三年）为始，普蠲天下钱粮，仍分三年轮免	计二千七百五十九万有奇
乾隆	四十三年	普免天下漕粮一次，七年而遍	
乾隆	五十五年	按年轮免各省钱粮	计二千七百七十万有奇
乾隆	五十九年	普免八省漕粮，五年而遍	
乾隆	六十年	以明年将归政，免嘉庆元年各省应征地丁钱粮	
嘉庆	二十四年	免天下正耗民欠及缓带银谷	计银二千一百二十九万两有奇，米谷四百余万石
附注	本表根据《清史稿·食货志》及王庆云《熙朝纪政》而作。		

江浙减赋

江浙田赋，自明特重。清屡减之，同治时，犹重于他地。

雍正元年……苏、松浮粮多于他省，诏蠲免苏州额征银三十万，松江十五万，永著为例。……各省中赋税繁重，苏、松而外，以浙江嘉、湖二府为最。五年，诏减十之一，共银八万余两。……七年，蠲浙江额赋十之三，共十万两。……乾隆元年……谕："改江南、浙江白粮十二万石，免苏、松浮粮额银二十万石。"（《清史稿·食货志二》）

同治元年……两江总督曾国藩、江苏巡抚李鸿章疏言："苏、松、太浮赋，上溯之，则比元多三倍，比宋多七倍；旁证之，则比毗连之常州多三倍，比同省之镇江等府多四五倍，比他省多一二十倍不等。……自粤逆窜陷苏、常，焚烧杀掠，惨不可言。臣亲历新复州、县，市镇丘墟，人烟寥落。已复如此，未复可知。而欲责以数倍他处之重赋，向来暴征之吏，亦无骨可敲、无髓可吸矣。细核历年粮数，咸丰十年中，百万以上者仅一年，八十万以上者六年，皆以官垫民欠十余万在其中，是最多之年，民完实数不过九十万也。成案如是，民力如是。惟吁请准减苏、松、太三属粮额，以咸丰中较多之七年为准，折衷定数，总期与旧额本经之常、镇二属通融核计，著为定额。即以此后开征之年为始，永远遵行，不准再有垫完民欠名目。嗣后非水旱亦不准捏灾，俾去无益之空籍，求有著之实征。至苏、松漕粮核减后，必以革除大小户名为清厘浮收之原，以裁减陋规为禁止浮收之委。"制可。……三年，从闽浙总督左宗棠请，谕绍兴属八县六场，正杂钱粮，统照银数征解，革除一切摊捐及陋规，计减浮收钱二十二万有奇，米三百六十余石。宁波属一厅五县六场，减浮收钱十万四千有奇，米八百余石。四年，浙江巡抚马新贻请豁减金华浮收钱十五万余串，米五百余石，衢州钱十万余串，米六十余石，严州钱六万余串，米六千余石，洋银八十余元，米百余石，从之。是年宗棠克湖州，疏言南漕浮收过多，请痛加裁汰。事下部议。覆奏杭、嘉、湖漕粮，请仿江苏例，减原额三十分之八，并确查赋则，按轻重量为核减，所有浮收陋规，悉予裁汰。其南匠米石，无庸议减。计三府原额漕白、行月等米百万余石，按三十分之八，共减米二十六万六千余石（《清史稿·食货志二》）。

加赋

光绪时，以赔款分摊各省，大都就地加征，名目繁多。

光绪二十年，中、日之战，赔兵费二万万。二十六年，拳匪肇祸，复赔各国兵费四万五千万。其后练新军，兴教育，创巡警，需款尤多，大都就地自筹。四川因解赔款，而按粮津贴捐输之外，又有赔款新捐。两江、闽、浙、湖北、河南、陕西、新疆于丁漕例征外，曰赔款捐，曰规复钱价，曰规复差徭，曰加收耗羡，名称虽殊，实与加赋无大异也（《清史稿·食货志二》）。

《辛丑约》成，遂有四万五千万之巨，派之各省者一千八百万两有奇。二十九年，以练新军，复摊各省练兵经费，而各省以创练新军，办巡警、教育，又有就地自筹之款。奉天一省警费至三百余万两。湖北一省拨提地丁钱价充学费者六十万两。捐例停于二十七年，以练兵复开，至三十二年复停。庚子以后新增之征收者，大端为粮捐，如按粮加捐、规复征收丁漕钱价、规复差徭、加收耗羡之类（《清史稿·食货志六》）。

光绪三十年，两江总督魏光焘奏：本年正月，奉谕外务部代递总税务司赫德条陈一折，据称练兵筹饷，以地丁钱粮为大宗，若竭力整顿，并可举办各项要务。按里计亩，按亩计赋，令每亩完钱二百文，百姓亦不受丝毫扰累等语。……该督等按照所陈，悉心会商，逐条议覆具奏。……不如就已办到之成规，加之厘剔。查光绪二十五年，苏省清厘田赋，委朱道之榛定章督办，综计苏州、镇江二府属长洲等十三县，熟田银米两项，每年共增出银五十余万两。若由二府推之他府，更由江苏一省推之他省，得人而理，不难照行。……果能认真整顿，数年后，每年似可增一二千万，以济要需（《皇朝续文献通考》卷四《田赋考·田赋之制》）。

宣统元年……又两江总督端方等奏：银价益涨，州、县赔累更深，仍请将上下两忙，宁、苏两属，地芦各款，改为征银、解银。每银一两，随收公费钱六百文，苏属并代收规复钱二百文，以期官民两无所伤。下度支部议奏，嗣奏以苏属征忙，每两暂加二百文，试办尚未经年，遽尔更张，非惟无以取信于民，应令先将该省地芦等项，及经费各款，详拟办法，送部核明。……又都察院代递度支部小京官李秀卿，奏陈征收积弊，略称其弊有四：……一、生于新政者。自新政繁兴，州、县之诛求愈急，然使取之百姓者，仍为百姓用之，亦何至怨讟四起？无如锱积铢累，半归中饱。……又江西巡抚冯汝骙沥陈江西州、县征收丁漕困难情形，略称：……每征地丁一两，应解正耗银一两一钱，提补捐款银一钱，知府公费银五分，钱价平余银七分，学堂经费银四分，练兵经费银五分，共银一两七钱六分。出入相抵，地丁每两已不敷银五分九厘，漕米每石已不敷银五分，而粮书、纸张、饭食、倾熔火耗、水脚等项，尚不在内。至捐摊教案各款，及本署一切办公费用，更属无著。……又安徽巡抚朱家宝奏请将丁漕加捐一项变通办理，略称：查新约赔款案内，安徽省每年奏派银一百万两，前抚臣聂缉槼，当因数巨期迫，设措为难，奏请按照江、浙成案，于各属所征地丁、漕粮，每银一两、米一石各加收钱三百文，饬令民间照章呈缴，由州、县汇解筹议公所，兑银转汇，历经遵照在案。兹查前项加捐钱文，综计光绪三十年以前，每年收数约得钱四十万串上下，以钱一千二百文合银一两，可得银三十三四万两。现在银价奇贵，每银一两，需钱一千九百及二千文不等，虽收钱仍如前数，而合银仅止二十一二万两，实已骤减十成之三。且筹议公所常年解拨之项，均系银数，辗转受此暗耗，势实难支，若不设法变通，则进款日亏，深恐贻误大局。……拟将各属加捐，自宣统二年冬漕起，每银一两、每米一石，向来捐钱三百文者，改收库平银一钱八分，以钱百文合银六分，每年就四十万串之数计之，每串得银六钱，岁可收二十四万余两。……其余一切办法，悉照原奏办理。……又四川总督赵尔巽奏：川省京饷，需用甚巨，援案再办，宣统二年，按粮银一两，加津贴银一两，以资接济。……又新疆巡抚联魁奏：新疆南路征收粮草，拟定新章，请饬立案，略称：……光绪二十八年，前抚臣饶应祺，因认征赔款，协饷日绌，设法弥补，曾奏请加收耗羡，无论本折，亦无论粮色，每石随征耗羡银一钱五分。……经藩司王树枏，与奴才悉心酌核。……定自光绪三十四年起，每本色粮一石，除应收耗羡银一钱五分，酌中准加耗粮二斗五升。……折色则准各属每年市价为定，除一五公耗外，亦照本色每石加耗二斗五升折收银两，为地方官办公之用。其正粮一石，按市价折收之银，较例价仍有盈余，则悉数归公。……二年……又奏：遵议御史石长信奏，丁漕加捐，改钱为银，民情实多未便，略称：查原奏内称，安徽赔款加捐，系于地丁漕米折征定价外，每银一两、米一石，各加收制钱三百文，乃因银价昂贵，奏请每钱三百文，改收库平足银一钱八分。……饬下安徽巡抚，即将赔款加收丁漕钱文，仍照旧每两每石加收制钱三百文，毋庸改为征银。……又江苏巡抚宝棻奏准加捐地方自治经费，每地丁银一两，带征钱二十文；漕米一石，带征钱四十文。冬漕自宣统元年起，两忙自二年起（《皇朝续文献通考》卷五《田赋考·田赋之制》）。

岁计

清代岁计出入，顺治时二千万两，道光前约银三四千万两。咸、同军兴，岁出自倍，及末年，达三万万余，十倍于嘉、道时。

清代岁计简表

朝代	年代	岁入	岁出	备考
顺治	十八年	二千一百五十七万六千六两有奇		不足者岁五百万两

续表

朝代	年代	岁入	岁出	备考
康熙	二十四年	二千四百四十四万九千七百二十四两		库存常二千万两
乾隆	五十六年	四千三百五十九万两有奇	三千一百七十七万两有奇	库存七千万两
嘉庆	十七年	四千十三万两有奇	三千五百十万两有奇	
道光	二十二年	三千七百十四万两有奇	三千一百五十万两有奇	咸丰初年，太平军骤起，捻、回诸军继之，国用大绌。迄于同治，岁入之项，转以厘金洋税为大宗，岁出之项，又以善后筹防为巨款
光绪	七年	八千二百三十四万九千一百九十八两	七千八百十七万一千四百五十一两	
	十七年	八千九百六十八万四千八百五十四两零	七千九百三十五万五千二百四十一两八钱二分四厘零	
	二十年	八千一百三万三千五百四十四两三钱三分五厘，又金二十三两九钱	八千二十七万五千七百两七钱八分	额外之费，岁不足者六百万两
宣统	三年	二万九千六百九十六万二千七百两有奇	三万三千八百六十五万两有奇	宣统二年，度支部奏试办宣统三年预算
附注	本表根据《清史稿·食货志》及刘岳云《光绪会计表》而作。			

丁赋

康熙时，均丁赋于田，计田派丁，不问丁数。嗣后，盐钞银、匠班银亦陆续派入地丁。五十年，定丁额，永不加赋。雍正元年，遂以丁赋摊入地亩一并起征，名为地丁银两，或曰条银。

丁口之输赋也，其来旧矣。至我朝雍正间，因各疆吏奏请，以次摊入地亩。于是输纳征解，通谓之地丁，或曰丁随地起。……我朝丁徭素薄，自康熙五十年定丁额之后，滋生者皆无赋之丁。凡旧时额丁之开除既难，必本户适有新添可补，则转移除补，易至不公，惟均之于田，可以无额外之多取，而催科易集。其派丁多者，必其田多者也。其派丁少者，亦必有田者也。……所不便者，独家止数丁而田连阡陌者耳。然使丁地分征，则富户又将賄脱而委之贫民，欲编审之均平，顾可得乎？故自康熙末年，四川、广东等省，先已行之。田载丁而输纳，丁随田而卖买，公私称便。至雍正初，畿辅踵而行之，次及各省，惟奉天、贵州以户籍无定，仍旧分征。山西亦于乾隆元年以后，陆续摊派。……我朝定制百余年矣，地丁之外，分毫无取焉。……谨以各省丁随地起者，次第著于篇。康熙十一年，以浙江盐钞银均入地丁。三十六年，以浙江匠班银七千余两派入地丁。后湖北于三十九年，山东于四十一年，均照浙江例匠班归入地丁。五十五年，户部议编审人丁，除向例照地派丁外，其按人派丁者，一户之内，开除与新添互抵，不足以亲族丁多者抵补，又不足以同甲粮多者顶补，有余归入滋生册内造报。是年，定卖买地亩，其丁银有从地起者，随地征丁。倘有地卖丁留，与受同罪。是年，准广东所属丁银，就各州、县地亩摊征，每地银一两，摊丁银一钱六厘四毫不等（案丁随地起，见于明文者，自广东始）。雍正元年，直隶巡抚李维钧请丁银随地起征，部议允之，每地赋一两，摊入丁银二钱七厘。二年，定福建地赋一两，摊丁银五分二厘七毫至三钱一分二厘不等，屯地自八厘三毫至一钱四分四厘八毫不等。是年，定山东地赋一两摊丁银一钱一分五厘。……四年，定河南地赋一两摊丁银一分一厘七毫至二钱七厘不等。……甘肃分河东、河西，河东一两摊一钱五分九厘三毫，遇闰加；河西一两摊一分六毫，遇闰不加。四川每粮五升二合至一石九斗六升不等，算一丁征收。云南亦于是年摊征，其屯军丁银一万五千余两，俟查出欺隐屯田抵额。五年，定江苏、安徽丁摊地亩，屯丁亦摊入，屯卫田每亩摊一厘一毫至六分九毫不等。又定江西地赋，一两征丁银一钱五厘六毫，屯地二分九厘一毫。六年，定湖南地粮一石征丁银一毫至八钱六分一厘不等。又定广西地赋，一两征丁银一钱三分六厘不等。七年，定湖北地赋，一两征丁银一钱二分九厘六毫。……乾隆元年，山西省临汾……凡十六属丁徭，全数归入地粮。又祁县……八属丁徭，酌归地粮，余仍随丁征纳。又平遥县原额丁银八千一百五十五两有奇，是年归入地粮二千六百六十一两有奇，余仍随丁征纳。十年，户部议准山西丁粮分办，贫民偏累尚多，丁随地征，有势所难行者。今将太原等十八县丁银，全摊地亩，每粮一石，合摊丁银一分八厘至二钱二分二厘，赋银一两，合摊丁银一钱四分七厘九毫至三钱三分八厘不等。交城等十五州、县，丁银半摊地亩。宁乡二县，以丁则征丁，余银归地。浑源等二州、县，摊三分之一。河曲县摊十分之一。吉州惟摊无业苦丁。余阳曲等二十州、县，或贸易民多，输丁为易；或民贫地瘠，难于摊征；或田多沙硷，或多征本色，仍地丁分办。中有屯丁徭银之处，别摊入屯地征收。二十三年，定山西太谷、临县、石楼、五台、崞县等五县丁徭，全摊地粮。永宁州每丁征三钱，沁州一钱，代州一钱三分三厘，余者摊入地粮。榆次县摊三之一，沁源、武乡二县摊十之五，静乐县摊十之三，余者仍归丁纳。保德州以下下则征丁，余归地粮。朔州丁粮，均照中下、下下二则，按现在实丁，与寄庄已久之户，按地多、地少分纳。其卫丁按下上、下中、下下三则，分别贫富均纳。隰州、永和二州、县，将寄居年久有产之户，按丁输纳下下则徭银，原额重徭，均匀减除。三十一年，定山西交城县之现征民一半徭银，及屯丁徭银。文水县之丁银徭税，河津县之丁银，稷山县之优免丁与屯丁徭银，俱摊入地粮屯租完纳。隰州丁余以十分之五归地。大宁县再减丁银一千两，摊入地粮。蒲县丁银，均匀摊派，改为下下则征收。其余仍令丁粮分办。三十八年，湖北巡抚陈辉祖奏请将民屯新垦丁银，随年摊征。经部覆准，并行各省。……是年，山西省浑源州已摊下剩丁银，全归地粮毕。三十九年，山西省榆次县丁银全归地粮。四十二年，定贵州、平越等三十六厅、州、县应征丁银九千三百余两，历年随粮完纳，应仍其旧。贵阳等二十九府、厅、州、县，应征丁银四千四百余两，按亩摊征，计各属田地八十一万二千有余亩，每亩摊丁银五厘四毫有奇。五十六年，部覆山西省丁徭，向未摊归之阳曲二十六州、县，原属分征，今将曲沃县丁屯徭银，全归地粮。天镇县丁银，亦全数摊征，尖丁耗银，随正输纳，其应征本色米石，照旧征收。朔州丁银，州、卫一体摊征，其科则每地一亩自一分八厘至四分不等。再大同、左、云等十四团操丁银，在丰镇同知地亩均摊，每两九厘。其石楼、蒲县、永和三县缺额丁银，于乾隆四十年升补一百四两，至五十七年豁未补虚额银，一千五百三十七两有奇。五十八年，定大同县折色银，全归地粮，每粮银一两摊一钱一分七厘。怀仁县则额丁银归地粮，每粮银一两摊二钱一分六厘。尖丁银归屯粮，每一两摊一钱七分六厘。前卫丁银，归入屯地，每一两摊二钱二分六厘。至各属尖丁耗羡，照地随征。嘉庆元年，山西省襄垣、陵川、静乐、阳城、沁水五县，已摊下剩丁徭，并山阴县丁徭，全数归入地粮摊征。十八年，山西蒲县丁徭，全归地粮。二十四年，山西巡抚成格奏：岢岚、保德二州丁银缺额，请于通省养廉内摊捐。奉上谕："……所有岢岚州缺额银一千五百八两零，保德州缺额银七百十七两零，著即加恩按年豁免。"……道光二年，山西盂县及平定州下剩丁徭，全归地粮。三年，山西稷山、岚县、绛县、霍丘四县，绛州一州丁徭，并黎城、广灵二县已摊下剩丁徭，全归地粮。四年，山西祁县、长治、潞城、沁源、繁峙、长子、宁乡、武乡八县，代州一州，已摊下剩丁徭，并阳曲、阳高二县丁徭，全归地粮。惟吉州原额丁徭银二千八百七十七两，门差银五百十五两各有奇，经乾隆十年及是年两次归入地粮银一千四百九十两有奇，仍随丁办纳银一千九百二两有奇。五年，山西兴县、应州二属丁银，并和顺、翼城二县，隰州一州，已摊下剩丁银，又大宁一县两次摊剩丁银，均全归地粮征纳。是年七月……上谕："……自道光六年为始，将右玉、平鲁二县无著丁银正耗，共一千二百七十三两零，全行豁免。"……六年，山西沁州已摊下剩丁银，全归地粮。八年，山西永宁州已摊下剩丁银，全归地粮。十二年，山西寿阳县丁银，全归地粮。十七年，山西平鲁县丁银，归入地粮，二百二十六两有奇（王庆云《熙朝纪政》卷三《纪丁随地起》）。

明初，因赋定役，丁夫出于田亩。迨《黄册》成而役出于丁。凡役三等，曰里甲，曰均徭，曰杂派。其间累经更制，有银差、力差、十段锦、一条鞭诸法。厥后工役繁兴，加派无艺，编审轻重无法，里甲之弊，遂与有明一代相终始。国初，革里正加派诸弊，赋役之法，载在《全书》，悉沿万历条鞭旧制。初定三年一编审，后改五年（顺治三十年）。凡里百有十户，推丁多者十人为长，余百户为十甲，届期坊厢里长造册送州、县。由是而府而司，达于部，皆有册。凡载籍之丁，六十以上开除，十六以上添注，丁增而赋随之。有市民、乡民、富民、佃民、客民之分。民丁之外，有军、匠、灶、屯、站、土丁名。凡丁赋，均合徭里甲言之，曰徭里银。凡征丁赋，有分三等九则者，有一条编征者，有丁随丁起者，有丁随地派者，率因其地之旧，不必尽同。都直省徭里银三百余万两，间征米豆，其科则，轻自每丁一分数厘，重则山西之丁有四两者，巩昌有八九两者。自康熙五十年定丁额，于是户部议缺额人丁，以本户新添者抵补，不足以亲戚多者抵补，又不足以同甲粮多者顶补。编审时，所谓擦除擦补者，大略如此。顾有司于民，非能家至而日见，科则既不可强齐，除补且易滋流弊，于是雍正间以次摊入地粮，为均徭银，自丁归地粮。乾隆五年，遂并停编审，以保甲丁额造册。而十一年诏停江西编审妇女之数，盖盐钞征派，尚未尽除，故各省犹有照常册报者。三十七年，上谕：李瀚奏请停编审造册，所见甚是。旧例原恐漏户避差，是以五年编造。今丁既摊入地粮，滋生人丁又不加赋，则编审不过虚文。况各省民谷数，俱经督、抚年终奏报，更无藉五年查造，嗣后停止。自是惟有漕、卫、所军丁，四年一编审而已（王庆云《熙朝纪政》卷三《纪停编审》）。

（丙）漕粮

明

额运

永乐时沿元之旧，以东南之漕济京师，而增其额，曰漕粮，岁恒四百万石，以供军饷。曰白粮，岁恒四十万石，以供上用及百官廪禄。每石运费，率三倍于粮价。在民完漕，量斛则有淋尖之苦，水次则有加耗之苦。在运官运丁，则苦于飘流水湿，及收兑需索，公私俱敝。万历以后，尝议兴近畿水利，而漕终不能废。然漕船准带土宜免税，南北货物赖以流通，其利又别有在焉。

岁运正粮凡四百万石，内兑运二十四万赴蓟州仓，改兑六万赴天津，余三百七十万赴京、通二仓。旧例民运淮安、徐州、临清、德州水次四仓交收，漕运官分派官军余内支运于通州、天津二仓。成化十年，议四仓所收，令官军径赴州、县水次四仓交兑，名为改兑。弘治十六年，又以派不足额，每年于水次四仓支运九万六百石，以足前数。正德间，全派改兑，支运遂绝（黄训《皇明名臣经济录》卷二十二《王鳌论食货》）。

初，运粮京师，未有定额。成化八年，始定四百万石，自后以为常。北粮七十五万五千六百石，南粮三百二十四万四千四百石，其内兑运者三百三十万石，由支运改兑者七十万石。兑运之中，湖广、山东、河南折色十七万七千七百石。通计兑运、改兑加以耗米入京、通两仓者，凡五百十八万九千七百石(《明史》卷七十九《食货志三》)。

漕粮之外，苏、松、常、嘉、湖五府，输运内府白熟粳糯米十七万四十余石，内折色八千余石，各府部糙粳米四万四千余石，内折色八千八百余石，令民运，谓之白粮船。自长运法行，粮皆军运，而白粮民运如故(《明史》卷七十九《食货志三》)。

交兑

明初漕运变迁先后凡五。

一曰海运。洪武末及永乐初，苏、松、浙江等处岁粮，俱输纳太仓(苏州地方)，由海道以达直沽；二曰海陆兼运。永乐初，肇建北京，江南粮一由海运，一由淮河入黄河至阳武，陆运至卫辉，由卫河入白河至通州；三曰支运。先是，永乐五年……至九年，以济宁州同知潘叔正言，命工部尚书宋礼、都督周长等，发山东丁夫十六万五千浚原会通河，自济宁至临清三百八十五里，于是漕再始达通州。十年，礼以海船造办太迫，议造浅船五百艘，由会通河运淮、扬、徐、兖等处岁粮一百万石，以补海运一年之数。十二年，平江伯陈瑄等，始议原坐太仓岁粮苏、松、浙江改送淮安仓，镇江、庐、凤、淮、扬送徐州仓，徐州并山东兖州送济宁仓，河南、山东送临清仓各交收。浙江并直隶卫分官军于淮安运至徐州，京卫官军于徐州运至德州，各立仓厂收囤。山东、河南官军于德州接运至通州交收，名为支运，一年四次。十三年，增造浅船千艘，海运始罢遮洋船，每岁河南、山东小滩等水次兑运粮三十万石于天津等卫仓收二十四万，内十四万石连耗折银六钱，俱从直沽入海转运蓟州仓收；四曰兑运。先是，里河民运，多失农月。永乐末，始令民运于淮安、瓜州补给脚价，兑运军船领运，军民两益。卫、所出给通关付缴。……宣德八年，参将吴亮言，江西、浙江、湖广、江南船，各回附近水次领兑，南京、江北船，于瓜、淮领兑。其淮、徐、临、德诸仓，仍支运十分之四，浙江、苏、松等船，各本司府地方领兑，不尽者仍于瓜、淮交兑。其北边一带，如河南彰德等府于小滩，山东济南州、县于济宁，其余水次仿此；五曰改兑。成化七年，都御史滕昭议罢瓜、淮兑运。里河官军雇江船于江南水次交兑，民加过江之费，视远近为差。十年，议淮、徐、临、德四仓支运粮七十万石，改就水次兑与军船，名为改兑。每年议派，多准其数，然不为常例（黄训《皇明名臣经济录》卷二十二邵宝《国朝运法五变议》）。

运船之数，永乐至景泰，大小无定，为数至多。天顺以后，定船万一千七百七十，官军十二万人。许令附载土宜，免征税钞。孝宗时限十石，神宗时至六十石（《明史》卷七十九《食货志三》）。

正统三年，户部覆议，运粮官军，令遵敕谕，顺带土货以为盘费，不许沿河巡司官兵人等生事阻当（黄训《皇明名臣经济录》卷二十二臧凤《正德十四年漕例奏》）。

河运

永乐初，尚河、海并运，以河运补海运之所不及。四年，始命陈瑄专理河漕事。九年，命工部尚书宋谦等浚会通河，以南旺水浅，舟不能重载，纳汶上老人白英建议，筑坝于汶上县之戴村，横亘五里，不使汶水入洸，而遏之使入南旺湖，再分南北流以济运，称为奇工，南北运道始通。又经陈瑄开河置闸，转输益便。遂停海运，专行河运。然河流时需修治，嘉、隆间尚有人主张开胶莱新河、海河并运者，以工巨而止。

自永乐年间，开设里河漕运以来，定拨湖广、江西、浙江、南京、江南江北并中都留守司卫、所官兵一十二万七千八百余员，分为十二总，岁运粮储四百万石于京、通、天津、蓟州等仓交纳。其江西、湖广、浙江、南直隶都司卫、所官军运粮，由扬子大江至江北里河，由仪真、扬州、淮安、邳、徐、济宁、东昌、临清、德州、天津直抵通州等九卫（黄训《皇明名臣经济录》卷二十二王琼《正德三年漕例奏一》）。

成祖择天下形胜，建都北平。……命平江伯陈瑄专理河漕事。瑄乃疏清江浦，引水由管家湖入鸭陈口达淮，以避淮河风涛之险；浚瓜州、仪真二坝，祛潮港之堙，凿徐吕二洪之巨石，以平水怒；行沛县招阳、济宁南旺、高邮甓社诸湖，筑长堤以蓄巨潴；开泰州白塔河，以通大江；凿高邮渠四十里，以便舟楫。自淮抵临清，增闸四十有七，以便蓄泄。自淮至通州，滨河置庐舍五百六十八所，居卒以治浅，缘河堤种树、置井，以待暍者。置仓于淮安、徐州、临清、通州以便转运。亘四千里，数十年，漕河事宜，皆瑄所经综，周虑而力图之，至于今是赖（朱健《古今治平略》卷八《国朝漕运》）。

凡京仓五十有六，通仓十有六（《明史》卷七十九《食货志三》）。

海运

洪武之行海运，盖为兼济北平、辽东。后来之废，盖畏风涛砂线不常，海船多致飘失。嘉、隆时，渐有议复者。崇祯十三年，虑河运有阻，始命沈廷扬以户部郎中督理海运。行之数年，事捷费省，盖以补河运之不足。

洪武元年北伐……已而大将军徐达令忻崞代坚台五州运粮大同。中书符下山东行省，募水工发莱州洋海仓饷永平卫。其后海运饷北平、辽东，为定制（《明史》卷七十九《食货志三》）。

洪武三十年，海运粮七十万石，给辽东军饷。永乐初，海运七十万石至北京，至十三年会通河通利，始罢海运（黄训《皇明名臣经济录》卷二十二丘濬《漕运议》）。

国初去胜国未远，沙民犹能习海。余生长海壖，尝闻父老言，驱民转输海粟，父别子，夫别妻，生受其祭，死招其魂，浮没如苹，生死如梦。其幸而脱鲸鲵之口，则以为再世更生。来岁复运，如蟪蛄之不知有春秋（朱健《古今治平略》卷八《国朝漕运》）。

隆庆辛未，海运初雇海鹏舡五只，分载米二千石，每驾船十二人，自淮安至天津，试运无碍（谈迁《北游录·纪闻上·海运新考》）。

公姓沈氏讳廷扬。……公抗疏仿元世海运曰：安常不必计及海，有变不宜全恃河。并陈辽饷捷径事宜，上《海程图册》，辑《海运书》五卷，言行之有八利。……愿自买船载粮，先试以为榜样。……时崇祯十二年十月也。疏八上而克行。十三年，授户部尚书郎，督理海运，忘家捐赀，与一二童仆，出死力奔波于海陆四五千里之间（沈寓《白华庄藏稿钞》卷十一《五梅公事记略》）。

清

额征

清代漕粮一仍明旧。康熙治河，岁费三百万，俱以济运为辞。特设漕运总督，专理其事。然运途辽远，费五得一，论者每以为言，漕终不罢。暨海运畅行，兴贩者众，东南督、抚犹坚持南粮不能改折，徒为胥吏蠹蚀之资。庚子以后，始尽罢之。

顺治二年，户部奏定每岁额征漕粮四百万石。其运京仓者为正兑米，原额三百三十万石：江南百五十万，浙江六十万，江西四十万，湖广二十五万，山东二十万，河南二十七万。其运通漕者为改兑米，原额七十万石：江南二十九万四千四百，浙江三万，江西十七万，山东九万五千六百，河南十一万。其后颇有折改。至乾隆十八年，实征正兑米二百七十五万余石，改兑米五十万石有奇，其随时截留蠲缓者，不在其例。……漕粮之外，江苏苏、松、常三府，太仓一州，浙江嘉、湖两府，岁输糯米于内务府，以供上用及百官廪禄之需，谓之白粮。原额正米二十一万七千四百七十二石有奇。……康熙初，定白粮概征本色，惟光禄寺改折三万石，石征银一两五钱（《清史稿·食货志三·漕运》）。

额征漕粮，正兑漕粮，各省原额三百三十万石，内除永折米改征黑豆米并节年荒缺开垦报升不足原额外，以光绪十三年计之，共米二百四十七万八千六百九十四石九斗四升有奇，内山东十六万一千五百四十八石六斗有奇，河南二万四千三百三十六石五斗有奇，江苏八十五万八百五十七石四升有奇，安徽十六万五千五百六十九石有奇。江西奏销册，正改兑不分，共米五十万一千七百一十五石有奇，浙江五十八万四千九百九十八石四斗有奇，湖北九万四千一百八十七石八斗有奇，湖南九万五千四百八十二石六斗有奇。改兑漕粮，各省原额七十万石，内除永折米改征黑豆米并节年荒缺开垦报升不足原额外，以光绪十三年计之，共米二十七万二千六百五十石有奇，内山东七万八千二百三十三石二斗有奇，河南一万五千五十石一斗有奇，江苏十三万一千八百四十九石四斗有奇，安徽一万八千一百五十二石有奇，浙江二万九千三百六十五石五斗有奇。白粮，江苏苏州、松江、常州三府，太仓一州，原额十有五万四百三十八石四斗七升，除改征漕粮外，实征六万九千二十五石。浙江嘉兴、湖州二府，原额六万六千二百石，除改征漕粮外，实征二万九千九百七十五石，共实征白粮九万九千石。小麦……共实征正兑改兑正耗麦六万九千五百六十一石八斗四升有奇，黑豆共实征正兑改兑正耗豆二十万八千一百九十石三斗一升有奇（《大清会典事例》卷一九四《户部漕运》）。

河运

清代河运，仍用屯丁长运。唯签一雇九，又以额粮渐减，漕粮仅二百七八十万石，白粮仅十万石，粮船亦因之减半。咸丰中，河运全停，水手失业，乃多加入捻军，运河亦淤塞，行旅者遂舍舟而遵陆矣。

清初，漕政仍明制，用屯丁长运。长运者，令瓜、淮兑运军船往各州、县水次领兑，民加过江脚耗，视远近为差；而淮、徐、临、德四仓，仍系民运交仓者，并兑运军船，所谓改兑者也。逮至中叶，会通河塞，而胶莱故道又难猝复，借黄转般诸法行之又不能无弊，于是宣宗采英和、陶澍、贺长龄诸臣议复海运，遴员集粟，由上海雇商转船漕京师，民咸称便。河运自此遂废（《清史稿·食货志三·漕运》）。

各省漕船原数万四百五十五号，内除漕粮折银征解及灰石改折，并分载带运及坍荒田地应蠲漕粮裁减船数外，以嘉庆十七年实运船数计之，共六千二百四十二只：直隶三十七号，山东八百八十七号，江南江安粮道所属二千六百九十六号，苏松粮道所属五百二十二号，浙江八百四十五号，江西六百三十八号，湖北一百八十号，湖南一百七十八号。河南无出运卫、所，系拨直隶、山东、江南帮船就近协运，江南运白船一百三十八号，浙江百二十一号（《大清会典事例》卷二〇二《户部漕运》）。

海运

道光中始行海运。初犹自雇沙船装载剥运，咸丰以后，天津、上海间外商海轮畅通，由其代运，仓场仅备剥船，自天津运往通州入仓而已。

嘉庆中，洪泽湖泄水过多，运河浅涸，令江、浙大吏兼筹海运。两江总督勒保等会奏不可行者十二事。……自是终仁宗之世，无敢言海运者。道光四年，南河黄水骤涨……挟沙，日久淤垫，为患滋深。上亦知借黄济运非计，于是海运之议复兴。……时琦善督两江，陶澍抚安徽，咸请以苏、松、常、镇、太仓四府一州之粟全由海运。乃使布政使贺长龄亲赴海口，督同地方官吏，招徕商船，并筹议剥运兑装等事。嗣澍言："见雇沙船千艘，三不像船数十，分两次装载，计可运米百五六十万石。其安徽、江西、湖广离海口较远，浙江乍浦、宁波海口或不能停泊，或盘剥费巨，仍由河运。"上乃命设海运总局于上海，并设局天津。复命理藩院尚书穆彰阿，会同仓场侍郎，驻津验收监兑，以杜经纪人需索留难诸弊。六年正月，各州、县剥运之米，以次抵上海受兑，分批开行。计海运水程四千余里，逾旬而至。米石抵通后，转运京仓（《清史稿·食货志三·漕运》）。

道光五年……兹据奏现雇有沙船一千余只、三不像船数十只，计春、夏两次，可以运米一百五十余万石。著照所请，将苏、松、常、镇、太四府一州新漕，并缓带漕粮，由海运抵津。……咸丰元年，覆准：上届海运漕白各粮，上海沙船不敷运送，间雇外省蜑船及三不像等船，一并装载。……三年，议准本届浙江漕粮，海运所需船只，除宁波船三不像船，由浙省自行封雇外，其上海之沙船，及直隶之卫船、山东之登由子船，由浙省派员赴沪设立总局，会同苏省委员，不分畛域，一律封雇，以资装运。又谕："著直隶、山东各督、抚速派干员封备卫船。并著奉天府府尹及各督、抚确查各处海口，如有宁波商船停泊，押令迅速回浙，听候封雇，装运漕粮，不准胥役人等需索滋扰，致生事端。"……同治五年，谕："浙江本届新漕米数较增，尤须多备船只，俾敷装运。著直隶总督、山东巡抚，即饬产船各地方官，尽数挑选东卫等船，赶紧驶赴上海协运，俾免贻误。"……十一年，奏准：嗣后海运白粮抵津，由各该粮道自雇民船剥运赴通，毋庸在津候验（《大清会典事例》卷二一〇《户部海运》）。

剥船，直隶旧设二千五百艘，二百艘分拨故城等处，八百艘留杨村，余千五百艘集天津备用。后雇觅堪装漕粮二百五十石民船五百艘，以备装载。商船首次抵津，先仅府、县仓厫庙宇拨卸三十万石，余令剥船径运通仓。随将天津仓厫庙宇所储漕米运通，无庸转卸北仓（《清史稿·食货志三·漕运》）。

搭载货物

漕船本许载运土宜免税，为鼓励海轮运漕，因有搭载货物二成免税之例。久之遂成走私之薮，虽有海关查验，不能禁绝。

道光五年，奏准商运米船八成载米，酌留二成载货，并由海关查明，免税放行。……二十八年，奏准商船二成载货，由海关查明免税。计数请豁税额，系装米千石，准带货二百石，论石而不论价。……咸丰六年，咨准本届海运漕粮各口岸，遇有商船到口，速即验明护照，将二成货物免税。如二成以外，及贩豆回南者，仍照例纳税，毋任偷漏。九年，议准现奏定洋药厘税章程，凡各关海口，每洋药一百斤，纳税三十两，与寻常货物不同。嗣后海运沙船进口，携带洋药者，令照新章纳税，并于货单注明，以免牵混。其余货物，仍照章免税。同治五年，议准商船两旁跨带竹木，系因远涉重洋、防御风涛之用，且系粗笨之物，例定税则无多，亦应与二成货物，一律免交关税。所有沿海各关，俟海运商船到口，均行查照办理。……又议准漕船到津，米石交清后，即由津局、苏、浙粮道，分别填给该船米数某日交清，准在天津、奉天各口自运四货全行免税印照，持赴天津、牛庄各关呈验放行。交米未清之船，概不给照。六年，议准如所带二成货物，在津未能销完者，即照案转至奉天销售，由津给予免税照单，以凭查验。……十二年，咨准商局轮船运米，由上海道填给免税执照。如带有洋药，及二成之外另带余货，均照沙宁各船例纳税（《大清会典事例》卷二一二《户部海运》）。

京通仓

清制，以户部侍郎一人为仓场总督，专理仓务。其属有坐粮厅掌收漕，大通桥监督掌抽查。京仓十三，为廒九百五十六。通仓二，为廒二百五十。每廒贮米万石，例以御史一人稽查之。各仓有监督，有看仓旗员、吏典、皂隶、守兵、花户。其事甚繁，其制甚密。

京师十有三仓，禄米仓五十七廒，南新仓七十六廒，旧太仓八十三廒，富新仓六十四廒，兴平仓八十一廒，均在朝阳门内。海运仓百廒，北新仓八十五廒，均在东直门内。太平仓八十六廒，在朝阳门外。本裕仓三十廒，在德胜门外清河。万安仓九十三廒，在朝阳门外。储济仓百有八廒、裕丰仓六十三廒，均在东便门外。丰益仓三十廒，在德胜门外。安河桥、大通桥号房四十八间，朝阳门号房五十八间。通州二仓，西仓一百四十二廒，在新城。中仓一百有八廒，在旧城。南门内通州石坝号房二十五间，旧城南门外号房十间，新城南门外号房二十五间（《大清会典事例》卷一八四《户部仓庾》）。

仓场职掌，总督仓场户部右侍郎，顺治十五年定满、汉各一人，驻扎通州新城，总理京通各仓粮务。其漕运总督、各该督、抚及沿河文武衙门，凡漕运文册应报仓场者，均照报部体式。应举劾者，照例举劾。各项应行事宜，仓场报部查核。又覆准每年春间出巡阅看闸河，点验石土两坝，经纪车户剥船，督令坐粮厅催置布袋，以备新粮到坝起运。又覆准漕白粮船抵天津，督率沿河文武官弁往来催运，并查验北河浅阻，令坐粮厅督夫疏浚深通，毋致粮艘阻滞。……康熙二年，题准仓场督收各省漕粮，除带运米不算外，其扣收余米，抵欠算入正运数内，总作十分考核，未完五厘以上至一分者罚俸；一年三年连欠五厘以上至一分者，降一级督催。雍正三年，覆准漕白粮船，抵通日期，及起过粮数、回空船数，并石坝外河水势深浅，五日一次具奏。……乾隆四十四年，奏准通漕办理粮务，向设漕运通制一员，驻扎张家湾，专管内河修防、外河挑浚各事宜。其关涉漕务事件，经行呈报仓场及坐粮厅办理，至北河雇备剥船，委杨村通判稽查。漕船剥货，委务关同知会同严查。悉照张家湾通判之例，经行申报仓场。嘉庆十五年，奏准各省漕船行至北运河一带，由务关营通州协催趱，每致仓场呼应不灵，嗣后归仓场衙门兼辖，以重漕运（《大清会典事例》卷一八四《户部仓庾》）。

大抵京、通两仓所放米，曰官俸，曰官粮，亦名甲米，二者去全漕十之六。其一，养工匠，名匠米。其一，定鼎时，宗臣封亲王者六，封郡王者二，世宗之弟封亲王者一，此九王子孙，自適裔外，并有封爵，以世降而随之，统名恩米，二者去京仓百之一（《清史稿·食货二·仓库》）。

（2）征榷

（甲）明之征榷

钞关

明代钞关设于水次，以需纳船钞，故名钞关。一代皆以宝钞上纳，或须改折银钱，故钞及银钱并用。关皆属于户部，命主事主征榷之事，收入颇巨，为国计之一大宗。

国初有商税，未尝有船钞。至宣德间，始设钞关凡七所。……兼榷商税，其所榷本色钱钞，则归内库，以备赏赐。折色银两则归太仓，以备边储。每岁或本折轮收，或折色居七分之二。其收钞有轻重，差官有专摄。……设关处所，河西务、临清、九江、浒墅，俱户部差。淮安、扬州、杭州，俱南京户部差（《大明会典》卷三十五）。

宣德四年（一四二九年），以钞法不通，由商居货不税，由是于京省商贾凑集地、市镇店肆门摊税课，增旧凡五倍。两京蔬果园，不论官私种而鬻者，塌房、库房、店舍居商货者，骡驴车受雇装载者，悉令纳钞。委御史、户部、锦衣卫、兵马司官各一，于城门察收。舟船受雇装载者，计所载料多寡、路近远纳钞。钞关之设自此始。其倚势隐匿不报者，物尽没官，仍罪之。于是有漷县、济宁、徐州、淮安、扬州、上新河、浒墅、九江、金沙洲、临清、北新诸钞关，量舟大小修广而差其额，谓之船料，不税其货。惟临清、北新则兼收货税，各差御史及户部主事监收。自南京至通州，经淮安、济宁、徐州、临清，每船百料，纳钞百贯（《明史》卷八十一《食货志五》）。

正统十一年（一四四六年），移漷县钞关于河西务。……嘉靖四年，凤阳府设正阳钞关，前后凡十有二处，皆止税船料。惟临清、杭州兼收货税。至万历时，止存河西务、临清、淮安、扬州、苏州、杭州、九江共七处，此明一代钞关之大略也。凡船料始时估料定税，后以估料难核，乃度梁头广狭为率，自五尺至三丈六尺有差。嘉靖时，又命以成尺为限，勿科畸零焉（《续文献通考》卷十八《征榷考一》）。

崇祯二年（一六二九年），命关税每两增一钱。……按《春明梦余录》载户部议榷额疏，南北榷关有旧额有新增，北新关原额四万，天启元年增二万，五年增二万，共八万两。浒墅关原额四万五千，天启二年增二万二千五百，五年增二万，共八万七千五百两。九江关原额二万五千有奇，天启元年增一万二千五百有奇，五年增二万，共五万七千五百余两。两淮钞关原额二万二千，天启元年增七千六百有奇，五年增一万五千，共四万四千六百两。扬州关原额一万三千，天启元年增二千六百，五年增一万，共二万五千六百两。惟临清关原额银八万三千八百、河西务原额四万六千，并无加增，因解不足额，临清减二万两、河西务减一万四千两。崇文门原额六万八千九百二十九两，天启五年增二万，共八万八千九百二十九两。此旧额与新增之数也。天启六年，以助工税差，照正额每两加羡余银一钱。大工竣，改为助饷，每两止增羡余五分。至是，量增五分，为一钱，合计八关，共增银五万余两。明季关钞之数，大略备矣（《续文献通考》卷十八《征榷考一》）。

崇祯三年（一六三〇年），复增二钱。惟临清仅半，而崇文门、河西务俱如旧。……九年，复议增税课款项。十三年，增关税二十万两，而商民益困矣。凡诸课程始收钞，间折米，已而收钱钞半，后乃折收银（《明史》卷八十一《食货志五》）。

商税

商税三十而税一，唯书籍、农具不征。

太祖初征酒、醋之税，收官店钱。即吴王位，减收官店钱，改在京官店为宣课司，府、县官店为通课司，凡商税三十而取一，过者以违令论（《明史》卷八十一《食货志五》）。

国初洪武中……令天下税课司局，诸客商货贿俱三十而税一。……其金、银、铅、朱砂、胆矾、雄黄、丹青绿、毛缨、碧甸子、钟乳粉、棕毛、水银，俱起解本色，其余盐、茶、酒、醋、硝、铅、黑锡、石膏，商税窑课俱折收金银钱钞，输京师。惟五谷、农器、书籍、纸札不税，酒课不设务，不定额。如异时已榜谕各税课司局巡拦所办，令计额课逐日旬办贮。司局官按季攒收，而官攒侵欺，致巡拦赔纳者罪（傅维鳞《明书》卷八十三《食货志三》）。

凡一应收税衙门，有都税、有宣课、有司、有局、有分司。其收税，有本色、有折钞。其起解收贮，有入内府，有留各处，亦有添设除免。其差官，有巡视、监收。……各司局衙门，历朝建革不一。其已革衙门，课程仍于该府、州、县及附近司局带管，或于均徭内编补，或将革过巡拦工食银抵补，岁办不缺（《大明会典》卷三十五）。

税课司局，京城诸门及府、州、县市集多有之，凡四百余所。其后以次裁并十之七（《明史》卷八十一《食货志五》）。

初南京军民居室皆官所给，比舍无隙地，商货至或止于舟，或贮城外，驵侩上下其价，商人病之。太祖乃命于三山诸门外，濒水为屋，名塌房，以贮商货。其货物以三十分为率，内除一分官收税钱，再出免牙钱一分、房钱一分，与看守者收用，货物听客商自卖。其小民鬻贩者，不入塌房投税（《续文献通考》卷十八《征榷考一》）

永乐七年（一四〇九年）……令京城官店塌房照三山门外塌房例，宣课分司收税钱一分，免牙塌房钱二分（《续文献通考》卷十八《征榷考一》）。

永乐七年（一四〇九年），遣御史、监生于收课处榷办课程。二十一年（一四二三年），山东巡按陈济言："淮安、济宁、东昌、临清、德州、直沽，商贩所聚。今都北平，百货倍往时，其商税宜遣人监榷一年，以为定额。"帝从之（《明史》卷八十一《食货志五》）。

洪熙元年（一四二五年）正月，增市肆门摊课钞。时欲通钞法，户部尚书夏原吉等，请于市肆各色门摊内，量度轻重增纳课钞，官取其昏软者悉毁之。帝是其言（《续文献通考》卷十八《征榷考一》）。

正统七年（一四四二年）正月，定在京宣课、都税二司税钞则例。初，二司收课则例不一，奸弊猬生。户部主事汪澍以为言，事下顺天府议定，每季缎铺纳钞一百二十贯，油磨、糖机、粉、茶食、木植、翦裁、绣作等铺三十六贯，余悉量货物取息，及工艺受直多寡取税（《续文献通考》

卷十八《征榷考一》)。

正统九年(一四四四年),王佐掌户部,置彰义门官房,收商税课钞。复设直省税课司官,征榷渐繁矣(《明史》卷八十一《食货志五》)。

弘治间,课钞四千六百一十八万九十贯。嘉靖二十三年,课钞五千二百六万八千一百九贯(《大明会典》卷三十五)。

商税总额简表

收税处所	税额	
京都九门	钞六十六万五千一百八十贯	钱二百四十三万二千八百五十文
顺天府岁征都税司 正阳门宣课司 安定门税课司 德胜门税课分司	共钞十三万七千九百五十贯	钱二十七万五千九百文
崇文门宣课分司　商税猪口牙税条税船税	共银四万三百余两	钱一千八百八十七万七千七百文
通州张家湾宣课司 抽分曲并条税船税 通州盐牙税 居庸关商税	共银一万六百余两	钱二百八十八万七千余文
永平、保定、河间、真定、顺德、广平、大名等府商税	共钞六十八万四千六百余贯	
南京兵马司房税、龙江关船料 石灰山关、大胜关、应天府都税司商税 聚宝门宣课司及分司朝阳门分司 江东龙江两宣课司商税门摊 太平门、龙江、龙潭三税课司商税门摊 上元、江宁等县商税并酒、醋、房屋 江东、瓜埠两巡检司	共钞一千四百八十九万一千一百余贯	以上俱每贯折银六毫,闰月加钞在外

续表

收税处所	税额	
安庆府商税并鱼、酒、醋课 徽州、宁国二府商税并茶课 池州、太平、苏州三府商税 松江、庐州、扬州三府商税并鱼课 常州府商税门摊并鱼、酒、醋课 镇江、凤阳两府、和州商税 淮安府、滁州商税门摊 徐州商税门摊并酒、醋课 广德州商税	共钞一百五十七万九千四十三锭四十五万二千五百余贯	钱五十六万七千余文
浙江布政司商税门摊并酒、醋、鱼课	钞二百二十八万三千四百四十三锭五贯余	
江西布政司商税	银三千五百五十两二钱	
湖广布政司商税	钞二百六十九万八千六百四十一贯余	
福建布政司商税门摊并鱼课	钞二十六万七千三百三十六锭五贯余	
山东布政司商税	钞三百五十万一千一百十锭一贯	
山西布政司商税门摊并酒、醋	本色钞三十六万一千四百八十八锭三贯余	折色钞九百二十锭三贯
河南布政司商税	钞四十万六千八百二十锭二贯余	
陕西布政司商税并酒、醋	钞一百七十四万五千三百二十一贯余	
四川布政司商税	钞五十四万四千七百一十八贯余	

续表

收税处所	税额	
广东布政司额征南雄府太平桥南北抽盘商税并铁课	银约四万三千余两	
广西布政司商税门摊	钞二万四千五百六十六锭三贯余	
云南布政司商税门摊并酒、醋、铅、铁、铜税、鱼课	银约一万五千一百三十五两二钱余	海贮约五千四百九十八索二十手
贵州布政司商税	钞一十四万八千三百六十三贯余	
附注	本表为万历六年商税总额，据《续文献通考·征榷考》而作。	

抽分

商税收纳实物，谓之抽分，亦有折银者。

明太祖洪武初，设抽分竹木局。……凡龙江、大胜港俱设立抽分竹木局，客商兴贩芦柴茅草等三分取一，杉木棕毛等三十分取二，松木杉板柴炭等十分取二。又令军卫设场收贮柴薪，按给禁军孤老等。竹木堆垛在场，奏申知数，以凭度量关支。如营造数多，抽分不敷，或给价收买，差人斫办（《续文献通考》卷二十四《征榷考七》）。

永乐六年（一四〇八年），设通州、白河、芦沟、通积、广积五抽分局，至十三年（一四一五年），令以三十分为率，凡竹木、柴炭、砖瓦等，取一至取十五各有差（《续文献通考》卷二十四《征榷考七》）。

正统元年（一四三六年），设真定抽分竹木局，令真定府税课司带管，凡木植抽三十分之四。……至天顺时，又设保定抽分，令唐县委官至倒马关，抽分木植二十分之六（《续文献通考》卷二十四《征榷考七》）。

成化七年（一四七一年），又设杭州、荆州、太平三处抽分。……凡竹木等物，抽十分之一。……十七年（一四八一年），设兰州抽分，本州卫掌印官会同将河桥上岸捉获木植，每十分抽其二。过河桥捉获者，尽数入官。至嘉靖元年（一五二二年），定通州抽分竹木局，凡商贩竹木曾经真定九一抽分、取有印信执照者，止用九一抽分，通前合为二八。其未经抽分者，仍用二八抽取。六年（一五二七年），裁革白河抽分竹木局官吏军人，其例应抽分竹木、柴炭、砖瓦等，令广积局带管，仍听巡按御史督察。十年（一五三一年），芦沟抽分竹木局，堆积木植朽坏，每年终工部委官盘查，变卖银两，解部作正支销（《续文献通考》卷二十四《征榷考七》）。

成化九年（一四七三年），更定芦柴木柴折银例。景泰间，应天等处岁办芦柴，以十分为率，减免四分，三分折钞，三分本色，折钞每束二贯五百文，每一万贯又折收银二十二两五钱。至是，令于芦柴三分本色内以一分折银，每束二分，俱送应天府收贮支用。其折纳木柴者，每百斤折银四分，至抽分竹木原钞者，至是亦折银，渐益至数万两（《续文献通考》卷二十四《征榷考七》）。

河泊所

河泊所以税船舶，兼管鱼课。

洪武初，设河泊所。……十五年（一三八二年）……定河泊所官制。吏部奏：“凡天下河泊所二百五十二，岁课米五千石以上至万石者设官三人，千石以上者二人，三百石以上者一人。”制可（《续文献通考》卷二十四《征榷考七》）。

凡鱼课，每岁南京户科编印勘合。通计四川等布政司，并直隶、河间等府、州、县河泊所等衙门，该勘合六百八十九道，皆以河字为号。南京户部领回，发各该衙门收掌。各记所收鱼课米钞若干，年终进缴，其勘合底簿，仍送户部。如各衙门缴到勘合，务比对朱墨字号相同，于上明白填写，以凭查考。河泊所累朝建革不一，其已革衙门，鱼课仍于各该府、州、县带管，或归并附近河泊所，岁办不缺（《大明会典》卷三十六）。

洪武十八年（一三八五年），令各处鱼课，皆折收金银钱钞。……宣德七年（一四三二年），令湖广、广西、浙江鱼课办纳银者，每银一两折钞一百贯（《大明会典》卷三十六）。

鱼课数，弘治十五年（一五〇二年），课钞三百一十七万五千三百七十贯。嘉靖二十三年（一五四四年），课钞三百一十七万七千一百一十贯（《大明会典》卷三十六）。

万历时鱼课简表

地域	税额	地域	税额
直隶永平府	钞一万七十三贯六百文	河间府	钞一万五千七百一十七贯七百六十文
保定府	钞四千七百七十一贯七十文	大名府	钞七千七百一十贯五十一文
应天府	钞九万九千四十九贯一百三十文	直隶苏州府	钞二千一百七十四贯四百文
松江府	银五百五十七两四钱六分三厘	常州府	钞三万四千九百八十一贯九百五十五文，钱六万九千九百六十四文
镇江府	钞五千一百六十四贯	庐州府	钞二万六千三百八十二贯五百文
扬江府	钞一十二万一千五百一贯三百三十二文	太平府	银一百一十七两二钱四分八厘
浙　江	钞一十八万二千九百六十九贯六百二十文	江　西	银一千四百八十两五钱三分
湖　广	钞一百二十六万五千四百二十四贯	福　建	银七千一百两

续表

地域	税额	地域	税额
山　东	钞三百四十四贯	河　南	钞七千二百六十八贯七百四十二文
陕　西	钞二万三千九百一十二贯九百四文	广　西	钞二千七十九贯五百三十文
四　川	银三百三十七两五钱七分九厘	云　南	银一千三百五十三两七钱八厘，米、麦三百五十石五斗

市舶司

明初设市舶司于上海黄渡，有提举司司其事，后改设于宁波、泉州、广州。成化以后，广州对外贸易最盛，独以太监领之。嘉靖时有海禁，然独不及广州。市舶皆行抽分之制，故广州有十三行之设，以销行外货。直至道光海通时为止。

明初东有马市，西有茶市，皆以驭边，省戍守费。海外诸国入贡，许附载方物，与中国贸易，因设市舶司，置提举官以领之，所以通夷情、抑奸商，俾法禁有所施，因以消其衅隙也（《明史》卷八十一《食货志五》）。

太祖《祖训》曰："日本限山隔海，得其地不足以供给，得其民不足以使令，不许兴兵致伐。然夷中百货，皆中国不可缺，夷必欲售，中国必欲得之，故立三市舶司，设提举官。"（傅维鳞《明书》卷八十三《食货志三》）

洪武初，设市舶司于太仓黄渡，寻改于浙江、福建、广东设三市舶司。三年（一三七〇年）二月，罢太仓黄渡市舶司，凡番舶至太仓者，命军卫有司封籍其数，送赴京师。……寻复设市舶司于宁波、泉州、广州，宁波通日本，泉州通琉球，广州通占城、暹罗、西洋诸国（《续文献通考》

卷二十六《市籴考二》）。

初以太仓为六国马头，旋以近京师，恐生他变，远徙之宁波诸处，而以按察司主其事。旋改提举（傅维鳞《明书》卷八十三《食货志三》）。

琉球、占城诸国……任其时至入贡。惟日本……独限其期为十年，人数为二百，舟为二艘，以金叶勘合表文为验，以防诈伪侵轶（《明史》卷八十一《食货志五》）。

洪武二年（一三六九年）九月，定朝贡附至番货，欲与中国贸易者，官抽六分，给价偿之，仍免其税。……《明律》曰：凡泛海客商舶船到岸，将货物尽实报官抽分，不得停搨沿港土商牙侩之家。违者有罪（《续文献通考》卷二十六《市籴考二》）。

永乐三年（一四〇五年），以诸番贡使益多，乃置驿于福建、浙江、广东三市舶司以馆之，福建曰来远，浙江曰安远，广东曰怀远（《明史》卷八十一《食货志五》）。

永乐六年（一四〇八年）正月，设交阯云南市舶司（《续文献通考》卷二十六《市籴考二》）。

王圻曰："……贡舶与市舶一事也。凡外夷贡者皆设市舶司领之，许带他物，官设牙行与民贸易，谓之互市。是有贡舶即有互市，非入贡即不许其互市矣。"（《续文献通考》卷二十六《市籴考二》）

牙税

明代牙钱，税及罗段、纸张、铁锅、颜色等行货，与清代不同。

景泰二年（一四五一年），令顺天府及大兴、宛平二县，俱集各行，依时估计物货价直，照旧折收钞贯。……其收税则例，上等罗段每匹税钞牙钱钞塌房钞各二十五贯，中等罗段每匹税钞牙钱钞塌房钞各一十五贯，下等罗段每匹税钞牙钱钞塌房钞各一十贯。上等纱绫锦每匹、青红纸每一千张、篦子每一千个，税钞牙钱钞塌房钞各六贯七百文；中等纱绫锦每匹、细羊羔皮袄每领、黄牛真皮每张、扇骨每一千把，税钞牙钱钞塌房钞各五贯；青三梭布每匹、红油纸每八千张、冥衣纸每四千张、铁锅每套四口、藤黄每斤，税钞牙钱钞塌房钞各四贯。……其余估计未尽物货，俱照价直相等则例收纳。其进塌房钞并抽分布匹及按月该纳房钞，俱为免除（《大明会典》卷三十五）。

税监

万历中有税监之设，旋复停止。然崇文门之税，始终为太监管之，收入皆归皇室。

万历二十四年（一五九六年）十月，始命中官榷税通州。是后，各省皆设税使，群臣屡谏不听（《续文献通考》卷十八《征榷考一》）。

榷税之使，自二十六年（一五九八年）千户赵承勋奏请始，高寀于京口，暨禄于仪真，刘成于浙，李凤于广州，陈奉于荆州，马堂于临清，陈增于东昌，孙隆于苏、杭，鲁坤于河南，孙朝于山西，邱乘云于四川，梁永于陕西，李道于湖口，王忠于密云，张晔于卢沟桥，沈永寿于广西，或征市舶，或征店税，或专领税务，或兼领开采，奸民纳贿于中官，辄给指挥千户札，用为爪牙。水陆行数十里，即树旗建厂，视商贾懦者，肆为攘夺，没其全资，负戴行李，亦被搜索。又立土商名目，穷乡僻坞米、盐、鸡、豕，皆令输税。所至数激民变，帝率庇不问（《明史》卷八十一《食货志五》）。

万历三十三年（一六〇五年）……户部尚书赵世卿……言：“崇文门、河西务、临清、九江、浒墅、扬州、北新、淮安各钞关，征本折约三十二万五千余两。万历二十五年，增银八万二千两，此定额也。乃二十七年以后，历岁减缩，至二十九年，总解二十六万六千余两。究厥所由，则以税使苛敛，商至者少，连年税使所供，即此各关不足之数也。”疏入不省。……九门税尤苛，举子皆不免，甚至击杀觐吏（《明史》卷八十一《食货志五》）。

（乙）清之征榷

清代商税，多沿明制而屡增其额。海关厘金为新制，蔚为国课大宗。

清兴，首除烦苛，设关处所，多依明制。自海禁开，常关外始建洋关，而厘局之设、洋药之征，亦相继而起，三者皆前代所无。……至印花税、烟酒加征，均试行，旋罢（《清史稿·食货志六》）

常关

常关有属于户部者，为崇文门、左翼、右翼、坐粮厅、淮安、浒墅、扬州、芜湖、西新、凤阳、江海、天津、临清、九江、赣关、北新、浙海、闽海、太平、粤海、山海、张家口、杀虎口、归化城等二十四处。属于工部者，为龙江、芜湖、宿迁、临清砖版闸、南新等五处。海通以前，海关亦在常关之列。

康熙元年（一六六二年），移设河西务于天津，更名天津关。更定各关兼差满、汉官笔帖式各一，由六部咨送轮掣，停蒙古、汉军差。其张家、杀虎二口，专差满、蒙官（《清史稿·食货志六》）。

康熙五年（一六六六年），命各关税均交地方官管理。……惟两翼、张家口、杀虎口如故，只差户部司员（《清史稿·食货志六》）。

康熙二十三年（一六八四年），始开江、浙、闽、广海禁，于云山、宁波、漳州、澳门设四海关，开设监督，满、汉各一笔帖式，期年而代。定海税则例，免海口内桥津地方抽税（《清史稿·食货志六》）。

乾隆二十二年（一七五七年），增定浙、闽二海关税则。寻又申禁洋船不准收泊浙海，有驶至者，仍令回粤贸易纳税（《清史稿·食货志六》）。

乾隆二十九年（一七六四年），定外番商货至回部贸易者三十抽一，皮货二十抽一。回商往外番贸易二十抽一，皮货十之一。其牲畜货物不及抽分之数，视所值折算（《清史稿·食货志六》）。

嘉庆四年各关赢余额简表

关名	赢余额	关名	赢余额	关名	赢余额
户关坐粮厅	六千两	天津	二万两	临清	一万一千两
江海	四万二千两	浒墅	二十三万五千两	淮安	十一万一千两
海关庙湾口	二千二百两	扬州	六万八千两	西新	二万九千两
九江	三十四万七千八百两	赣关	三万八千两	闽海	十一万三千两
浙海	三万九千两	北新	六万五千两	武昌	一万二千两
夔关	十一万两	粤海	八十五万五千五百两	太平	七万五千五百两
梧州	七千五百两	浔州	五千二百两	归化城	一千六百两
山海关	四万九千四百八十七两	杀虎口	一万五千四百十四两	张家口	四万五百六十一两
打箭炉	尽收尽解	工关辰关	三千八百两	宿迁	七千八百两
芜湖	四万七千两	龙江	五万五千两	荆关	一万三千两
通永道	三千九百两	闸南新渝三关，潘桃、古北、杀虎三口竹木税无赢余			

嘉庆九年（一八〇四年），复增定各关赢余额数，浙海四万四千，西新三万三千，九江三十六万七千，浒墅二十五万，淮安十三万一千。……道光十年（一八三〇年），定各关盈余银以六成为额内，四成为额外，核其溢额绌额，分别功过例（《清史稿·食货志六》）。

光绪十七年（一八九一年），岁入……常税二百五十五万八千四百一十两（《清史稿·食货志六》）。

洋关

商埠初只五口，后侵略者随时增索，亦有自行开埠者，商埠之设几遍内地，各关监督多由实缺道员兼任。唯闽海由福州将军兼之，粤海由内务府派充。关税出入口税，初俱定值百抽五，子口则纳半税。数十年间，物价屡涨，而税则如故。关税征收，由外籍税务司司之，英人赫德为总税务司。自后唯英人得当此任，以担保借款赔款之故。税款支拨，皆由总税司掌管，中央所设税务处，竟不能过问。

洋关之设，自五口通商始。前此虽有洋商来粤贸易，惟遵章向常关纳税而已。道光……二十二年（一八四二年）秋，英人要求通商口岸，允于沿海广州、福州、厦门、宁波、上海五口开埠通商。明年（一八四三年），定洋货税则值百征五。……洋货进口，按则输纳后，由华商运入内地，所过税关，只照估价若干，每两加税不过某分（《清史稿·食货志六》）。

咸丰八年（一八五八年），复定英约……一、子口税按值百抽二五。如愿一次输纳，洋货在进口、土货在经过第一关纳税给票后，他口不再征（《清史稿·食货志六》）。

咸丰十一年（一八六一年）……定长江及各口通商章程，洋货入江于上海纳正税及子口税，土货出口纳出口税。复进口时，完一正税准扣二成。若完半税不扣二成，再入内地，仍照纳税厘（《清史稿·食货志六》）。

光绪二十八年（一九〇二年）……先是，商约大臣盛宣怀、聂缉椝等言，税务司赫德筹拟洋货进口税，援照洋药税厘并征之法，核估时值，按正税子口税七二五统加厘金一倍，为值百抽十五，由海关并征，以免各处厘局留难纷杂，货可畅销，洋商或可允从。并拟出口土货向完半税者，改完厘金，以抵洋货厘捐，改归海关并征之数，于各省厘金亦无所损。……至是始与英定裁厘加税之约：一、约款照行时，中国允除现有各常关外，向设各厘卡及抽类似厘捐之关，概行裁撤；一、英允于进口洋货增至切实值百抽五，加一额外倍半之税，以抵撤厘金子口税及各项税捐，至土货出口税总数，不得逾值百抽七五之数。……寻与美、日、大西洋各国均定此约，卒以事费调查，迄未能实行也（《清史稿·食货志六》）。

自光绪二十二年（一八九六年）裁撤台南、淡水、汉城各关外，为关二十七。宣统三年（一九一一年），续增南宁、梧州、三水、岳州、福海、吴淞、金陵、胶海、腾越、江门、安东、大东沟、大连、滨江、满洲里、绥芬河、爱芬、三姓、珲春、延吉等，为关四十七（《清史稿·食货志六》）。

凡华洋轮船货税经征之关二十有七，常关兼收者，直隶津海关、山海关，山东东海关，江苏江海关、镇江关，安徽芜湖关，江西九江关，福建闽海关，浙江浙海关，广东粤海关，及所属潮州、琼州、北海等关。设关专收者，江苏苏州关，浙江瓯海关、杭州关，湖北江汉关、宜昌关、沙市关，四川重庆关，广西镇南关、梧州关，云南蒙自关、思茅关，甘肃嘉峪关，广东九龙关、拱北关（《大清会典》卷二十三）。

先是土药各税列入进口。同治十二年（一八七三年），始列专款，合计洋关岁征各税咸丰末年只四百九十余万，同治末年增至千一百四十余万。光绪十三年（一八八七年），兼征洋药厘金，增为二千五十余万。三十四年（一九〇八年），增至三千二百九十余万。宣统末年，都三千六百十七万有奇，为岁入大宗云（《清史稿·食货志六》）。

宣统四年预算岁入关税简表

关名	银额	关名	银额
崇文门*	八十七万七千三百十一两	张家口*	十万五千五百九十八两
杀虎口*	十一万三千三百三十八两	扬州关*	十万五千两

续表

关名	银额	关名	银额
淮安关*	二十四万五千二百九十七两	凤阳关*	二十万三千八百七十二两
赣关*	三万三千六百十二两	临清关*	十七万四千一百八十九两
辰州关*	二万一千四百四十两	宝庆关*	一万二千二百九十三两
武昌府关*	四万五千八百八十八两	汉阳关*	二十万四百八十两
荆州府关*	三万七千一百八十二两	荆州钞关*	七万八千六百九十一两
太平关*	十一万五千九百六十三两	浔州厂*	八万九千二百二两
归化城*	十一万一千七百五两	四川各常关*	二十一万三千九百九十九两
潼关*	六千三百三十三两	津海关	四百四十四万九百七十九两
山海关	一百四十三万二千三百二两	大连关	一百十六万一千五百两
安东关	十七万八千九十四两	滨江关	九十万三千五百七十九两
珲春关	一万三千五百三十六两		
江海关	一千一百五十六万八千八百二十七两	苏州关	十一万六千四百九十四两
镇江关	一百二十三万八千九百七十四两	金陵关	十六万七千四百二十六两
芜湖关	九十三万四千六十七两	九江关	一百零六万五百五十二两
胶海关	一百十九万零六百两	东海关	九十二万五千八百六十六两
长沙关*	二十五万七千一百二两	岳州关	六万七千九百三两
江汉关	三百十万六千六百七十六两	沙市关	一万五千九百四十六两
宜昌关	六万八千三百四两	闽海关	二百十七万一千六百三十一两
杭州关	六十四万二千八百四十五两	浙海关	七十四万六千八百六十二两

续表

关名	银额	关名	银额
瓯海关	九万七千九百二十七两	粤海关	七百九十七万三千五百九十二两
梧州关	七十二万四千二十七两	南宁关	七万八千六百七十五两
镇南关	七千九百五十九两	嘉峪关	一千六百九十两
重庆关	三十八万八千八百六十五两	蒙自关	二十二万七百十一两
思茅关	六千十一两	腾越关	四万六千一百四十两
共　计	四千四百七十四万七千五十五两		

附注：本表据《宣统四年全国岁入岁出总预算表》而作。

凡洋关皆有税务司，分海关、常关两种。此表所列非洋关者以*别之。凡《史稿》所列洋关为此表所无者，为潮州、琼州、北海、九龙、拱北、梧州、三水、福海、吴淞、江门、大东沟、滨江、满洲里、绥芬河、爱芬、三姓、延吉十七关。

厘金

厘金，咸丰初雷以诚纳钱江之议，行之扬州，商货每百钱抽一钱，故谓之厘金。郭嵩焘行之湖南，为曾军的饷。本定军事告终，即行停止，后各省通设厘金，至清亡不改，且有盐厘、肉厘、米谷厘、棉布税厘等。虽只抽一厘甚轻，然遇卡即须上纳，一厘成为数分矣。清季议加关税，外人坚持必须裁厘，致关税无从增加也。

咸丰初年,江宁布致使雷以诚主江南饷事，遂擢副都御史。开府邵伯埭，采归安诸生钱江之议，行厘捐，每百文抽一文，此为厘金作俑之始。所取廉，所入巨，是以商贾不病，兵气遂扬。曾、胡踵之，事平不去，且增至每百抽三文。江、浙二省，议抽各约三四百万，可不谓之巨款耶？其后卡若栉比，法若凝脂，一局多卡，一卡多人，只鸡尺布，并计起捐。……商民以什输，公家所入三四而已，其六七皆官私所耗费而鱼肉之（《皇朝续文献通考》卷四十九《征榷考》）。

厘金抽捐，创始扬州一隅，后遂推行全国。咸丰三年（一八五三年），刑部右侍郎雷以諴治军扬州，始于仙女庙等镇创办厘捐。是年，苏、常叠陷，丁漕无收，乃设厘局于上海，藉资接济。又设江北厘捐，归大营粮台经理。五年（一八五五年），江西设六十五局卡，湖北设四百八十余局卡，湖南亦设城内外总分各局，江苏扬、常、镇各府属添设小河口、普安、新港、三江营、荷花池五局。……六年（一八五六年），盛京抽收商货及粮石捐，值百抽一。吉林亦如之。乌鲁木齐之吐番，亦抽收棉花厘金。七年（一八五七年），设湖北厘金总局。八年（一八五八年），定豫省厘捐。……是年，福建、广西均设局卡，抽收货厘。九年（一八五九年），登、莱、青三府属海口，设局抽厘。山西设筹饷局，收行商药税及百货厘捐于各隘口，设七总卡及各分卡。十年（一八六〇年），以张家口办理厘金不善，激成事变。……两江总督曾国藩，以湘军援鄂，请于长沙设东征局。……凡货物皆于本省厘金外，加抽半厘，允之。……十一年（一八六一年）……安徽抽收厘金，设立正卡。……并设分卡分巡五十九。贵州亦设货厘局于川、楚邻近之区（《清史稿·食货志六》）。

同治三年（一八六四年）……浙江定百货厘捐值百抽九，浙东两起两验，间卡抽收，货值千文，起卡抽三十，验卡减半。捐足两起两验，不重征。浙西则一起一验，由第一卡并征，余皆验放（《清史稿·食货志六》）。

光绪二十五年（一八九九年）……我国厘金不能知其确数，惟西人皆以为多于关税。然考历年报告，则所入不过千三百余万两，当关税三分之一（《皇朝续文献通考》卷五十《征榷考二十二》）。

宣统四年预算岁入厘金简表

地域	银额	地域	银额
吉林	八十六万七千七百三十二两	直隶	四十五万八千七百一十二两
江宁	一百三十六万六千五百四十三两	江苏	二百四十四万五千九百九十二两
江北	十八万三千六百四十一两	安徽	九十二万三千六百七十五两
山东	十二万八千六百四十八两	山西	四十万四千五百二十八两
河南	三十六万七千五百四十一两	陕西	六十万五千四百六十一两
甘肃	六十五万一百八十两	新疆	十三万二千一百一十九两
福建	一百九万二千五百六十七两	浙江	二百七十九万二千八百九十三两
江西	一百八十九万二千五百二十四两	湖北	二百三十三万四千五百六十一两
湖南	一百四十九万八千八百四十六两	四川	一百九十万五百一十七两
广东	二百八十二万三千二百一十两	广西	八十九万九千一十七两
云南	三十八万一千三百三十两	贵州	一十六万七千五百九十八两
察哈尔	一千二百两	归化城	八千三百八十二两
川滇边务	一千两	伊犁	一万九百二十两
库伦	五万两		
共计	二千四百三十八万九千三百三十七两		
附注	本表据宣统四年预算表而作。		

洋药厘税并征

讳鸦片之名而称洋药，行销内地，例收厘金，外人屡以责难，乃与议定厘税并征，每百斤由海关收银一百十两，本为海军经费，竟为海关扣抵他债。后又增为二百五十两，以后洋药输入渐少矣。

鸦片输入中国，其初概称药材。……乾隆中，海关则例仍附药材入口，每担税银三两，又每包加税二两四分五厘。顾其时输额岁不过二百箱，都以葡人主贩（《皇朝续文献通考》卷五十一《征榷考二十三》）。

咸丰七年（一八五七年），闽浙总督王懿德等，始有军需紧要，暂时从权，量予抽捐之请。朝旨允行。八年（一八五八年），与法定约。向来洋药不准通商，现稍宽其禁，听商贸易。每百斤纳税银三十两，只在口销售，离口即属中国货物，准华商运往内地，法商不得护送。嗣与各国定约皆如之（《清史稿·食货志六》）。

咸丰九年（一八五九年）……云贵总督张亮基言，滇省向无洋药，上命先将所产土药分别征收税厘，不得以洋药混土药（《清史稿·食货志六》）。

光绪七年（一八八一年），直隶总督李鸿章言："洋药既难骤禁，只可先加税厘。烟价增，则吸者渐减，未始非徐禁示罚之意。……查洋药由印度先到香港，然后分运各口，奸商即于该港私相授受。……加捐易办，偷漏难防。拟于洋药每百斤正税三十两外，加征八十两，统计厘税百一十两。土药不论价之高下，每百斤征四十两。"帝用其议。又以洋药来自英商，命出使大臣曾纪泽与英确商。至九年（一八八三年），始如前议定约，并在进口时输纳。……十三年（一九八七年），与葡定议，在澳门协助中国征收运往各口之洋药税厘，一如英香港办法（《清史稿·食货志六》）。

宣统三年（一九一一年），度支部奏言："……洋药进口，已与英定约，税厘并征，每百斤增收二百五十两，土药亦须同时比例加税。查土药价值不及洋药三分之二。以征为禁，税则无妨略重，即照洋药税推算，定土药百斤加征二百三十两。凡未禁运及本产本销地方，即按新章征收。”从之（《清史稿·食货志六》）。

牙税

清代牙行有牙帖，由布政司颁行，例有定额，不得擅增。于是有帖者得长子孙，或以转租同行，瓜果、菜蔬例禁牙行而京师有之。

凡官牙定之以额，择其人输税领帖，以充牙行。民间懋迁有无，评物价以助市政，若瓜果、菜蔬、日用之物，私立牙行名色者禁之。屡禁州、县于定额之外私添牙帖，及胥役冒充为民害（王庆云《熙朝纪政》卷六《纪杂税》）。

雍正十一年（一七三三年），饬令各省额设牙帖……俱由藩司衙门颁发，不许州、县滥给。……近闻各省牙帖，岁有增添。……嗣后止将额内退帖顶补之处，查明换给。再有新开集场应设牙行者，酌定名数给发，亦报部存案（《皇朝文献通考》卷三十一《征榷考六》）。

乾隆五年（一七四〇年），议：“定清厘牙行之例。向例每行认充经纪，取具同行互保一人，出具殷实良民甘结，该管官加结送司，给帖充应，互结虽有殷实字样，而互保之责成未经议及。今定铺家拖累商人者，将本牙行帖追缴，勒限清还，仍行给与。倘逾限不完，将互保之人一并更换。牙行惟图用钱，任铺户坑骗客商者，除逾限不完，将牙行革退外，仍将铺户责限追比，其不足之项，令牙行赔补。牙行侵吞客账者，除逾期不完，将本行互保一体斥革外，仍将本牙责限追比，其不足之项，令互保摊赔。其追比之限期，案欠数之多寡酌定。至于以后客之货，挪补前客之欠；移弱客之货，代偿强客之欠，该互保先举首免其治罪，容隐者责令分赔。牙行伙计人等侵吞客账，总照牙行侵吞之例，追帖赔补。”又……议：“各省衙门胥役，现在更名捏姓兼充牙行者，令地方官严查确实，即行追帖，勒令歇业，并将胥役充补牙行之处，永行严禁。倘不法胥役，仍敢更名捏姓兼充牙行，应照更名重役例治罪。侵食客货贻累商人者，发附近充军。该管官照例议处，载入则例遵行。”从之（《皇朝文献通考》卷三十一《征榷考六》）。

乾隆六年（一七四一年），革除牙行积弊，户部覆准河南巡抚雅尔图奏称：“……各省贸易集场及零星口岸，于额设牙行之外，竟复有集主包头揽头名色，朋此攘据，任意勒索，实为商民之累。……应行令各省督、抚，转饬各该地方官严查禁革。”……从之（《皇朝文献通考》卷三十一《征榷考六》）。

乾隆二十五年（一七六〇年），定湖广汉口等镇牙行税额。湖广总督苏昌议复湖北布政使公泰条奏：“牙行所完牙税，皆有上中下三等之殊。江西牙税上则纳银三两，中则纳银二两，下则纳银一两。湖北四通八达，汉口一镇更为九省通衢，商贾辐辏，不减江浙等省。……请将汉口草市、沙市、樊城、岳家口等处牙行，按照上中下则，上行完税银二两，中行完税银一两，下行完税银五钱，其余僻邑村镇，上行完税银一两，中行完税银五钱，下行完税银三钱。”……从之（《皇朝文献通考》卷三十一《征榷考六》）。

乾隆二十八年（一七六三年）……在京各项经纪，多寡不齐，一牙一帖，统计额缺八百九十一名。征输税银一千五百三十一两，例由顺天府通判管理（《皇朝文献通考》卷三十一《征榷考六》）。

牙税额简表

地域	银额	地域	银额
京城	千五百三十一两	直隶	万二千三百四十八两
奉天	千九百二十八两	盛京	三百九十二两二分
山东	万八千四百二十二两一钱五分	山西	九千一百十两五钱八分

续表

地域	银额	地域	银额
河南	六万四百十三两一钱一分	江苏	万一千五百五十八两六钱三分
安徽	八千四百四十四两一钱	江西	五千二百六两
福建	二千七百二十两五钱五分	浙江	四千五百十七两九钱
湖北	五千九百三十六两八钱	湖南	千四十四两八钱九分
陕西	千七百六十四两七钱九分	甘肃	七百五十二两六分
广东	万七千八百四十六两七钱七分	广西	五十两
云南	三百八十五两五钱	贵州	五百七十一两五分
吉林 牙当税	四百五十六两五钱	四川 牙当税	千四百八十五两八钱
本表据《光绪会典事例》而作。			

牲税

牲税多归知府兼管，所入甚丰而报解则甚少。

顺治二年（一六四五年），定凡贸易牲畜，按价值每两纳银三分（《大清会典事例》卷二四五）。

乾隆六十年（一七九五年），覆准吉林伯都讷所属孤榆树地方，设税务售卖牲畜等税，每年征收银三十二两，作为定额。……又议准：孤榆树地方，收征马畜税银，以一百三十二两作为定额（《皇朝续文献通考》卷四十六《征榷考十八》）。

嘉庆十一年（一八〇六年），议准山西额征畜税银每年四千六百两七钱有奇，大同县加征畜税银四十九两九钱有奇（《皇朝续文献通考》卷四十六《征榷考十八》）。

光绪二年（一八七六年），伊犁牲畜税无定额，约岁征银四千六七百两（《皇朝续文献通考》卷四十七《征榷考十九》）。

牲畜税额简表

地域	银额	地域	银额
直隶	五千九百九十八两三钱	吉林	三千八百三两五钱三分
山东	二千五百三十八两四钱六分	山西	四千七百三十二两六钱
江苏	二千一百八十七两二钱一分	安徽	二千一百六十八两八钱二分
江西	三百九两六钱	福建	六百九十八两四钱七分
浙江	七百五十九两四钱三分	湖北	一百四十两九钱四分
湖南	一百三十八两七钱四分	陕西	九千三百八十五两六钱六分
甘肃	四千五两四钱七分	本表据《光绪会典事例》而作。	

（3）币制

（甲）银

明初用钞而禁金、银，惟定金、银、钱、钞、粮米五者比价。未几钞渐不行，中叶以后，对外贸易骤兴，白银大量输入，而民间始普遍使银。金银比价，由四增而为十。万历之世，所收田赋全部折银，遂为银钱并用之制。

国初所收天下田赋，未尝用银，惟坑冶之课有银。……洪武二十四年，但有银二万四千七百四十两。至宣德五年，则三十二万二百九十七两，岁办视此为率，当日国家固不恃银以为用也。至正统三年，以采办扰民，始罢银课，封闭坑穴，而岁入之数，不过五千有余。九年闰七月戊寅朔，复开福建、浙江银场（原注：是年采纳已六万七千一百八十两），乃仓粮折输变卖无不以银，后遂以为常货（顾炎武《日知录》卷十一《银》）。

正统元年八月庚辰，命江南租税折收金帛。先是，都察院右副都御史周铨奏："……请令该部会议……于浙江、江西、湖广、南直隶不通舟楫之处，各随土产折收布、绢、白金，赴京充俸。"……上曰："祖宗尝行之否？"尚书胡濙等对曰："太祖皇帝尝行于陕西，每钞二贯五百文折米一石，黄金一两折二十石，白金一两折四石，绢一匹折一石二斗，布一匹折一石，各随所产，民以为便。后又行于浙江，民亦便之。"上遂从所请（原注：每米麦一石，折银二钱五分），远近称便（顾炎武《日知录》卷十一《银》）。

每钱一贯，准钱千文、银一两，四贯准黄金一两（《明史》卷八十一《食货志五》）。

银钱，大者七钱五分，夷名"黄币崎"。次三钱六分，夷名"突唇"。又次一钱八分，名"罗料厘"。小者九分，名"黄料厘"。俱自佛郎机携来（张燮《东西洋考》卷五）。

东洋吕宋，地无他产，夷人悉用银钱易货，故归船自银钱外，无他携来。即有货亦无几（《东西洋考》卷七）。

钱用银铸造，字用番文，九六成色，漳人今多用之（顾炎武《天下郡国利病书》卷九十三）。

其曰番钱者则银也，来自海舶，上有文如城堞，或有若鸟兽人物形者，泉、漳通用之。闻往时闽中巨室，皆擅海舶之利。……每一舶至，则钱、货充牣（王沄《漫游纪略》卷一《闽游纪·物产》）。

清代沿明之旧，仍银、钱并行。

我朝银、钱兼权，实为上下通行之币。……（顺治）三年，又更定钱直。户部议定，制钱行使，原系每七文准一分，钱价既重，小民交易不便，应改为每十文准银一分，永著为令（《皇朝文献通考》卷十三《钱币考一》）。

雍正二年……又禁直省收纳钱粮银匠估色之弊。刑部尚书励廷仪奏言："……臣等谨按直省解银，由布政使起解者曰地丁银，由运使起解者曰盐课银，由粮道起解者曰漕项银，由关监督起解者曰关税银，皆必倾镕成锭，然后起解。其解银之具曰鞘，每银一千两为一鞘。"……《金史·食货志》载，旧例，银每锭五十两。……一两至十两分五等。此今日以重五十两者为"元宝"、重十两或五两三两者为"中锭"所由始也。元至元三年，以银五十两铸为锭，文以元宝。……又有"扬州元宝""辽阳元宝"等名色，此元宝命名之始。盖古者多以元宝之名铸于钱面，自元以后，银始蒙钱文元宝之称，于是钱面始专铸通宝矣（《皇朝文献通考》卷十五《钱币考三》）。

（乾隆）十三年……以京师钱价昂，银一两仅易八百文。……上谕廷臣曰："……物之定直，以银不以钱，而官民乃皆便钱不便银，趋利之徒，以使低昂为得计。……嗣是宜重银，凡直省官修工程、民间总置货物，皆以银。"（《清史稿·食货志五》）

清代洋钱输入愈多，乾隆时，已遍行于东南沿江沿海之地，粤中无论矣。

道光间……华洋互市，以货易银，番船冒禁，岁漏出以千万计。……而大髻、小髻、蓬头、蝙蝠、双柱、马剑各种番银，亦潜输内地以规利。自闽、广通行至黄河以南，而洋商复挟至各省海口，阳置货而阴市银，至洋银日多，而纹银日少而贵。上患之，命粤督申严禁约，然所禁不及洋银，仿铸之广板、福板、杭板、吴庄、行庄，耗华银如故。……十七年，诏沿江沿海督抚、海关监督，饬属严稽偷漏。……而海内银卒耗竭，每两易钱常至三千（《清史稿·食货志五》）。

洋钱，粤中所用之银不一种，曰"连"，曰"双鹰"，曰"十字"，曰

“双柱”，此四种来自外洋。曰“北流锭”，曰“镏”，此二种出自近省。皆乾隆初年以前所用。其后，外洋钱有“花边”之名，来自米时哥；又有“鬼头”之名，来自红毛，亦谓之“公头”。夷国法，嗣王立，则肖其像于银面，《史记》所谓安息国以银为钱，钱如其王面。王死，转效嗣王面是也。福公康安节制两粤，爵嘉勇公，有司以公头之名犯公爵，禁之，令民间呼为番面钱。以画像如佛，故又号佛番。南、韶、连、肇多用番面，潮、雷、嘉、琼多用花边。粤中用钱，千敲百凿，率皆烂板。其发江浙者，曰出舱光板，无一椠痕，每圆以广平称之，足重七钱二分。以寻常通用烂钱易之，每圆加二三分、四五分不等。仁和周南卿茂才，咏洋钱句云“一种假情留半面，十分难事仗圆光”，写得不黏不脱（梁绍壬《两般秋雨盦随笔》卷三《洋钱》）。

光绪十四年，张之洞始于广东铸造银币。后各省仿造，竟以余利为筹款之法，成色亦参差不一。

初，洋商麕集粤东，西班牙、英吉利银钱大输入，总督林则徐谋自铸图抵制，以不适用而罢。嗣是墨西哥、日本以国币相灌输。光绪十四年，张之洞督粤，始用机器如式试铸，李瀚章继任续成之，文曰“光绪元宝，库平七钱二分，广东省造”，幕绞龙。并铸三钱六分、一钱四分四厘、七分二厘、三分六厘四种小银圆。中国自行银钱自此始。湖北、江西、直隶、浙江、安徽、奉天、吉林以次开铸。寻以广东、湖北、江西所铸最称便用，许以应解京饷拨充铸本。直省未开铸者，饬从附铸。……七省所铸规模成色苦参差，不利通行。会造币总厂成，拟撤其三，而留江南、直隶、广东为分厂。初铸准重墨圆，议者颇非之。之洞始于湖北试行一两银币。户部亦以中国立算，夙准两钱分厘，因定主币为库平一两，而以五钱、一钱小银币暨铜圆、制钱辅助之，令总分厂如式造行（《清史稿·食货志五》）。

光绪末，以币制不一，议改用金本位，以抵制镑亏。议久不定。宣统初，乃改两为元，铸大清银币，自元迄角，以十递进。

宣统二年（一九一〇年），上谕："……中国国币单位，著即定名曰元，暂就银为本位，以一元为主币，重库平七钱二分。另以五角、二角五分及一角三种银币，又五分镍币，二分、一分、五厘、一厘四种铜币，为辅币。元、角、分、厘，各以十进。永为定价，不得任意低昂。著度支部一面责成造币厂，迅即按照所拟各项重量、成色、花纹铸造新币，积有成数，次第施行。所有赋税课厘，必用制币交纳。放款亦然。"（《皇朝续文献通考》卷二十四《钱币考六》）

（乙）钱

明初，使用大钱，民间不便，乃铸小钱。自嘉靖以后，铸钱始多而精，谓之黄钱。每银一两，通常易黄钱七百文。

《太祖实录》：岁辛丑（一三六一年）二月，置宝源局于应天府，铸"大中通宝"钱，与历代之钱相兼行使。至嘉靖，所铸之钱最为精工。隆庆、万历，加重半铢，而前代之钱通行不废。予幼时，见市钱多南宋年号。后至北方，见多汴宋年号，真、行、草字体皆备，间有一、二唐钱。自天启、崇祯，广置钱局，括古钱以充废铜，于是市人皆摈古钱不用，而新铸之钱弥多弥恶、旋铸旋销，宝源、宝泉二局，只为奸蠹之窟（顾炎武《日知录》卷十一《钱法之变》）。

太祖初置宝源局于应天，铸"大中通宝"钱，与历代钱兼行。以四百文为一贯，四十文为一两，四文为一钱。及平陈友谅，命江西行省置货泉局，颁大中通宝钱，大小五等钱式。即位，颁"洪武通宝"钱，其制凡五等：曰"当十""当五""当三""当二""当一"。"当十"钱重一两，余递降至重一钱止。各行省皆设宝泉局，与宝源局并铸，而严私铸之禁。洪武四年，改铸大中、洪武通宝大钱为小钱。初，宝源局钱铸"京"字于背，后多不铸，民间无"京"字者不行，故改铸小钱以便之（《明史》卷八十一《食货志五》）。

洪武二十六年（一三九三年），定在京外铸钱制。……各处炉座钱数：北平二十一座，每岁铸钱一千二百八十三万四百文。广西十五座半，每岁铸九百三万九千六百文。陕西三十九座半，每岁铸钱二千三百三万六千四百文。广东一十九座半，每岁铸钱一千一百三十七万二千四百文。四川一十座，每岁铸钱五百八十三万二千文。山东二十二座半，每岁铸钱一千二百一十二万二千文。山西四十座，每岁铸钱二千三百三十二万八千文。河南二十二座半，每岁铸钱一千三百一十二万二千文。浙江二十一座，每岁铸钱一千一百六十六万四千文。江西一百一十五座，每岁铸钱六千七百六万八千文。……惟不开云、贵、湖广、福建四处。至弘治十六年，始照浙江等处定例，俱行开铸（《续文献通考》卷十一《钱币考》）。

明初，铸洪武钱。成祖九年，铸永乐钱。宣德九年，铸宣德钱。弘治十六年以后，铸弘治钱。至世宗嘉靖六年，大铸嘉靖钱。每文重一钱三分，且补铸累朝未铸者。三十二年，铸洪武至正德九号钱，每号百万锭；嘉靖钱千万锭，一锭五千文（《明史》卷八十一《食货志五》）。

孙承泽《春明梦余录》曰，明初钱法专属工部宝源局，虞衡司员外郎监督其事。至天启二年，始增设户部宝泉局，以右侍郎督理之，名钱法堂，加炉铸造，以济军兴。其政属于户部，而工部之所铸微矣（《续文献通考》卷十一《钱币考》）。

崇祯中，私铸之禁不严，且许各镇自铸，钱式不一，滥恶已甚，每银至易五六千文。物价不定，生计维艰，亦当时致乱之一端。

傅维鳞《明书·食货志》曰：崇祯中，内帑大竭，命各镇有兵马处皆开铸，以资军饷。而钱式不一，盗铸孔繁。末年，每银一两，易钱五六千文。钱有煞儿、大眼贼、短命官诸号。……臣等谨按：启、祯时滥恶伪钱，尚有宽边、大版、金灯、胖头、歪脖、尖脚等号（《续文献通考》卷十一《钱币考》）。

清初入关，惩于明季钱式滥恶，改铸新朝之钱，务极厚重。民间尊贵明代旧钱，而新铸者反贬折以行。乃禁明钱，新钱始得通行。

太祖初铸“天命通宝”钱，别以满、汉文为二品，满文为一品，钱质较汉文一品为大。天聪因之。世祖定鼎燕京，大开铸局，始定一品。于户部置宝泉局，工部置宝源局。“顺治通宝”钱，定制以红铜七成、白铜三成搭配鼓铸。钱千为串，万二千串为一卯，年铸三十卯。每钱重一钱。二年，增重二分，定钱七枚准银一分，旧钱倍之，民间颇病钱贵，已更定十枚准一分。各省、镇遵式开铸（《清史稿·食货志五》）。

乾隆中，始铸青铜钱，谓之“青钱”，与“黄钱”并行。道光以后，钱制始粗，银价骤贵。

乾隆五年（一七四〇年），定改铸“青钱”。浙江布政使张若震奏言：“钱价之贵，实由私毁。……访之旧时炉匠，咸云配合铜铅，加入点锡，即成青钱。设有销毁，但可改造乐器，难作小件，民间无利可图。”随令户部试铸，每红铜五十斤，配合白铅四十一斤八两，黑铅六斤八两，再加点锡二斤，共为百斤，即铸成青钱。以所铸钱，复投炉内镕成铜斤，锤击即碎，不能打造器皿。犹恐不肖奸民将铅、锡提出，取铜获利，复用接红铜炉座镕试，每大钱四串，加火耗银一两有奇，分得红铜五斤八两，止值铜价银一两六钱，较之原用工本，亏折甚多。……嗣后，户、工二局应照式铸造青钱，与见在“黄钱”相兼行使（《皇朝文献通考》卷十六《钱币考》）。

乾隆时，于新疆、西藏铸造小银币通行，永用乾隆年号。

乾隆二十四年（一七五九年），回部平，颁式于叶尔羌，铸“乾隆通宝”，枚重二钱，幕铸叶尔羌名，左满文，右回文，用红铜，并毁旧普尔钱充铸。越二年，阿克苏请铸，如叶尔羌例。复允西藏开铸银钱，重一钱与五分二种，文曰"乾隆宝藏"，幕用唐古忒字，边郭识年份。以上二类钱，第行之回、藏，内地不用（《清史稿·食货志五》）。

乾隆二十九年（一七六四年），令回部铸钱，永用乾隆年号（《清史稿·食货志五》）。

咸丰中，以财政困竭，钱不敷用，铸用大钱，流弊无穷。至光绪中，始尽废。

文宗即位，四川学政何绍基力请行大钱以复古救时。……大钱当千至当十，凡五等，重自二两递减至四钱四分。当千、当五百，净铜铸造，色紫；当百、当五十、当十，铜铅配铸，色黄。百以上文曰"咸丰元宝"，以下曰"重宝"，幕满文局名。四年，以乏铜，兼铸当五铁钱及制钱。已而更铸铅制钱。……大钱当千、当五百，以折当过重最先废，当百、当五十继废，铁钱以私票梗之而亦废，乃专行当十钱。盗铸丛起，死罪日报而不为止。钱亦渐恶，杂私铸中不复辨（《清史稿·食货志五》）。

清季，始仿外洋铸造当十钢币，物价因之提高。而制钱尽由洋商收买销毁后以铜输入，获倍利。

光绪二十四年（一八九八年）……京师以制钱少，行当十钱如故。三十二年（一九〇六年），铸铜币，当十钱民不乐用，于是创铸银铜圆。……铜圆铸始闽、广，江苏继之。……总厂拟铸之币凡三品：曰金，曰银，曰铜。最先铸铜币。自当制钱二十降至当二，自重四钱降而四分，凡四种，文视直省小异大同。直省曰"光绪元宝"，总厂初同直省，嗣定曰"大清铜币"，皆识某所造，幕皆龙文，紫铜铸，直省间亦用黄铜（《清史稿·食货志五》）。

（丙）钞

有明一代，皆用"洪武宝钞"，钞多钱少，值不相侔。洪武季年，钞即不行。虽许纳商税，仍须贬值，一贯只值三厘。刑律论赃，犹以钞计不改，最为可笑。崇祯中，复议行钞，且欲用铜钞，终不能行。

钞法之兴，因于前代未以银为币，而患钱之重，乃立此法。……今日上下皆银，轻装易致，而楮币自无所用，故洪武初，欲行钞法，至禁民间行使金银，以奸恶论，而卒不能行。及乎后代，银日盛而钞日微，势不两行，灼然易见。乃崇祯之末，倪公元潞掌户部，必欲行之，其亦未察乎古今之变矣。议者但言洪武间钞法通行，考之《实录》，二十七年（一三九四年）八月丙戌，禁用铜钱矣。三十年（一三九七年）三月甲子，禁用金银矣。三十五年（一四〇二年）十二月甲寅，命俸米折支钞者，每石增五贯为十贯。是国初造钞之后，不过数年，而其法已渐坏不行。于是有奸恶之条、充赏之格，而卒亦不能行。盖昏烂倒换出入之弊，必至于此，乃以钞之不利，而并钱禁之，废坚刚可久之货，而行软熟易败之物，宜其弗顺于人情，而卒至于滞阁（顾炎武《日知录》卷十一《钞》）。

洪武四年（一三七一年）……有司责民出铜，民毁器皿输官，颇以为苦。而商贾沿元之旧习用钞，多不便用钱。七年（一三七四年），帝乃设宝钞提举司。明年始诏中书省造大明宝钞，命民间通行。以桑穰为料，其制方，高一尺，广六寸，质青色，外为龙文花栏。横题其额曰“大明通行宝钞”。其内上两旁，复为篆文八字，曰“大明宝钞，天下通行”。中图钱贯，十串为一贯。其下云：“中书省奏准印造大明宝钞与铜钱通行使用，伪造者斩，告捕者赏银二十五两，仍给犯人财产。”若五百文则画钱文为五串，余如其制而递减之。其等凡六：曰一贯、曰五百文、四百文、三百文、二百文、一百文。每钞一贯，准钱千文，银一两；四贯准黄金一两。禁民间不得以金银物货交易，违者罪之；以金银易钞者听。……商税兼收钱钞，钱三钞七（《明史》卷八十一《食货志五》）。

惠帝建文四年十一月（时成祖已即位，称洪武三十五年）……户部尚书夏原吉言："钞板岁久，篆文销乏，且皆洪武年号，明年改元永乐，宜并更之。"帝曰："板当易则易，不必改为永乐。朕遵太祖成宪，虽永用洪武可也。"自后终明世，皆用洪武年号（《续文献通考》卷十《钱币考》）。

民卒轻钞。至宣德初，米一石用钞五十贯。……嘉靖四年（一五二五年），令宣课分司收税，钞一贯折银三厘，钱七文折银一分。是时钞久不行，钱亦大壅，益专用银矣（《明史》卷八十一《食货志五》）。

清初军费不支，又行钞贯之制，未几即停。

顺治八年（一六五一年），行钞贯之制。是年，始造钞一十二万八千一百七十二贯有奇，自后岁以为额，至十八年，即行停止（《皇朝文献通考》卷十三《钱币考》）。

咸丰军兴，钞与大钱并行，钞尤沮滞。

咸丰二年（一八五二年）……是时银亏钱匮重，而军需河饷縻帑二千数百万，筹国计者，率以行官票请。次年，命户部集议。惠亲王等请饬部制造钱钞与银票相辅并行。票钞制以皮纸，额题"户部官票"，左满、右汉，皆双行，中标二两平足色银若干两，下曰"户部奏行官票"。凡愿将官票兑换银钱者，与银一律，并准按部定章程，搭交官项。伪造者依律治罪。边文龙，钞额题"大清宝钞"，汉字平列，中标准足制钱若干文，旁八字为"天下通宝，平准出入"，下曰"此钞即代制钱行用，并准按成交纳地丁钱粮一切税课捐项，京、外各库一概收解"。边文如票。……伪造钞票，斩监候（《清史稿·食货志五》）。

钞法初行，始而军饷，继而河工，搭放皆称不便，民情疑阻。直省搭放五成，以款多抵拨既艰，搭放遂不复肯搭收。民间得钞，积为无用，京师持钞入市，非故增直，即匿货，持向官号商铺，所得皆四项大钱，不便用，故钞行而中外兵民病之。其后京师以官号七折钱发钞，直益低落，至减发亦穷应付，钞遂不能行矣（《清史稿·食货志五》）。

清季，外国银行自由发行纸币。自设大清银行，始仿制银券，民间终信银不信券，故券之发行不多。

(4)茶法

(甲)明代茶法

明代茶法有引，茶与引离者为私茶，其禁至严，官吏贩茶者尤严，出境者死罪。

初，太祖令商人于产茶地买茶，纳钱请引。引茶百斤，输钱二百，不及引曰畸零，别置由帖给之。……后又定茶引一道，输钱千，照茶百斤；茶由一道，输钱六百，照茶六十斤。既，又令纳钞，每引由一道，纳钞一贯(《明史》卷八十《食货志四》)。

无由、引及茶引相离者，人得告捕。置茶局批验所，较称茶引不相当，即为私茶。凡犯私茶者，与私盐同罪。私茶出境，与关隘不讥者，并论死(《明史》卷八十《食货志四》)。

洪武初定令，凡卖茶之地，令宣课司三十取一(《明史》卷八十《食货志四》)。

明有官茶，以易青海、西藏之马，名曰茶马。

洪武四年(一三七一年)，户部言:“陕西汉中、金州、石泉、汉阴、平利、西乡诸县，茶园四十五顷，茶八十六万余株。四川巴茶三百十五户，茶二百三十八万余株。宜定令每十株官取其一。无主茶园，令军士薅采，十取其八，以易番马。”从之。于是诸产茶地设茶课司，定税额，陕西二万六千斤有奇，四川一百万斤。设茶马司于秦、洮、河、雅诸州，自碉门、黎、雅抵朵甘、乌思藏，行茶之地五千余里。山后归德诸州，西方诸部落，无不以马售者。碉门、永宁、筠、连所产茶，名曰剪刀粗叶，惟西番用之。……四川茶盐都转运使言:“宜别立茶局，征其税，易红缨、毡衫、米、布、椒、蜡以资国用。”……于是永宁、成都、筠、连皆设茶局矣(《明史》卷八十《食货志四》)。

洪武十六年（一三八三年）八月，定永宁以茶易马之价。先是，河州茶马司定例，凡上马一匹给茶四十斤，中三十斤，下二十斤。至是，命永宁如河州之例。至十七年五月，又定乌撒、乌蒙、东川、芒部马一匹给茶一百斤（《续文献通考》卷二十二《征榷考五》）。

初制，长河西等番商以马入雅州易茶，由四川岩州卫入黎州始达。茶马司定价，马一匹，茶千八百斤，于碉门茶课司给之。番商往复迂远，而给茶太多。岩州卫以为言，请置茶马司于岩州，而改贮碉门茶于其地，且验马高下以为茶数。诏茶马司仍旧，而定上马一匹，给茶百二十斤，中七十斤，驹五十斤（《明史》卷八十《食货志四》）。

制金牌信符，命曹国公李景隆赍入番，与诸番要约。……运茶五十余万斤，获马万三千八百匹（《明史》卷八十《食货志四》）。

（乙）清代茶法

清沿明制，仍用茶引。四川之茶，有腹引、边引、土引之分。

我国产茶之地，惟江苏、安徽、江西、浙江、福建、四川、两湖、云、贵为最。明时茶法有三：曰官茶，储边易马；曰商茶，给引征课；曰贡茶，则上用也。清因之。于陕、甘易番马。他省则召商发引纳课，间有商人赴部领销者，亦有小贩领于本籍州、县者。又有州、县承引，无商可给，发种茶园户经纪者。户部宝泉局铸刷引由，备书例款，直省预期请领，年办年销。茶百斤为一引，不及百斤谓之畸零，另给护帖。行过残引皆缴部(《清史稿·食货志五》)。

凡伪造茶引，或作假茶兴贩，及私与外国人买卖者，皆按律科罪(《清史稿·食货志五》)。

顺治……元年，定与西番易马，每茶一篦重十斤。上马给茶篦十二，中马给九，下马给七(《皇朝文献通考》卷三十《征榷考》)。

司茶之官，初沿明制。陕西设巡视茶马御史五。……寻改差部员，又令甘肃巡抚兼辖，后归陕甘总督管理。四川设盐茶道。江西设茶引批验大使，隶江宁府(《清史稿·食货志五》)。

陕、甘发西宁、甘州、庄浪三茶司。……每引纳官茶五十斤，余五十斤由商运售作本。每百斤为十篦，每篦二封，共征本色茶十三万六千四百八十篦。改折之年，每封征折银三钱。其原不交茶者，则征价银共五千七百三十两有奇。亦有不设引，止于本地行销者，由各园户纳课，共征银五百三十两有奇。四川有腹引、边引、土引之分。腹引行内地，边引行边地，土引行土司。而边引又分三道，其行销打箭炉者，曰南路边引；行销松潘厅者，曰西路边引；行销邛州者，曰邛州边引。皆纳课税，共课银万四千三百四十两，税银四万九千一百七十两，各有奇(《清史稿·食货志五》)。

(5)盐法

(甲)明代盐法

明代盐有专官，两淮、两浙且以御史巡盐。盐之行销，有引有岸，盐商由此而兴，盖由商认税也。

太祖初起，即立盐法，置局设官，令商人贩鬻，二十取一，以资军饷。……丙午岁，始置两淮盐官。吴元年，置两浙。洪武初，诸产盐地次第设官。都转运盐使司六：曰两淮，曰两浙，曰长芦，曰山东，曰福建，曰河东。盐课提举司七：曰广东，曰海北，曰四川，曰云南；云南提举司凡四，曰黑盐井，白盐井，安宁盐井，五井。又陕西灵州盐课司一(《明史》卷八十《食货志四》)。

两淮所辖分司三：曰泰州、淮安、通州。通州批验所二：曰仪真、淮安。盐场三十。……各盐课司一。……洪武时，两淮岁办大引盐三十五万三千余引。孝宗弘治时，改办小引盐倍之。神宗万历时同（每引四百斤为大引，二百斤为小引）。其盐行直隶之应天、宁国、太平、扬州、凤阳、庐州、安庆、池州、淮安九府，滁、和二州，江西、湖广二布政司，河南之河南、汝宁、南阳三府及陈州。至英宗正统二年，贵州亦食淮盐。宪宗成化十八年，湖广、衡州、永州改行海北盐。武宗正德二年，江西赣州、南安、吉安改行广东盐。……两浙所辖分司四：曰嘉兴、松江、宁绍、温台，批验所四：曰杭州、绍兴、嘉兴、温州，盐场三十五……各盐课司一。……洪武时，两浙岁办大引盐二十二万四百余引。弘治时，改办小引盐倍之。万历时同。其盐行浙江及直隶之松江、苏州、常州、镇江、徽州五府及广德州、江西之广信府。……长芦所辖分司二：曰沧州、青州，批验所二：曰长芦、小直沽，盐场二十三，各盐课司一。洪武时，岁办大引盐六万三千一百五十三引有奇。弘治时，改办小引盐一十八万八百余引。万历时同。其盐行北直隶及河南之彰德、卫辉二府。……河东所辖解盐，初设东场分司于安邑，永乐时增设西场于解州。……弘治二年，增置中场分司。……洪武时，岁办小引盐三十万四千斤。弘治时，增八万引。万历中，又增二十万引。其盐行陕西之西安、汉中、延安、凤翔四府，河南之归德、怀庆、河南、汝宁、南阳五府及汝州，山西之平阳、潞安二府，泽、沁、辽三州。……穆宗隆庆中，延安改食灵州池盐。愍帝崇祯中，凤翔、汉中二府亦改食灵州盐。……广东所辖盐场十四。……海北所辖盐场十五。……各盐课司一。洪武时，广东岁办大引盐四万六千八百余引，海北二万七千余引。弘治时，广东如旧，海北一万九千四百余引。万历时，广东小引生盐三万二百余引，熟盐三万四千六百余引，海北小引正耗盐一万二千四百余引。盐行广州、肇庆、惠州、韶州、南雄、潮州六府，海北盐行广东之高、雷、廉、琼四府，湖广之桂阳、郴二州，广西之桂林、柳州、梧州、浔州、庆远、南宁、平乐、太平、思明、镇安十府，田、龙、泗城、奉议、利五州。……山东所辖分司二：曰胶莱、滨乐，批验司一：曰泺口，盐场十九……各盐课司一。洪武时，岁办大引盐一十四万三千三百余引。弘治时，改办小引盐倍之。万历时，为九万六千一百余引。其盐行山东、直隶、徐、邳、宿三州,河南开封府。后开封改食河东盐。……福建所辖盐场七……各盐课司一。洪武时,岁办大引盐一十万四千五百余引。弘治时,增七百余引。万历时,减一千引。……其盐行境内。……陕西灵州有大小盐池,又有漳县及西和盐井。洪武时,灵州岁办盐二百八十六万七千四百余斤,漳县五十一万五千六百余斤,西和一十三万一千五百余斤。弘治时同。万历时,三处共办一千二百五十三万七千六百余斤。其盐行陕西之巩昌、临洮二府及河州(《续文献通考》卷二十《征榷考三》)。

四川盐井辖盐课司十七。洪武时,岁办盐一千一十二万七千余斤。弘治时,办二千一十七万六千余斤。万历中,九百八十六万一千余斤。盐行四川之成都、叙州、顺庆、保宁、夔州五府,潼川、嘉定、广安、雅、广元五州县。……云南黑盐井辖盐课司三,白盐井、安宁盐井各辖盐课司一,五井辖盐课司七。洪武时,岁办大引盐万七千八百余引。弘治时,各井多寡不一。万历时与洪武同。盐行境内(《明史》卷八十《食货志四》)。

松江李雯论:盐之产于场,犹五谷之生于地,宜就场定额,一税之后,不问其所之,则国与民两利。又曰:天下皆私盐,则天下皆官盐也。此论凿凿可行。……余于盐法……引杜子美诗云"蜀麻吴盐自古通",又曰"风烟渺吴蜀,舟楫通盐麻",又曰"蜀麻久不来,吴盐拥荆门"。若如今日之法,各有行盐地界,吴盐安得至蜀哉(顾炎武《日知录》卷十《行盐》)。

行盐地分有远近之不同,远于官而近于私,则民不得不买私盐。既买私盐,则兴贩之徒必兴,于是乎盗贼多而刑狱滋矣。……余少居昆山、常熟之间,为两浙行盐地,而民间多贩淮盐,自通州渡江,其色青黑,视官盐为善。及游大同,所食皆番盐,坚致精好。此地利之便,非国法之所能禁也。明知其不能禁,而设为巡捕之格,课以私盐之获,每季若干,为一定之额,此掩耳盗铃之政也(顾炎武《日知录》卷十《行盐》)。

明有开中之制,商人纳粮或马以易盐引,所以济军粮转运之艰。中叶以后，此制遂废。

洪武三年（一三七〇年）六月辛巳，山西行省言："大同粮储，自陵县、长芦运至太和岭，路远费重。若令商人于大同仓入米一石、太原仓入米一石三斗者，俱准盐一引，引二百斤，商人鬻毕，即以原给引自赴所在官司缴之，如此则转输之费省，而军储充矣。"从之。此中盐之法所自始（顾炎武《日知录》卷十《行盐》）。

有明盐法，莫善于开中。……召商输粮而与之盐，谓之开中。其后各行省边境，多召商中盐以为军储。盐法边计，相辅而行。（洪武）四年（一三七一年），定中盐例，输米……诸仓，计道里近远，自五石至一石有差。先后增减，则例不一，率视时缓急，米直高下，中纳者利否。……编置勘合及底簿，发各布政司及都司、卫、所。……书所纳粮及应支盐数，赍赴各转运提举司……转运诸司亦有底簿比照，勘合相符，则如数给与。鬻盐有定所，刊诸铜版（《明史》卷八十《食货志四》）。

开中解盐与海盐异，海盐非一所，此不足则取之彼，可以通融辏补。解盐惟一池，不幸而岁多霖雨，风不自南，则岁不及额矣。窃闻近年以来，商贾中纳解盐之数，已逾十岁额，守支待次至十数年。一遇兵荒，官府有所措置，召商中纳，患其折阅，多不肯应（丘濬《大学衍义补》卷二十八）。

宣德元年（一四二六年）……户部尚书郭敦言："……洪武中，中盐客商年久物故，代支者多虚冒。请按引给钞十锭。"帝从之，而命倍给其钞（《明史》卷八十《食货志四》）。

正统三年（一四三八年），宁夏总兵官史昭……奏请纳马中盐，上马一匹与盐百引，次马八十引。……中马之始，验马乃掣盐。既而纳银于官以市马，银入布政司，宗禄、屯粮、修边、振济，展转支销，银尽而马不至，而边储亦自此告匮矣（《明史》卷八十《食货志四》）。

明代盐之产销，其数略可寻求，岁课四百余万，两淮占其半额。扬州盐商之盛，他处不能比。自嘉靖迄乾隆之末，扬州繁华，亘二百余年，与世风日趋奢侈至有关系。

两淮……所输边，甘肃、延绥、宁夏、宣府、大同、辽东、固原、山西神池诸堡。上供光禄寺、神宫盐、内官盐。岁入太仓余盐银六十万两。……所输边，甘肃、延绥、宁夏、固原、山西神池诸堡，岁入太仓余盐银十四万两。……河间长芦……所输边，宣府、大同、蓟州。上供郊庙百神祭祀、内府羞膳及给百官有司。岁入太仓余盐银十二万两。山东……所输边，辽东及山西神池诸堡。岁入太仓余盐银五万两。福建……岁入太仓银二万二千余两。河东……岁入太仓银四千余两，给宣府镇及大同代府禄粮，抵补山西民粮银，共十九万两有奇。陕西灵州……岁解宁夏、延绥、固原饷银三万六千余两。广东……海北……岁入太仓盐课银万一千余两。四川……岁解陕西镇盐课银七万一千余两。云南……岁入太仓盐课银三万五千余两（《明史》卷八十《食货志四》）。

两淮盐课几二百万，可当漕运米直全数。天下各盐运，两淮课居其半，两浙次之，长芦次之。福建无巡御，以行无远地。河东场无运官，以出有专所，广场兼之，故巡运俱无。清理盐法都台止一员，统治长芦、淮、浙，两淮引盐开中七十万五千二百引，又折色银一千八百三十两；长芦开中八万八百引，折布一万一千二百六十匹；河东开中四十二万引；山东开中八万三千一百引，折色银九百两，折布四万六千六十匹；两浙卖银六万四千三百四十二两；福建卖银一万二千二百余两，折米五千八百石；四川开中一十万六千八百引，盐井卫、龙州司、雅州所折米二千四百石，每百二十斤折米麦一石；云南开中五万三千引，折银五千两；广东折银二万五千二百两，海北折银三千二百两；灵州开中五万九千四百引；西和、漳县折银一千六百二十两（徐学聚《国朝典汇》卷九十六《户部十·盐法》）。

(乙)清代盐法

清沿明制，盐岸分划，尤不近理。

清之盐法，大率因明制而损益之。蒙古、新疆多产盐地，而内地十一区，尤有裨国计。十一区者：曰长芦，曰奉天，曰山东，曰两淮，曰浙江，曰福建，曰广东，曰四川，曰云南，曰河东，曰陕甘。长芦旧有二十场，后裁为八，营销直隶、河南两省。奉天旧有二十场，后分为九，及日本据金川滩地，乃存八场，行销奉天、吉林、黑龙江三省。山东旧有十九场，后裁为八，行销山东、河南、江苏、安徽四省。两淮旧有三十场，后裁为二十三，行销江苏、安徽、江西、湖北、湖南、河南六省。浙江三十二场，其地分隶浙江、江苏，行销浙江、江苏、安徽、江西四省。福建十六场，行销福建、浙江两省。其在台湾者，尚有五场，营销本府……广东二十七场，行销广东、广西、福建、江西、湖南、云南、贵州七省。四川盐井产旺者，凡州县二十四，行销西藏及四川、湖南、湖北、贵州、云南、甘肃六省。云南盐井最著者二十六，行销本省。河东盐池分东、中、西三场，行销山西、河南、陕西三省。陕甘盐池最著者，曰花马大池，在甘肃灵州，行销陕西、甘肃两省(《清史稿·食货志四》)。

长芦、奉天、山东、两淮、浙江、福建、广东之盐出于海，四川、云南出于井，河东、陕甘出于池。其制法，海盐有煎、有晒，池盐皆晒，井盐皆煎。论质味，则海盐为佳，池盐、井盐次之。海盐之中，滩晒为佳，板晒次之，煎又次之。论成本，则晒为轻，煎之用荡草者次之，煤火又次之，木则工本愈重。此其大较也(《清史稿·食货志四》)。

初，盐政属户部山东司。宣统二年，乃命户部尚书兼任督办盐政大臣，外遣御史巡视。后裁归总督、巡抚管理。其专司曰都转运使司。无运司各省，或以盐法道、盐粮道、驿盐道、茶盐道兼理(《清史稿·食货志四》)。

行盐法有七：曰官督商销，曰官运商销，曰商运商销，曰商运民销，曰民运民销，曰官督民销，惟官督商销行之为广且久（《清史稿·食货志四》）。

凡商有二：曰场商，主收盐；曰运商，主行盐。其总揽之者曰总商，主散商纳课。后多剥削侵蚀之弊，康熙、乾隆间，革之而未能去（《清史稿·食货志四》）。

两淮盐课最多，盐商最盛。乾隆以后，包垫挪借，赔累不堪。陶澍始创为引票兼行，为淮盐一大变革，而淮商始衰。咸、同军兴以后，擅其利者湘军，继以湘人，至清末亦衰败矣。

商人之购盐也，必请运司支单，亦曰照单，曰限单，曰皮票，持此购于场。得盐则贮之官地，奉天谓之仓，长芦谓之坨。未检查者曰生盐，已检查者为熟盐，熟盐乃可发售（《清史稿·食货志四》）。

凡引有大引，沿于明，多者二千数百斤。小引者，就明所行引剖一为二，或至十。有正引、改引、余引、纲引、食引、陆引、水引。浙江于纲引外，又有肩引、住引。其引与票之分，引商有专卖域，谓之引地。当始认时费不赀，故承为世业，谓之引窝。后或售与承运者。买单谓之窝单，价谓之窝价。道光十年，陶澍在两淮，以其抬价，奏请每引限给一钱二分，旋禁止。票无定域而亦有价。当道光、咸丰间，两淮每张仅银五百两。后官商竞买，逮光绪间，至万金以上。又引因引地广狭大小而定售额，票则同一行盐地，售额亦同（《清史稿·食货志四》）。

淮南商力虽疲，然自开纲以来，尚捆运至五十余万引，淮北则止捆二万余引，较定额不及十分之一，实属疲惫已久。臣前与尚书王鼎等会议时，即经声请另行筹办。本年奏准借动带运残盐课银二十万两，将官收灶盐，督商办运，均系择其畅销之岸，先行运往，以冀早将库项收回，而滞岸仍无盐济售。民间既无官盐，不得不买向民贩。灶丁积有余盐，亦不能不卖与民贩。臣体察情形，拟将畅岸仍归商运，其余滞岸即仿照山东、浙江票引兼行之法，于海州所属之中正、板浦、临兴三场，分设行店，听小民投行购买，运往售卖。择各场要隘之地，设立税局，给以照票，注明斤数及运往何处售卖字样，凡无票及越境者，仍以私论。如此通融办理，俾灶丁、民贩皆获有生计，而所收税银，又可补正课之不足。臣……即札行运司妥议条款，酌量试行。如果行之有裨，再当渐次推广。设使行之不便，亦不难于停止（《陶文毅公全集》卷十三）。

道光十二年（一八三二年）五月，盐政陶澍奏：……所有淮北纲盐，共行安徽、河南两省四十一州、县，内除安徽江运八州、县，暨安徽、河南湖运畅岸十一州、县。……尚非极敝之区。……一切照旧办理外，惟安徽之凤阳、怀远、凤台、灵璧、阜阳、颍上、亳州、太和、蒙城、英山、泗州、盱眙、天长、玉河，河南之汝阳、正阳、上蔡、新蔡、西平、遂平、息县、确山二十二州、县……称为极滞，久已商逋课欠，配运不前。……又江苏之山阳、清河、桃源、邳州、睢宁、宿迁、赣榆、沭阳八州、县，系淮北食盐口岸，向因私充官滞……食商配运亦复寥寥，计滞岸二十二州、县。内除天长一县……与淮南引地错杂，应仍归商运以固藩篱外，其余二十一州、县，应与食岸八州、县，一律变通，改行票盐，以资补救。又安东、海州两州县……亦应……改行票盐，以归画一。……谨将设局收税章程……恭呈御览（王定安《两淮盐法志》卷五十二）。

淮南每引六百斤，外加卤耗六十斤、包索三斤半。每引分装八包，每包连耗索八十六斤。鄂、湘、西三岸为大票，每票五百引。皖岸为小票，每票一百二十引。通计现额五十六万三千七百六十引，大小共一千六百九十六票。鄂岸十五万引，共三百票。湘岸十五万四千引，共三百八票。西岸十七万引，共三百四十票。皖岸八万九千七百六十引，共七百四十八票。淮南食岸，通计现额三万三千八百四十八引。淮北每引四百斤，外卤耗包索四十斤，每引分装四包，每包连索耗一百十斤。海、赣用一百斤小票，其余皆十引大票。以十引为号，通计现额二万九千六百九十八号八百斤，正额二十九万六千九百八十二引（陈庆年《两淮盐法撰要》上《票引总数》)。

清代盐税，至四千余万，十倍于明。虽由生齿日繁之故，而盐斤加价，实为主要原因。

若夫岁入，道光以前，惟有盐课。及咸丰军兴，复创盐厘。盐课分二类：曰场课，曰引课。场课有滩课、灶课、锅课、井课之分。长芦有边布，福建有坵折。边布者，明时灶户按丁征盐，商人纳粟于边，给银报支，是谓边盐。其有场远，盐无商支，令八百斤折交布三丈二尺。后改征银三钱，是谓布盐。灶课向分地、丁为二。但丁不尽有地。雍正间……将丁银摊入于地征收。……坵折者，盐田所纳钱粮，谓之折价。程墲所纳钱粮，谓之盐坵。……引课有正课、包课、杂课。盐厘分出境税、入境税、落地税。逮乎末造，加价之法兴，于是盐税所入，与田赋国税相埒。是以顺治初，行盐百七十万引，征课银五十六万两有奇。其后统一区夏，引日加而课亦日盛。乾隆十八年，计七百一万四千九百四十一两有奇。嘉庆五年，六百八万一千五百一十七两有奇。道光二十七年，七百五十万二千五百七十九两有奇。光绪末，合课厘计共二千四百万有奇。宣统三年，度支部豫算，盐课岁入约四千五百万有奇(《清史稿·食货志四》)。

(6)科举

科举制度始于隋，确定于唐，至明制度愈备，清代因之，今合述如下。

(甲)考试

院试

明制，两京、浙江设学院，余设学道。清初因之，后各省尽改学院，凡童生无论已冠未冠，试于县再试于府，及格者得试于学院，及格者为附生，分府、县学肄业，谓之入学。乡试以前，有岁考与科考。明之岁考，以六等试诸生优劣，三科不与考者，褫革衣衿，请假游学则否。廪、增、附通称“生员”，俗则称为“秀才”。县府院试之榜曰“红案”，故有“案首”之称。

士子未入学者，通谓之童生。当大比之年，间收一二异敏、三场并通者，俾与诸生一体入场，谓之充场儒士。中式即为举人，不中式仍候提学官岁试，合格，乃准入学。提学官在任三岁，两试诸生。先以六等试诸生优劣，谓之岁考。一等前列者，视廪膳生有缺，依次充补，其次补增广生。一、二等皆给赏，三等如常，四等挞责，五等则廪、增递降一等，附生降为青衣，六等黜革（《明史》卷六十九《选举志一》）。

清之六等黜陟法，视明为繁密。中叶以后，考校极疏阔，三等以下不常有也。

考列一等，增、附、青、社俱补廪。无廪缺，附、青、社补增。无增缺，青、社复附，各候廪。原廪、增停降者收复。二等，增补廪，附、青、社补增。无增缺，青、社复附。停廪降增者复廪。增降附者复增，不许补廪。三等，停廪者收复候廪。丁忧起复，病痊考复，缘事辨复，增降附者许收复，青衣发社者复附，廪降增者不许复。四等，廪免责停饩，不作缺，限读书六月送考。停降者不许限考。增、附、青、社俱扑责。五等，廪停作缺。原停廪者降增，增降附，附降青衣，青衣发社，原发社者黜为民。六等，廪膳十年以上发社，六年以上与增十年以上者，发本处充吏，余黜为民。入学未及六年者发社（《清史稿·选举志一》）。

明代科考，在岁考之后、大比之前一年，试诸生优劣，以决其应否乡试，故又名决科。清一切从宽，生员录取遗才谓之录遗，几无有不能入试者矣。

继取一、二等为科举生员，俾应乡试，谓之科考。其充补廪、增给赏，悉如岁试。其等第仍分为六，而大抵多置三等。三等不得应乡试，挞黜者仅百一，亦可谓绝无也（《明史》卷六十九《选举志一》）。

清制稍详，而八旗生员独优异。

科试一、二等送乡试，帮补廪、增，如岁试大率只列三等，八旗生员给钱粮，考列四等以下停给，次届列一、二、三等给还。优等补廪、增，劣等降青、社，如汉生员(《清史稿·选举志一》)。

清屡增学额举额，所以优异士子。然一代文风，较明为稍逊矣。明代生员，岁久出学，挨次补贡者曰“岁贡生”，由登极及庆典得贡者曰“恩贡生”，皆入太学，以试得官。崇祯八年有选贡，廷试之。清增乡试副榜为“副贡生”，以选贡为“拔贡生”，六年由学试之，后改十二年。又有“优贡生”，三年一试，由督、抚会同学政试之，得举者赴廷试。拔贡可得小京官、知县教职，优贡可得知县教职。合“岁贡”“恩贡”称为“五贡”，谓之“正途”。

乡试

乡试始于洪武三年，自后每三年逢子、午、卯、酉年之八月举行一次，五年两试，试之于省城。钦命典试者曰“主考”，分房者曰“房考”，登第者曰“举人”，谓之乙榜，或曰乙科。以门生礼称主考曰“座主”、房考曰“房师。

科目者，沿唐、宋之旧，而稍变其试士之法，专取四子书及《易》《书》《诗》《春秋》《礼记》五经命题试士。盖太祖与刘基所定。其文略仿宋经义，然代古人语气为之，体用排偶，谓之八股，通谓之制义。三年大比，以诸生试之直省，曰乡试，中式者为举人(《明史》卷七十《选举志二》)。

洪武三年诏曰:“……自今年八月始，特设科举，务取经明行修、博通古今、名实相称者。朕将亲策于廷，第其高下而任之以官。使中外文臣皆由科举而进，非科举者毋得与官。”于是京师行省各举乡试:直隶贡额百人，河南、山东、山西、陕西、北平、福建、江西、浙江、湖广皆四十人，广西、广东皆二十五人，才多或不及者，不拘额数(《明史》卷七十《选举志二》)。

清仍明制，而额数屡增，几致倍许。时有恩科，进取之途益广。

有清科目取士，承明制用八股文。取四子书及《易》《书》《诗》《春秋》《礼记》五经命题，谓之制义。三年大比，试诸生于直省，曰乡试，中式者为举人（《清史稿·选举志三》）。

乡试解额，顺治初定额从宽，顺天、江南皆百六十余名，浙江、江西、湖广、福建皆逾百名，河南、山东、广东、四川、山西、陕西、广西、云南自九十余名递杀，至贵州四十名为最少（《清史稿·选举志三》）。

会试

三年一次，试期在二月，清改三月，于乡试之次年，逢辰、戌、丑、未年试于京师礼部，中式者为"贡士"，谓之"甲榜"，或曰"甲科"。贡士名额，递有增加，明分南北中卷，清则按与试者人数，临时定额，大约一榜三百人为常。

乡试……次年，以举人试之京师，曰会试（《明史》卷七十《选举志二》）。

乡试中式举人，出给公据，官为应付廪给脚力，赴礼部印卷会试。将就乡试文字，咨缴本部照验，以乡试之次年二月初九日、十二日、十五日为三场（《大明会典》卷七十七）。

会试则太祖洪武三年定额百名，英宗正统五年奏准增额为百五十人，宪宗成化以后进士以三百名为率。其由恩请而广额者，不为定制（《续通志》卷一四一《选举略二）。

清制会试，亦与明同。所不同者，明会试有副榜，清则无之。

会试有副榜，大抵署教官，故令入监者亦食其禄也。……三月一考其文，与庶吉士同，颇示优异。后不复另试，则取副榜年二十五以上者授教职，年未及者，或依亲，或入监读书。既而不拘年齿，依亲、入监者皆听（《明史》卷六十九《选举志一》）。

惟清自雍正殿试后添朝考，乾隆又添五言八韵诗，嘉庆初年定令，各省举人到京，必先复试，方能会试。若道路远阻，则会试之后，仍须复试。此又与明特异者。

康熙五十一年壬辰，顺天解元查为仁以传递事觉而逸，帝疑新进士有代倩中式者，亲复试畅春园，黜五人。会试复试自是始。乾隆……五十四年，贡士单可虹复试诗失调讹舛，不符中卷，除名。诏旨严切，谓“礼闱非严行复试，不足拔真才、惩幸进”。至嘉庆初，遂著为令。道光二十三年，定制，各省举人，一体至京复试，非经复试，不许会试。以事延误，于下三科补行。除丁忧展限外，托故不到，以规避论，永停会试与赴部铨选（《清史稿·选举志三》）。

殿试

会试之后，复有殿试，分一、二、三甲，一甲三名授修撰编修，称为状元、榜眼、探花。自唐以来，世俗极重之。余选庶吉士，属于翰林院，论资论俸。盖明代以翰林院为本衙门，大学士就任在此，故史官为储材之选，可以不出衙门而登政地，最为清贵。余授部属中、行、评、博，三甲多授推官、知县。有明极重科举，而党援亦由之而起。

以举人试之京师，曰会试。中式者，天子亲策于廷，曰廷试，亦曰殿试。分一、二、三甲以为名第之次。一甲止三人，曰状元、榜眼、探花，赐进士及第。二甲若干人，赐进士出身。三甲若干人，赐同进士出身。状元、榜眼、探花之名，制所定也。而士大夫又通以……二、三甲第一为传胪（《明史》卷七十《选举志二》）。

状元授修撰，榜眼、探花授编修，二、三甲考选庶吉士者，皆为翰林官。其他或授给事、御史、主事、中书、行人、评事、太常、国子博士，或授府推官、知州、知县等官（《明史》卷七十《选举志二》）。

永乐二年（一四〇四年），既授一甲三人……官，复命于第二甲择文学优等……五十人，及善书者……十人，俱为翰林院庶吉士，庶吉士遂专属翰林矣。……其后每科所选，多寡无定额。……弘治四年，给事中涂旦，以累科不选庶吉士，请循祖制行之。大学士徐溥言：“……请自今以后，立为定制。一次开科，一次选用。……每科所选不过二十人，每选所留不过三、五辈。”……孝宗从其请，命内阁同吏、礼二部考选，以为常。……其与选者谓之馆选。以翰詹官高、资深者一人课之，谓之教习。三年学成，优者留翰林为编修、检讨，次者出为给事、御史，谓之散馆，与常调官待选者，体格殊异（《明史》卷七十《选举志二》）。

清代殿试，分甲授职，一如明制，唯试以四月。分甲后，复有廷试分等。殿试所试为对策，廷试试论及诗，皆不重文而重字。字贵停匀整齐，忌别体字，忌错落，违式者多后列。两试等第，可以相互平均。选庶吉士名额较多，有至百余人者。乾隆以前，须习清书，后只课诗文而已。

庶吉士之选无定额。……顺治九年（一六五二年），以给事中高辛允言，按直省大小选庶吉士。直隶、江南、浙江各五人，江西、福建、湖广、山东、河南各四人，山西、陕西各二人，广东一人，汉军四人。另榜授满洲、蒙古修撰、编修、庶吉士九人。自是考选如例。惟满、蒙、汉军选否无常。……雍正五年（一七二七年），诏内阁会议简选庶常之法，寻议照雍正癸卯科例，殿试后，集诸进士保和殿考试，仍令九卿确行保举。考试用论、诏、奏议、诗四题。是为朝考之始。……乾隆三年（一七三八年）……依省分甲第引见，临时甄别录用。……嘉庆以来，每科庶常率倍旧额，各省无不入选者矣。凡用庶吉士曰馆选。初制，分习清、汉书，隶内院，以学士或侍读教习之。自康熙九年（一六七〇年），专设翰林院，历科皆以掌院学士领其事，内阁学士间亦参用。三十三年（一六九四年），命选讲、读以下官资深学优者数人，分司训课，曰小教习。六十年（一七二一年），以礼部尚书陈元龙领教习事。厥后尚书、侍郎、阁学之不兼掌院事者，并得为教习大臣，满、汉各一。雍正十一年（一七三三年），特设教习馆，颁内府经、史、诗、文，户部月给廪饩，工部供张什物。……三年考试散馆，优者留翰林为编修、检讨，次者改给事中、御史、主事、中书、推官、知县、教职。……间有未散馆而授职编、检者。或供奉内廷，或宣谕外省，或校书议叙，或召试词科，皆得免其考试。凡留馆者，迁调异他官。有清一代，宰辅多由此选（《清史稿·选举志三》）。

（乙）试艺

乡、会试试艺规程，明沿唐、宋之旧而稍加变通，谓之八股文。名为代圣立言，实则束缚人心。康熙初，诏废八股，改试策论。言者称其不便，未几复旧。

子、午、卯、酉年乡试，辰、戌、丑、未年会试。乡试以八月，会试以二月，皆初九日为第一场，又三日为第二场，又三日为第三场。

初设科举时，初场试经义二道，《四书》义一道；二场，论一道；三场，策一道。中式后十日，复以骑、射、书、算、律五事试之。后颁科举定式，初场试《四书》义三道，经义四道。《四书》主朱子《集注》，《易》主程《传》、朱子《本义》，《书》主蔡氏《传》及古注疏，《诗》主朱子《集传》，《春秋》主左氏、公羊、穀梁三《传》及胡安国、张洽《传》，《礼记》主古注疏。永乐间，颁《四书五经大全》，废注疏不用。其后，《春秋》亦不用张洽《传》，《礼记》止用陈澔《集说》。二场试论一道，判五道，诏、诰、表、内科一道。三场试经史时务策五道（《明史》卷七十《选举志二》）。

京师及各行省乡试，八月初九日试初场，又三日试第二场，又三日试第三场。第一场试《四书》义三道，每道二百字以上；经义四道，每道三百字以上。……第二场论一道，三百字以上，判语五条，诏、诰、表、内科一道。第三场试经史时务策五道，未能者许减二道，俱三百字以上（《大明会典》卷七十七）。

清制，乡、会试三场试题，仍如明例。

顺治二年……定乡、会试三场试题之制。礼部议复给事中龚鼎孳疏言："故明旧制，考取举人，第一场时文七篇，二场论一篇、表一篇、判五条，三场策五道。今应如科，臣请减时文二篇，用时文五篇。于论、表、判外，增用诗。去策，改用奏疏。"上不准所请，命考试仍照旧例，初场《四书》三题、《五经》各四题，士子各占一经，《四书》主朱子《集注》，《易》主程《传》，《诗》主朱子《本义》，《书》主蔡《传》，《春秋》主胡安国《传》，《礼记》主陈澔《集说》。二场论一道、判五道，诏、诰、表、内科一道。三场经史时务策五道。乡会试同（《皇朝文献通考》卷四十七《选举考一》）。

其论科场文字格式之弊，以顾炎武之言为最切。

明初三场之制，虽有先后而无重轻，乃士子之精力多专于一经，略于考古。主司阅卷，复护初场所中之卷，而不深求其二、三场。夫昔之所谓三场，非下帷十年、读书千卷，不能有此三场也。今则务于捷得，不过于《四书》一经之中，拟题一、二百道，窃取他人之文记之。入场之日，抄誊一过，便可侥幸中式，而本经之全文有不读者矣。率天下而为欲速成之童子，学问由此而衰，心术由此而坏（顾炎武《日知录》卷十六《三场条》）。

清末庚子之难，改行新政，始废八股，用策论。后专意办学，以进士、举人名目，奖励毕业生，而科举遂废。

光绪二十四年（一八九八年），上谕："我朝承宋、明旧制，以《四书》文取士。康熙年间，曾经停止八股，改试策论，未久旋复旧制。……乃近来风气日漓，文体日敝。若不因时变通，何以见实学而拔真才？著自下科为始，乡会试及生童岁科各试，向用《四书》文者，一律改试策论。"（《皇朝续文献通考》卷八十七《选举考四》）

（7）官制

明、清两代官制，似若相沿。细一按之，多名同实异。

明官制，沿汉、唐之旧而损益之。自洪武十三年罢丞相不设，析中书省之政归六部，以尚书任天下事，侍郎贰之。而殿阁大学士只备顾问，帝方自操威柄，学士鲜所参决。其纠劾则责之都察院，章奏则达之通政司，平反则参之大理寺。……分大都督府为五，而征调隶于兵部。外设都、布、按三司，分隶兵、刑、钱谷，其考核则听于府部（《明史》卷七十二《职官志序》）。

太祖肇基东土，国俗淳壹，事简职专。……世祖入关，因明遗制，内自阁、部以迄庶司，损益有物。藩部创建，名并七卿，外台督、抚，杜其纷更，著为令甲。绿营提镇以下，悉易差遣为官，旗营御前领卫，年宿位重，意任隆密。都统旗长，军民合治，职视专圻驻防，分翰外畿，规抚京制。西北边陲，守以重臣，绥靖蒙、番，方轨都护，斯皆因俗而治，得其宜已。……自改内三院为内阁，台辅拱袂。迨军机设，题本废，内阁益类闲曹，六部长官数四，各无专事。甚或朝握铨衡，夕兼支计，甫主戎政，复领容台，一职数官，一官数职，曲存禀仰，建树宁论。时军机之权，独峙于其上，国家兴大兵役，特简经略大臣、参赞大臣，亲寄军要。吏部助之用人，户部协以巨饷，用能藉此雄职，奏厥肤功。自是权复移于经略，督抚仪品虽与相埒，然不过承号令、备策应而已。……初制内外群僚，满、汉参用，蒙古、汉军，次第分布。康、雍两朝，西北督抚，权定满缺，领队、办事大臣，专任满员，累朝膺阃外重寄者，满臣为多。逮文宗兼用汉人，勋业遂著。大抵中叶以前，开疆拓宇，功多成于满人。中叶以后，拨剧整乱，功多成于汉人（《清史稿·职官志序》）。

兹将其改革上之重要者，分述如下。

(甲)中央官

明自洪武十三年罢丞相不设，永乐后，大学士以五品官入阁办事，遂为定制。

先是，太祖承前制，设中书省，置左右丞相、平章政事、左右丞、参知政事以统领众职。……洪武……十三年……诛丞相胡惟庸，遂罢中书省。九月，置四辅官。……寻亦罢。十五年，仿宋制，置华盖殿、武英殿文渊阁、东阁诸大学士，又置文华殿大学士，以辅导太子，秩皆正五品。二十八年，敕谕群臣："……以后嗣君，其毋得议置丞相。臣下有奏请设立者，论以极刑。"（《明史》卷七十二《职官志一》）

成祖即位，特简解缙、胡广、杨荣等直文渊阁，参预机务。阁臣之预务自此始。然其时，入内阁者皆编、检、讲读之官，不置官属，不得专制诸司。诸司奏事，亦不得相关白。仁宗以杨士奇、杨荣东宫旧臣，升士奇为礼部侍郎兼华盖殿大学士，荣为太常卿兼谨身殿大学士，阁职渐崇。其后士奇、荣等皆迁尚书职，虽居内阁，官必以尚书为尊。景泰中，王文始以左都御史进吏部尚书，入内阁。自后，诰敕房、制敕房俱设中书舍人，六部承奉意旨，靡所不领，而阁权益重。世宗时，三殿成，改华盖为中极，谨身为建极，阁衔因之。嘉靖以后，朝位班次，俱列六部之上（《明史》卷七十二《职官志一》）。

大学士虽无相名，实有相职。中叶以后，乃有首、次、群辅之分。

中极殿大学士、建极殿大学士、文华殿大学士、武英殿大学士、文渊阁大学士、东阁大学士，并正五品，掌献替可否，奉陈规诲，点检题奏，票拟批答，以平允庶政。凡上之达下，曰诏，曰诰，曰制，曰册文，曰谕，曰书，曰符，曰令，曰檄，皆起草进画，以下之诸司。下之达上，曰题，曰奏，曰表，曰讲章，曰书状，曰文册，曰揭帖，曰制对，曰露布，曰译，皆审署申覆而修画焉，平允乃行之。……大典礼、大政事，九卿、科道官会议已定，则按典制，相机宜，裁量其可否，斟酌入告。……。以其授餐大内，常侍天子殿阁之下，避宰相之名，又名内阁（《明史》卷七十二《职官志一》）。

清大学士满、汉各二人，初制满员一品，汉员五品，迨后始并定正一品，而以三殿三阁为定制。

初，天聪二年，建文馆，命儒臣分直。十年，更名内三院。始亦沿承政名，后各置大学士一人。顺治元年，置满、汉大学士，不备官，兼各部尚书衔。学士，满洲、汉军各三人，汉学士无员限。……十年，置三院汉大学士各二人。十五年，更名内阁，别置翰林院官，以大学士分兼。殿阁曰中和殿、保和殿、文华殿、武英殿、文渊阁、东阁，诸大学士仍兼尚书，学士亦如之。十八年，复三院旧制。康熙九年，仍别置翰林院，改三院为内阁，置满、汉大学士四人。雍正九年，礼部尚书陈元龙、左都御史尹泰特授额外大学士。置协办自此始。厥后多至六人，少或一二人。乾隆十三年，始定大学士、协办大学士员限，省中和殿，增体仁阁，以三殿、三阁为定制，唯保和殿不常置（《清史稿·职官志一》）。

雍正七年，青海告警，始设军机处，一代不改，大学士不复预闻机务矣。

军机大臣，掌军国大政，以赞机务，常日侍直，应对献替，巡幸亦如之。其属曰章京，满洲十有六人，汉二十人，分掌清文、汉字（《清史稿·职官志一》）。

有明大政寄于六部。

洪武元年，始置吏、户、礼、兵、刑、工六部，设尚书、侍郎、郎中、员外郎、主事，仍隶中书省。……十三年，罢中书省，仿《周官》六卿之制，升六部秩，各设尚书、侍郎一人，每部分四属部。……二十九年，定为文选、验封、稽勋、考功四司，并五部属，皆称清吏司（《明史》卷七十二《职官志一》）。

吏部为百官之首，视五部为特重。

吏部尚书一人（正二品），左右侍郎各一人（正三品），其属司务厅司务二人，文选、验封、稽勋、考功四清吏司各郎中一人，员外郎一人，主事一人。尚书掌天下官吏选授、封勋考课之政令，以甄别人才，赞天子治。盖古冢宰之职，视五部为特重，侍郎为之贰（《明史》卷七十二《职官志一》）。

吏、礼、兵、工四部所属皆四司，独户、刑两部十三司掌分省之事，各司有郎中、员外郎、主事等官，而户部甚重。

户部尚书一人，左右侍郎各一人，其属司务厅司务二人，浙江、江西、湖广、陕西、广东、山东、福建、河南、山西、四川、广西、贵州、云南十三清吏司。……尚书掌天下户口田赋之政令，侍郎贰之。……十三司各掌其分省之事，兼预所分两京、直隶贡赋，及诸司卫、所禄俸、边镇粮饷，并各仓场盐课、钞关（《明史》卷七十二《职官志一》）。

清与明同，所不同者部、院、寺、监皆有满缺，且满之位次在汉之前。

吏部尚书（原注：初制，满洲一品，汉人二品。顺治十六年，改满尚书二品。康熙六年，复故。九年，仍改正二品。雍正八年，俱定从一品，各部同）、左右侍郎（原注：初制，满洲、汉军二品，汉员三品。顺治十六年，改满侍郎三品。康熙六年，复故。九年，仍改正三品。雍正八年，俱定从二品，各部同）俱满、汉一人。其属堂主事，清档房满洲二人，汉本房满洲二人、汉军一人，司务厅司务满、汉各一人，缮本笔帖式十有二人（《清史稿·职官志一》）。

明偶有大学士管部者，清则吏、户、兵三部各以大学士一人领之，合满、汉尚、侍共为七堂。初满人专政，汉尚书唯唯而已。及汉人亦得预政，而苦于一国三公，甚难调处也。

初，天聪五年，诏群寮议定官制，建六部，各以贝勒一人领之。……雍正元年，以大学士领部事。嘉庆四年，更命亲王综之，寻罢。……六年，复以大学士管部，自是为定制（《清史稿·职官志一》）。

九卿有大、小九卿之别。都察院、通政司、大理寺合六部为大九卿，詹事府、太常寺、光禄寺、太仆寺、顺天府、鸿胪寺、国子监、翰林院、尚宝司为小九卿，此明、清二代所同者也。自隋、唐行六部之制，九卿已同虚设。迄于明、清，遂成冗署。

唐之时，固有六部矣。户部无版图，兵部无戎帐，虞、水不管山川，金、仓不司钱谷，而职名虚设。宋之时，亦有六部矣，然既有吏部，又有审官院；既有刑部，又有审刑院；既有兵部，又有枢密院；既有工部，又有三司使，而分散不一。凡若此者，皆戾于古而不宜于今。我朝之六部则不然，天下之官悉归吏部，天下之财悉归户部，兵部则掌兵籍，工部则籍工课，而无所谓刑省、计省。礼部主礼仪，刑部主刑狱，而无所谓礼院、刑院。其通于今而不烦者可知矣（黄道周《博物典汇》卷九）。

官吏进用，有明一代，长官多由会推，次则由铨选。

凡文官之品九，品有正、从，为级一十八。不及九品曰未入流。凡选，每岁有大选，有急选，有远方选，有岁贡就教选，间有拣选，有举人乞恩选。选人咸登资簿，厘其流品，平其铨注，而序迁之。凡升必考满，若员缺当补，不待考满，曰推升。类推上一人，单推上二人。三品以上，九卿及佥都御史、祭酒，廷推上二人或三人。内阁，吏、兵二部尚书，廷推上二人。凡王官不外调，王姻不内除，大臣之族不得任科道，僚属同族则以下避上。外官才地不相宜，则酌其繁简互换之。有传升、乞升者，并得执奏。以署职、试职、实授奠年资，以开设、裁并、兼摄适繁简，以荐举、起废、征召振幽滞，以带俸、添注寄恩冗，以降调、除名驭罪过，以官程督吏治，以宁假悉人情（《明史》卷七十二《职官志一》）。

清代三品以上多由简任，咸、同以后，府、道或由简放，或由外补，余官亦补多选少，铨法遂不行。

三载考绩，文武大臣具疏自陈，袭前明旧制也。顺治间京官三品以上及各省督、抚，康熙间增盛京侍郎，雍正间增奉天府尹，皆自陈。乾隆八年，命自陈乞罢者，举贤自代。继命宗室王公兼阁部事者，不必自陈。

十五年，命御前大臣、领侍卫内大臣、御前侍卫、乾清门侍卫兼阁部及八旗事者，不必自陈。十七年，停止内外大臣自陈之例。二十四年，敕部于京察年分，将尚书至三品京堂以上及直省督、抚；军政年分，将都统、副都统、驻防之将军、都统、副都统及提督、总兵官，分别缮本进呈，听候鉴察。有以衰庸解退者，皆出自圣裁（吴振棫《养吉斋丛录》卷三）。

直省知县正途出身者，三年行取一次，大省三人，中省二人，小省一人，吏部按期奏请，沿前明旧制也。康熙四十四年，从部议，行取知县以主事用，遇考选科道时方准考选。然康熙、雍正间，行取之例，少举多停。乾隆初，亦间行之。其实前明专重资格，按俸迁转，不得不以部用一途疏通壅滞。本朝州、县之贤能者，得奏题擢用。且繁剧之任，参罚必多，凡无事故合行取例者，大约居中简之缺，寻常供职，幸免处分者耳。故事相沿，于吏治无益。乾隆十六年，命永远停止（吴振棫《养吉斋丛录》卷三）。

（乙）地方官

地方区划，明代南、北两京外，有十三布政司，其长曰承宣布政使，专掌财赋、民政。其刑名则归提刑按察使，与都指挥司称为三司。中叶以后，多设巡抚，习惯上仍存省之名称，省之首长遂为巡抚，与巡按合称两台，而三司为之属。

初，太祖下集庆，自领江南行中书省。……后每略定地方，即置行省。其官自平章政事以下，大略与中书省同。……洪武九年，改浙江、江西、福建、北平、广西、四川、山东、广东、河南、陕西、湖广、山西诸行省俱为承宣布政使司，罢行省平章政事、左右丞等官，改参知政事为布政使。……十五年，置云南布政司。……永乐元年，以北平布政司为北京。五年，置交阯布政司。十一年，置贵州布政使。宣德三年，罢交阯布政司。除两京外，定为十三布政司（《明史》卷七十五《职官志四》）。

明初，置提刑按察司。吴元年，置各道按察司，设按察使。……（洪武）十三年寻罢，十四年复置，并置各道按察分司。十五年，又置天下府州县按察分司。……二十九年，改置按察分司为四十一道（《明史》卷七十五《职官志四》）。

清代每省皆设巡抚，合两省设一总督，布、按两司隶之。

初沿明制，督、抚系右都御史、右副都御史、右佥都御史衔，无定员。顺治十年，谕会推督、抚，不拘品秩，择贤能者具题。康熙元年，停巡抚提督军务，加工部衔。十二年复故。……三十一年，定总督加衔例。……雍正元年，定巡抚加衔例。时西安有同署巡抚者，山东、山西并有协办巡抚之目，非制也（《清史稿·职官志三》）。

明初本京外官并重，久而内重外轻。

初置藩司，与六部均重，布政使入为尚书侍郎，副都御史每出为布政使。宣德、正统间犹然，自后无之（《明史》卷七十五《职官志四》）。

至清则变本加厉，内升外升，殊不一致。

李柟疏言："……布政使内升寺卿，数转然后至副都御史，则布政使外升巡抚，乃超擢，非循序也。"（《汉名臣传》卷十《李柟传》）

布、按之下有道，道之下有府、州、县。明之道为布、按二司兼管，州、县皆受约束于府。

明初改诸路为府。洪武六年，分天下府三等，粮二十万石以上为上府，知府秩从三品。二十万石以下为中府，知府正四品。十万石以下为下府，知府从四品。已并为正四品。……自宣德三年弃交阯布政司，计天下府凡一百五十有九……州凡二百三十有四（《明史》卷七十五《职官志四》）。

吴元年，定县三等，粮十万石以下为上县，知县从六品。六万石以下为中县，知县正七品。三万石以下为下县，知县从七品。已并为正七品。……计天下县凡一千一百七十有一（《明史》卷七十五《职官志四》）。

清代官制，大异于明者，有内廷行走，如御前大臣、军机大臣、内务府大臣、弘德殿、毓庆宫师傅、南书房翰林、上书房师傅，而内务府即明代内官二十四衙门之改称。又有领侍卫内大臣，以掌宫禁之防。大九卿中之左都御史，与刑部、大理寺，尚合称三法司，然不似明代左都御史之参预计典。明代六科、十三道为两衙门，而清则隶于都察院，司其黜陟。巡按御史裁于顺治之末。外官布政司参政参议道，谓之守道；按察司副使佥事道，谓之巡道。两京督学御史外，有学道，又有粮道、盐道、河道、海道。清康熙初元，以岁计不敷，裁守道而留兵备道、分巡道，自为实官，不借布按之衔。以学政代督学御史及学道，留粮、盐而裁河、海。明制知府之次曰同知管军、通判管粮、推官管刑，康熙中裁推官，以同、通分防设治。府、州、县属官，经历、县丞、吏目、巡检，亦设分治。清代开疆设治，多设直属于道之直隶州知州，边远则设直隶厅同知，以施军治。有清一代，府、州、县之数，亦较明为多。

（8）兵制

（甲）明代兵制

卫、所之制，略得汉、唐寓兵于农之意。

明以武功定天下，革元旧制，自京师达于郡县，皆立卫、所，外统之都司，内统于五军都督府。而上十二卫为天子亲军者不与焉。征伐则命将充总兵官，调卫、所军领之。既旋则将上所佩印，官军各回卫、所，盖得唐府兵遗意（《明史》卷八十九《兵志序》）。

太祖下集庆路，为吴王。……革诸将袭元旧制枢密、平章、元帅、总管、万户诸官号，而核其所部兵五千人为指挥，千人为千户，百人为百户，五十人为总旗，十人为小旗。天下既定，度要害地系一郡者设所，连郡者设卫。大率五千六百人为卫，千一百二十人为千户所，百十有二人为百户所，所设总旗二、小旗十，大小联比以成军。其取兵，有从征、有归附、有谪发。从征者诸将所部兵，既定其地，因以留戍。归附，则胜国及僭伪诸降卒。谪发，以罪迁为兵者。其军皆世籍。此其大略也（《明史》卷九十《兵志二》）。

初，洪武二十六年，定天下都司、卫、所，共计都司十有七，留守司一，内外卫三百二十九，守御千户所六十五。及成祖在位二十余年，多所增改。其后措置不一（《明史》卷九十《兵志二》）。

京军之制，一变而为三大营。

京军三大营，一曰五军，一曰三千，一曰神机，其制皆备于永乐时。初太祖建统军元帅府，统诸路武勇。寻改大都督府，以兄子文正为大都督，节制中外诸军。京城内外置大、小二场，分教四十八卫卒。已又分前、后、中、左、右五军都督府。……成祖增京卫为七十二，又分步骑军为中军左右掖、左右哨，亦谓之五军。……已得边外降丁三千立营。……已征交阯，得火器法，立营肄习。……三大营之制如此（《明史》卷八十九《兵志一》）。

再变而为十团营。

土木之难，京军没几尽。景帝用于谦为兵部尚书，谦以三大营各为教令，临期调拨，兵将不相习。乃请于诸营，选胜兵十万，分十营团练。……其余军归本营曰老家，京军之制一变（《明史》卷八十九《兵志一》）。

继增而为十二团营。

英宗复辟，谦死，团营罢。宪宗立，复之，增为十二。成化二年复罢，命分一等次等训练。寻选得一等军十四万有奇，帝以数多，令仍分十二营团练，而区其名。……名其军曰选锋。不任者仍为老家以供役，而团营之法又稍变（《明史》卷八十九《兵志一》）。

再变而为两官厅矣。

武宗即位，十二营锐卒，仅六万五百余人，稍弱者二万五千而已。……及流寇起，边将江彬等得幸，请调边军入卫，于是集九边突骑家丁数万人于京师，名曰外四家。立两官厅，选团营及勇士四卫军于西官厅操练。正德元年，所选官军操于东官厅。自是两官厅军为选锋，而十二团营且为老家矣（《明史》卷八十九《兵志一》）。

又沿海之地，皆设兵戍守，曰防海卫。

沿海之地，自广东乐会接安南界，五千里抵闽，又二千里抵浙，又二千里抵南直隶，又千八百里抵山东，又千二百里逾宝坻、卢龙抵辽东，又千三百余里抵鸭绿江，岛寇倭夷，在在出没，故海防亦重。吴元年，用浙江行省平章李文忠言，嘉兴、海盐、海宁皆设兵戍守。洪武……十七年，命信国公汤和巡视海上，筑山东、江南北、浙东西沿海诸城。后三年，命江夏侯周德兴，抽福建福、兴、漳、泉四府三丁之一，为沿海戍兵，得万五千人，移置卫、所于要害处，筑城十六。……二十一年，又命和行视闽、粤，筑城增兵，置福建沿海指挥使司五。……领千户所十二（《明史》卷九十一《兵志三》）。

防海以防江为重。

洪武初，于都城南新江口，置水兵八千，已稍置万二千，造舟四百艘。又设陆兵于北岸浦子口相犄角，所辖沿江诸郡，上自九江、广济、黄梅，下抵苏、松、通、泰，中包安庆、池、和、太平，凡盗贼及贩私盐者，悉令巡捕，兼以防倭。永乐时，特命勋臣为帅，视江操。……成化四年，从锦衣卫佥事冯瑶言，令江兵依地设防，于瓜、仪、太平置将领镇守。……弘治中，命新江口两班军，如京营例，首班歇，即以次班操（《明史》卷九十一《兵志三》）。

至于边地，各为镇军。

元人北归，屡谋兴复。永乐迁都北平，三面近塞。正统以后，敌患日多，故终明之世，边防甚重，东起鸭绿，西抵嘉峪，绵亘万里，分地守御。初设辽东、宣府、大同、延绥四镇，继设宁夏、甘肃、蓟州三镇，而太原总兵治偏头，三边制府驻固原，亦称二镇，是为九边（《明史》卷九十一《兵志三》）。

洪武时，宣府屯守官军殆十万。正统、景泰间，已不及额。弘治、正德以后，官军实有者仅六万六千九百有奇，而召募与土兵居其半，他镇率视此（《明史》卷九十一《兵志三》）。

其制有总制（后改总督）、总兵、副总兵、参将、游击、守备、把总。

弘治十四年，设固原镇。先是，固原为内地，所备惟靖虏。及火筛入据河套，遂为敌冲，乃改平凉之开成县为固原州，隶以四卫，设总制府，总陕西三边军务（《明史》卷九十一《兵志三》）。

总兵官、副总兵、参将、游击、将军、守备、把总，无品级，无定员。总镇一方者为镇守，独镇一路者为分守，各守一城、一堡者为守备，与主将同守一城者为协守（《明史》卷七十六《职官志五》）。

初边政严明，官军皆有定职，总兵官总镇军为正兵，副总兵分领三千为奇兵，游击分领三千往来防御为游兵，参将分守各路东西策应为援兵。营堡墩台，分极冲、次冲为设军多寡，平时走阵、哨探、守瞭、焚荒诸事无敢惰。稍违制，辄按军法。而其后皆废坏云（《明史》卷九十一《兵志三》）。

明初文武并重，中叶尚然。末季始以文制武，文重武轻，而总兵官竟戎装伏地跪迎督、抚矣。

宣德……时，都指挥使与布、按并称三司，为封疆大吏。而专阃重臣，文武并无定职，世犹以武为重，军政修饬。正德以来，军职冒滥，为世所轻，内之部科，外之监军、督抚，叠相弹压。五军府如赘疣，弁帅如走卒，总兵官领敕于兵部皆跽，间为长揖，即谓非体。至于末季，卫、所军士，虽一诸生可役使之。积轻积弱，重以隐占、虚冒诸弊，至举天下之兵，不足以任战守，而明遂亡矣（《明史》卷九十《兵志二》）。

（乙）清代兵制

清代内外相御，八旗居内，绿营居外，为经制兵。嘉庆时，始大募乡勇，后来有湘、淮军。清季始用洋操练新军。

有清以武功定天下，太祖高皇帝崛起东方，初定旗兵制，八旗子弟，人尽为兵，不啻举国皆兵焉。太宗征藩部，世祖定中原，八旗兵力最强。圣祖平南服，世宗征青海，高宗定西疆，以旗兵为主，而辅之以绿营。仁宗剿教匪，宣宗御外寇，兼用防军，而以乡兵助之。文宗、穆宗先后平粤捻，湘军初起，淮军继之，而练勇之功始著。至是兵制盖数变矣。道、咸以后，海禁大开，德宗复立海军，内外江海与水师并行，而练军陆军又相继以起（《清史稿·兵志序》）。

八旗以旗统人，即以旗统兵，合满洲、蒙古、汉军为一。

太祖高皇帝辛丑年，初设四旗。先是，癸未年，太祖以遗甲十三副起事，征尼堪外兰，败之。益厉兵力，以次削平诸郡，归附日众。初定出兵校猎，不论人之多寡，各随族党屯寨而行，每人各取一矢，十人设一长领之，其长称为牛录额真。至是，始分为四旗，曰黄旗，曰白旗，曰红旗，曰蓝旗，以纯色为辨。每旗下以三百人为一牛录，辖以牛录额真一人（《皇朝文献通考》卷一七九《兵考一》）。

甲寅年，定八旗之制。以初设四旗为正黄、正白、正红、正蓝，增设四旗为镶黄、镶白、镶红、镶蓝，黄、白、蓝均镶以红，红镶以白，合为八旗，统率满洲、蒙古、汉军之众。每三百人设牛录额真一人，五牛录设甲喇额真一人，五甲喇设固山额真一人，每固山设左右梅勒额真二人。时满洲牛录三百有八，蒙古牛录七十六，汉军牛录十六。行军时，地广则八旗并列，分八路；地狭则八旗合一路而行（《皇朝文献通考》卷一七九

《兵考一》)。

其后户口日繁，又编蒙古八旗、汉军八旗，合二十四旗，为一代定制。

国初先编立四旗，以统人众。寻以归服益广，乃增建为八旗，然犹统满洲、蒙古、汉军之众而合于一也。迨其后户口日繁，又编蒙古八旗，设官与满洲等；继编汉军八旗，设官与满洲、蒙古等，合为二十四旗。其制以旗统人，即以旗统兵。盖凡隶于旗者，皆可以为兵，非如前代有佥派、召募、充补之烦而后收兵之用也(《皇朝文献通考》卷一七九《兵考一》)。

天聪九年，设蒙古八旗。……其旗色与满洲八旗同。每旗设固山额真一人，梅勒章京、甲喇章京各二人，分辖所编牛录(《皇朝文献通考》卷一七九《兵考一》)。

崇德七年，设汉军八旗，定旗色与满洲八旗同。每旗设固山额真一人，梅勒章京二人，甲喇章京五人(《皇朝文献通考》卷一七九《兵考一》)。

兵额之可考者，乾隆时定为：

八旗满洲兵五万九千五百三十名，蒙古兵一万六千八百四十三名，汉军兵二万四千五十二名(《皇朝文献通考》卷一七九《兵考一》)。

据《光绪会典》所载佐领之数，满洲六百八十一，蒙古二百四，汉军二百六十八，凡千一百五十有三，每佐领以三百人为率，总数未过四十万也。

驻防八旗，畿辅曰稽查小九处大臣，盛京、吉林、黑龙江曰将军，热河曰都统，绥远城曰将军，宁夏曰将军，伊犁曰将军，内地各省西安、成都、荆州、江宁、杭州、福州、广州曰将军，山海关、密云、青州、凉州、京口、乍浦有副都统，太原有城守尉。

若夫驻防之兵，则无论骑步，皆合满洲、蒙古、汉军以为营。畿辅驻防二十有五，兵八千七百五十有八。东三省各城驻防四十有四，兵三万五千三百六十。新疆驻防八，兵万五千一百四十。各省驻防二十，兵四万五千五百四十。又守陵寝、守围场、盛京、吉林守边门，二千九百七十人，共驻防兵十万七千七百有六十，皆统于将军、都统、城守尉。惟东三省及新疆驻防，则于满洲、蒙古八旗外，又别出索伦兵、锡伯兵、达瑚尔兵、巴尔虎兵、察哈尔兵、额鲁特兵，皆打牲游牧部落之臣服较后者，故别编佐领，不列于八旗焉（魏源《圣武记》卷十一《武事余记·兵制》）。

八旗驻防之兵大类有四：曰畿辅驻防兵。其藩部内附之众及在京内务府、理藩院所辖悉附焉；曰东三省驻防兵；曰各直省驻防兵，新疆驻防兵附焉；曰藩部兵（《清史稿·兵志一》）。

其为民累，清初已然。

顺治十二年二月戊午，谕兵部："前以湖南寇氛未靖，殃及生民，曾有旨增遣满兵，携家口，驻防武昌。今念大军所过，沿途水陆居民及驿递，必至骚扰。所驻之地，又须拨给房屋、田土，其为民累，更有不可胜言者。……其停止携带家口驻防。"（《清世祖实录》卷八十九）

绿营沿明旧制，各省设实缺提督、总兵、副将、参将、游击、都司、守备、千总、百总、外委等武官。

绿营规制，始自前明。清顺治初，天下已定，始建各省营制。绿营之制，有马兵、守兵、战兵，战守皆步兵，额外外委皆马兵，综天下制兵，都六十六万人。安徽最少。闽、广以有水师，故最多。甘肃次之。……将军兼统绿营者惟四川，有屯兵者惟湖南、贵州。其新疆之绿营屯防，始乾隆二十五年，由陕甘陆续移往。驻防各省标兵规制，督、抚得随时疏定绿营战功。自康熙征三藩时，用旗绿兵，至四十万。云南多山地，绿营步兵居前，旗兵继之，所向辄捷。其后平定准部、回疆、金川，咸有勋绩。乾隆四十六年增兵，而川楚教匪之役、英法通商之役，兵力反逊于前。迨粤寇起广西，绿营额二万三千、土兵一万四千，遇敌辄靡，承平日久，暮气乘之。自同治迄光绪，叠经裁汰，绿营之制，仅存而已（《清史稿·兵志二》）。

康熙十八年四月……疏言："……八旗劲旅，冲锋破敌，所向无前。惟山涧陡绝之处，弓马难施，请多用绿旗步兵，俾之攀藤附葛，为大兵前驱，不难直捣贼穴。"疏下兵部，如所请行（《满洲名臣传》卷二十二《杨茂勋传》）。

康熙二十一年八月，上以进取台湾，有绿旗兵及驻防汉军足用，满洲兵可撤，命拉哈达率之还京（《满洲名臣传》卷十五《拉哈达传》）。

练勇即乡勇，起自台湾，推广于陕西、川、楚诸省。

德楞泰奏言："乡勇之设，起自台湾。嗣后平定苗疆，及此次剿办教匪，均有招募。（嘉庆）元年二月间，川省应募者，有三十七万之多；陕、楚两省亦复不少。陕之汉江、川之嘉陵江、楚之郧西，并三省边界近山各属，其城守、卡隘、台站，有兵力不敷防范者，不得不藉乡勇为协护，用以御贼。即使之自卫身家，又可制其从贼之心。其随征乡勇，藉本地之人，为之哨探、向导，故进剿抄袭，较为便捷。"（《国史列传》卷三十五《德楞泰传》）

又陈川、楚军务，略云："昨闻陕省团练乡勇，或一、二村，或数村，联为一处，筑堡声援，尤合众志成城之道，川、楚可推而行之。"（《国史列传》卷六十一《胡季堂传》）

嘉庆十年……谕曰："……乃近年每遇征调，多有藉资乡勇之力冲锋陷阵者。即如湖南近日攻打苗寨，同知傅鼐督率练勇千余人，陟险先登，所向克捷，而总兵魁保，转带兵丁在后为之策应，岂非以官兵怯懦，不若练勇之趫健乎？"（《国史列传》卷五十《魁保传》）

自太平军兴，八旗、绿营久同虚设，而湘军、淮军以起。

道、咸间，粤匪事起，各省多募勇自卫，张国樑募潮州勇丁最多。咸丰二年，命曾国藩治湖南练勇，定湘军营哨之制，为防军营制所昉。迨国藩奉命东征，湘勇外，益以淮勇，多至二百营。左宗棠平西陲，所部楚军，亦百数十营。军事甫定，各省险要，悉以勇营留防，旧日绿营，遂同虚设（《清史稿·兵志三》）。

及其末季，立练兵处，以练新军。命奕劻为管理大臣，而以袁世凯佐之。厘订军制，为后来陆军之滥觞。计分全国为三十六镇，仅成立十镇，而清社遂屋。

（9）刑法

（甲）明代刑法

明初法外用刑，有榜文禁例，极为严厉。

太祖惩元纵弛之后，刑用重典，然特取决一时，非以为则。后屡诏厘正，至三十年，始申画一之制，所以斟酌损益之者，至纤至悉，令子孙守之。群臣有稍议更改，即坐以变乱祖制之罪。而后乃滋弊者，由于人不知律，妄意律举大纲，不足以尽情伪之变，于是因律起例，因例生例，例愈纷而弊愈无穷（《明史》卷九十三《刑法志序》）。

后始定《大明律》，略遵唐旧，唯改十二篇为六部。

洪武元年，又命儒臣四人，同刑官讲《唐律》，日进二十条。……六年夏，刊《律令宪纲》，颁之诸司。其冬，诏刑部尚书刘惟谦详定《大明律》。每奏一篇，命揭两庑，亲加裁酌。及成，翰林学士宋濂为表以进，曰："臣以洪武六年冬十一月受诏，明年二月书成。篇目一准于唐：曰卫禁，曰职制，曰户婚，曰厩库，曰擅兴，曰贼盗，曰斗讼，曰诈伪，曰杂律，曰捕亡，曰断狱，曰名例。采用旧律二百八十八条，续律百二十八条，旧令改律三十六条，因事制律三十一条，掇《唐律》以补遗百二十三条，合六百有六条，分为三十卷。或损或益，或仍其旧，务合轻重之宜。"（《明史》卷九十三《刑法志一》）

《大明律》外，复为《大诰》凡三编，又有《大诰武臣》一编、

《大诰初编》七十四条,《明史》只载十条,且有不属于《初编》者,盖由未见《大诰》之故。

《大诰》者,太祖患民狃元习,徇私灭公,戾日滋,(洪武)十八年,采辑官民过犯,条为《大诰》。其目十条:曰揽纳户,曰安保过付,曰诡寄田粮,曰民人经该不解物,曰洒派抛荒田土,曰倚法为奸,曰空引偷军,曰黥刺在逃,曰官吏长解卖囚,曰寰中士夫不为君用。其罪至抄札。次年复为《续编》《三编》,皆颁学宫以课士,里置塾师教之。囚有《大诰》者,罪减等。于时,天下有讲读《大诰》师生来朝者十九万余人,并赐钞遣还(《明史》卷九十三《刑法志一》)。

又有《大明律诰》。

洪武二十五年,刑部言,律条与条例不同者宜更定。太祖以条例特一时权宜,定律不可改,不从。三十年,作《大明律诰》成。御午门,谕群臣曰:"朕仿古为治,明礼以导民,定律以绳顽,刊著为令。行之既久,犯者犹众,故作《大诰》以示民,使知趋吉避凶之道。……然法在有司,民不周知,故命刑官取《大诰》条目,撮其要略,附载于律。凡榜文禁例悉除之,除谋逆及《律诰》该载外,其杂犯大小之罪,悉依赎罪例论断,编次成书,刊布中外,令天下知所遵守。"(《明史》卷九十三《刑法志一》)

自《律》《诰》出,而《大诰》所载诸峻令,未尝轻用。其后罪人率援《大诰》以减等,亦不复论其有无矣。

(乙)清代刑法

清初刑法极简,大致为死、鞭、罚金三种,条文亦不备。

有清起自辽左,不三四十年,混一区宇。圣祖冲年践阼,与天下休养,六十余稔,宽恤之诏,岁不绝书。高宗运际昌明,一代法制,多所裁定。仁宗以降,事多因循,未遑改作。……德宗末叶……朝野上下,争言变法，于是新律萌芽。迨宣统逊位，而中国数千年相传之刑典俱废（《清史稿·刑法志序》）。

顺治初元，暂用明律。

清太祖嗣服之初，始定国政，禁悖乱，戢盗贼，法制以立。太宗继武，于天聪七年，遣国舅阿什达尔汉等往外藩蒙古诸国宣布钦定法令，时所谓“盛京定例”是也。嗣后陆续著有治罪条文，然皆因时立制，不尽垂诸久远。世祖顺治元年，摄政睿亲王入关。……六月，即令问刑衙门准依《明律》治罪。八月……摄政王谕令法司会同廷臣详绎《明律》，参酌时宜，集议允当，以便裁定成书，颁行天下。十月，世祖入京，即皇帝位。刑部左侍郎党崇雅奏，在外官吏，乘兹新制未定，不无凭臆舞文之弊。并乞暂用《明律》，候国制画一，永垂令甲。得旨：“在外仍照《明律》行，如有恣意轻重等弊，指参重处。”（《清史稿·刑法志一》）

顺治三年，成《大清律集解附例》。

顺治二年，命修律官参稽满、汉条例，分轻重等差，从刑科都给事中李士焜请也。三年五月，《大清律》成，世祖御制序文曰：“朕惟太祖、太宗创业东方，民淳法简，大辟之外，惟有鞭、笞。朕仰荷天休，抚临中夏，人民既众，情伪多端。每遇奏谳，轻重出入，颇烦拟议。律例未定，有司无所禀承。爰敕法司官广集廷议，详译《明律》，参以国制，增损剂量，期于平允。书成奏进，朕再三覆阅，仍命内院诸臣校订妥确，乃允刊布，名曰《大清律集解附例》。尔内外有司官吏，敬此成宪，勿得任意低昂，务使百官万民，畏名义而重犯法，冀几刑措之风，以昭我祖宗好生之德。子孙臣民，其世世守之。”（《清史稿·刑法志一》）

几于全录《明律》旧文，以为比附之资。

刑部等衙门尚书臣图纳等谨奏：……据广西道试监察御史盛符升条奏疏称……《大清律》一书所载诸事，有仍袭前代之旧文，而于本朝之法制绝不相蒙者。如郡王、将军、中尉亲自赴京者治罪等项，其类尚多明载律中，实非遵行正法，所当删定改正，以成善本。……先经刑部议覆，律文乃系递沿成书，例乃因时酌定。凡见行则例或遇事而定，或遵旨而定。若将此等陆续定例事件附入律内，则律文难以告成。其律内所有郡王、将军、中尉亲自赴京治罪等项，虽非遵行正法，若将此等条例删去，恐以后比照定拟者，无凭查考。……康熙二十八年八月二十八日题（《清律纂修奏疏辑录》）。

自后虽屡经纂修，然仅续增附律之《条例》，而律文未之或改。一代多舍《律》用《例》，舍《例》用《案》。

例文自康熙初年，仅存三百二十一条，末年增一百一十五条，雍正三年，分别订定，曰《原例》。累朝旧例凡三百二十一条，曰《增例》。康熙间现行例凡二百九十条，曰《钦定例》。上谕及臣工条奏凡二百有四条，总计八百十有五条。……乾隆一朝，纂修八九次，删《原例》《增例》诸名目，而改变旧例及因案增设者为独多。嘉庆以降，按期开馆，沿道光、咸丰以迄同治，而《条例》乃增至一千八百九十有二。盖清代《定例》一如宋时之《编敕》，有《例》不用《律》，《律》既多成虚文，而《例》遂愈滋繁碎，其间前后抵触，或《律》外加重，或因《例》破《律》，或一事设一《例》，或一省一地方专一《例》，甚且因此《例》而生彼《例》，不惟与他部《则例》参差，即一《例》分载各门者，亦不无歧异，辗转纠纷，易滋高下（《清史稿·刑法志一》）。

清季欲图收回领事裁判权，为杜外人藉口，故修订新刑律，删除重法，改善监狱，废除非刑。又以满、汉科罪各别，亦欲加以修改，而有修订法律馆之设，以沈家本任其事。家本旧以刑名名家，后颁布现行刑律，多采自日本刑法，《大清律例》遂废。

光绪二十八年（一九〇二年），直隶总督袁世凯、两江总督刘坤一、湖广总督张之洞，会保刑部左侍郎沈家本、出使美国大臣伍廷芳，修订法律，兼取中西，旨如所请（《清史稿·刑法志一》）。

光绪三十一年（一九〇五年），修订法律大臣沈家本等奏请删除重法……三事：一曰凌迟、枭首、戮尸。凌迟之刑……《辽史·刑法志》始列入正刑之内。……至今相仍未改。枭首在秦汉时，惟用诸夷族之诛。……今之枭首，仍明制也。戮尸一事，惟秦时成蟜军反，其军吏皆斩戮尸。……明自万历十六年定有戮尸条例，专指谋杀祖父母、父母而言。国朝因之，后更推及强盗。凡此酷重之刑……实非圣世所宜遵，请将凌迟、枭首、戮尸三项一概删除，死罪至斩决而止。凡《律例》内凌迟、斩枭各条，俱改斩决。斩决而下，依次递减；一曰缘坐。缘坐之制起于秦之参夷。……《唐律》惟反叛、恶逆、不道，律有缘坐，他无有也。今律则奸党、交结近侍诸项，俱缘坐矣。反狱、邪教诸项，亦缘坐矣。……今世各国，皆主持刑罚止及一身之义，与罪人不孥之古训，实相符合。请将律内缘坐各条，除知情者仍坐罪外，其不知情者，悉予宽免。余条有科及家属者，准此；一曰刺字。刺字乃古墨刑、汉之黥也。文帝废肉刑，而黥亦废。……至石晋天福间，始创刺配之制，相沿至今。其初不过窃盗、逃人，其后日加烦密。……拟请将刺字款目，概行删除。……奏上，谕令凌迟、枭首、戮尸三项，永远删除。所有现行《律例》内，凌迟、斩枭各条，俱改为斩决；其斩决各条，俱改为绞决；绞决各条，俱改为绞监候，入于秋审情实；斩监候各条，俱改为绞监候，与绞候人犯，仍入于秋审，分别实缓。至缘坐各条，除知情者仍治罪外，余悉宽免。其刺字等项，亦概行革除。……三十二年（一九〇六年），法律馆奏准：将戏杀、误杀、擅杀、虚拟死罪各案，分别减为徒流。……法律馆……议准：妇女犯笞、杖，照新章罚金。徒、流、军遣，除不孝及奸盗、诈伪，旧例应实发者，改留本地习艺所工作，以十年为限。余俱准其赎罪，徒一年折银二十两，每五两为一等，五徒准此递加，由徒入流，每一等加十两，三流准此递加。遣军照满流科断，如无力完缴，将应罚之数，照新章按银数折算时日，改习工艺，其犯该枷号，不论日数多寡，俱酌五两，以示区别（《清史稿·刑法志三》)。

自顺治迄乾隆间……若宗室有犯,宗人府会刑部审理。觉罗,刑部会宗人府审理。所犯笞、杖、枷号,照例折罚责打;犯徒,宗人府拘禁;军、流、锁禁,俱照旗人折枷日期,满日开释。屡犯军、流,发盛京、吉林、黑龙江等处圈禁;死刑,宗人府进黄册(《清史稿·刑法志三》)。

《清律》犯罪发遣条:凡旗人犯罪,笞、杖各照数鞭责;军、流、徒免发遣,分别枷号。徒一年枷号二十日,每等递加五日。流二千里者枷号五十日,每等亦递加五日。充军附近者枷号七十日;近边、沿海、边外者八十日,极边、烟瘴者九十日(《清史稿·刑法志二》)。

光绪三十三年(一九〇七年),更命侍郎俞廉三与沈家本俱充修订法律大臣。沈家本等乃征集馆员,分科纂辑,并延聘东西各国之博士、律师,藉备顾问。……十二月,遵旨议定满汉通行刑律。……宣统元年(一九〇九年),全书纂成缮进,谕交宪政编查馆核议。二年(一九一〇年),覆奏,订定名为《现行刑律》。……仅行之一年,而逊位之诏下矣(《清史稿·刑法志一》)。

宣统二年(一九一〇年),颁布之《现行刑律》。……其五刑之目,首罚刑十,以代旧律之笞、杖。一等罚,罚银五钱,至十等罚为银十五两。……次徒刑五,年限仍旧律。次流刑三,道里仍旧律,然均不加杖。……次遣刑二:曰极边。足四千里及烟瘴地方安置;曰新疆当差。以闰刑加入正刑。……次死刑二:曰绞,曰斩。……徒流虽仍旧律,然为制不同。按照《习艺章程》,五徒依限收入本地习艺所习艺,流、遣毋论发配与否,俱应工作。故于徒五等注明,按限工作,流二千里注工作六年,二千五百里注工作八年,三千里注工作十年,遣刑俱注工作十二年。收赎则根据妇女赎罪新章,酌减银数,改为通例。罚刑照应罚之数折半收赎,徒一年赎银十两,每等加银二两五钱,至徒三年收赎银二十两。流刑每等加银五两,至三千里赎银三十五两。遣刑与满流同科。

绞、斩则收赎银四十两，亦分注于各刑条下。然非例应收赎者，不得滥及也。捐赎，据光绪二十九年（一九〇三年）刑部奏准，照运粮事例减半银数，另辑为例。其笞、杖虽不入正刑，仍留竹板，以备刑讯之用。外此各刑具，尽行废除，枷号亦一概芟削，刑制较为径省矣。惟就地正法一项，始自咸丰三年。时各省军兴，地方大吏遇土匪窃发，往往先行正法，然后奏闻。……沿及国变，而就地正法之制，迄未之能革（《清史稿·刑法志二》）。

（二）生业

（1）农业

明太祖起自民间，习知贫富不均之弊。即位后，务抑富民。

洪武二十四年秋七月戊戌，上谕工部臣曰："昔汉高祖徙天下豪富于关中，朕初不取，今思之，京师天下根本，乃知事有当然，不得不尔。朕今亦欲令富民入居京师，卿其令有司验丁产殷富者，分遣其来。"于是工部徙天下富民至者凡五千三百户（《明太祖实录》卷二一〇）。

马道街，相传明富民沈万三居此。万三非名也，洪武初，分其民为哥、畸、郎、官、秀五等，秀最上，又各有等，巨富者为万户三秀。沈名富，字仲荣。性豪华，其弟贵屡以诗讽之，不听。未几，籍没其家，戍金齿（陈作霖《东城志略·志街道》）。

尤严兼并之禁，赋役不均，侵渔贫农者，皆重惩之，然卒不能禁。

洪武四年三月壬寅……上以兵革之后，中原民多流亡，临濠地多闲弃，有力者遂得兼并焉。乃谕中书省曰："古者井田之法，计口而授，故民无不受田之家。今临濠之田，连疆接壤，耕者亦宜验其丁力，计亩给之，使贫有所资，富者不得兼并。若兼并之徒，多占田以为己业，而转令贫民佃种者，罪之。"（《明太祖实录》卷六十二）

洪武五年五月戊辰……诏："……曩者兵乱，人民流散，因而为人奴隶者，即日放还。……或有冻馁不能自存者，令里中富室假贷钱谷以资养之。工商农业皆听其故，俟有余赡，然后偿还。"（《明太祖实录》卷七十三）

洪武十六年五月庚申，免应天、太平、镇江、宁国、广德五府税粮。……谕："……敢有恃强暴以侵渔小民者，必置于法，朕不轻贷。"（《明太祖实录》卷一五四）

洪武十七年秋七月乙卯，上谕："……民户以百一十户为里，里有长。……凡赋役，必验民之丁粮多寡、产业厚薄，以均其力。……有不奉行役民，致贫富不均者，罪之。"（《明太祖实录》卷一六三）

（甲）农佃

规定佃人田者曰承佃户，见田主如少事长之礼。

洪武五年（一三七二年）五月戊辰……谕："……佃见田主，不论齿序，并如少事长之礼。若在亲属，不拘主佃，则以亲属之礼行之。"（《明太祖实录》卷七十三）

臣请立为通融之法：凡江右之民，寓于荆湖多历年所、置成产业者，则名以税户之目。其为人耕佃者，则曰承佃户。专于贩易佣作者，则曰营生户（丘濬《大学衍义补》卷十三）。

约中除乐户、家奴及佣工、佃户，各属房主、地主挨查管束，不许收入乡甲（吕坤《实政录》卷五《乡甲约乡甲事宜》）。

流来寄住，皆贫苦无赖之人，未有不僦人房屋、佃人土田、依人窑场者，房主、地主先查来历，更择保人，编入庄头，自行管理（吕坤《实政录》卷六《风宪约宪纲十要》）。

谚云：良田不如良佃。此最确论。主人虽有气力心计，佃惰且劣，则田日坏。……良佃之益有三：一耕种及时，二培壅有力，三蓄泄有方。……且良佃所居，则屋宇整齐、场圃茂盛、树木葱郁，此皆主人、僮仆力之所不能及，而良佃自为之（张英《恒产琐言》）。

佃人田者，牛、种皆田主给之，收而均分之。岁稔，则余数年之畜矣。得比岁稔，无立锥者或致千金。称贷者，其息恒一岁而子如其母，故多兼并之家（《皇朝经世文编》卷三十六李兆洛《凤台县志·论食货》）。

意以多种则多收，不知地多则粪土不能厚壅，而地力薄矣；工作不能遍及，而人事疏矣。是以小户自耕己地，种少而常得丰收；佃户受地承耕，种多而收成较薄（《皇朝经世文编》卷三十六尹会一《敬陈农桑四务疏》）。

田主岁收私租，亩恒一、二石，佃人竭一岁之力，不足温饱。

吴中之民，有田者什一，为人佃作者十九。其亩甚窄，而凡沟渠、道路皆并其税于田之中。岁仅秋禾一熟，一亩之收不能至三石（原注：凡言石者，皆以官斛），少者不过一石有余，而私租之重者，至一石二三斗，少亦八九斗。佃人竭一岁之力，粪壅工作，一亩之费可一缗，而收成之日，所得不过数斗，至有今日完租，而明日乞贷者（顾炎武《日知录》卷十）。

余闻南昌、新建佃田者，上则亩止租二石，中或一石五六斗，下则亩率一石。《新邑志》载，每十五亩五分六厘有奇，合科粮一石。以俗例三升粮额通较，每亩合租谷二石一斗余（俗但以石斗名田，田供租一石，税粮三升），视他处上则且溢。……新城田皆依山傍溪，其高下一因山水，故惟山深水沃、平畴涂泥之地，可为上则。去水稍远，待人力溉粪者为中则。下则沿山临谷，畸零小丘，大水旱不能任，中岁犹可为田。若夫童山恶水，岁受旱涝，疏薄不宜稻者，当别之为地。使种菽粟麻蔬，上田亩租二石，中一石六斗，下一石二斗，地或五六斗，赋税如之（《皇朝经世文编》卷三十一陈道《江西新城田租说》）。

故春耕之际必贷谷，秋收辄倍偿。

一图之大者五六千亩，小者二三千亩。上农佃二十亩，口必多，中下以次而降。其数他人不知，田主未有不知者。由仓而核田主之真名，由田主而核佃户之真数，春颁则田主承领，秋敛则田主归偿。……夫农夫之常困于他途者，他途贫，谋口而止。一亩之田，耒耜有费，籽种有费，罱斛有费，雇募有费，祈赛有费，牛力有费，约而计之，率需千钱。一亩而需千钱，上农耕田二十亩，耗于田者二十千。以中年约之，一亩得米二石，还田主租息一石，是所存者仅二十石。当其春耕急需之时，米价必贵（折中计之，每石贵一千有余），势不得不贷之有力之家。而富人好利，挟其至急之情，以邀其加四加五之息，以八阅月计之，率以二石偿一石，所存之二十石，在秋必贱，富人乘贱而索之，其得以暖不号寒、丰不啼饥，而可以卒岁者，十室之中无二三焉。农民之所以困，反不在凶年而在乐岁（《皇朝经世文编》卷三十九章谦《备荒通论上》）。

国初，地余于人，则地价贱。承平以后，地足养人，则地价平。承平既久，人余于地，则地价贵。向日每亩一二两者，今至七八两。向日七八两者，今至二十余两。贫而后卖，既卖无力复买；富而后买，已买可不复卖。近日田之归于富户者，大约十之五六。旧时有田之人，今俱为佃耕之户。每岁所入，难敷一年口食，必须买米接济。而富户登场之后，非得善价，不肯轻售，实操粮价低昂之权（《皇朝经世文编》卷三十九杨锡绂《陈明米贵之由疏》乾隆十三年）。

窃查米价腾贵，皆由囤户居奇，往往捏作谣言，增长米价。或云风为旱兆，或云雨为水征，一日之间，频增价值。一店长价，诸店皆然，名曰齐行，莫敢异议。富民家有蓄积，乐其高抬，于己无损，惟手艺贫民，终日拮据，不供口食。即遇官府有平粜仓谷，不过一升半升，日籴日食而已，无力多买，又不能户户有碾米之具，且以终日鹿鹿，并无余暇，故宁贵价向米铺籴米，非不知官卖价贱，不得已也。若欲惠此贫民，无如官开米局（《皇朝经世文编》卷四十广东总督鄂弥达《请官开米局疏》雍正十一年）。

而田主或更苛以额外之租，虐以非法之刑。

（邓）茂七与弟茂八皆编为总甲。偿佃人田，例于输租外，馈田主以新米鸡鸭。茂七始倡其民革之（黄瑜《双槐岁钞》卷六《龚指挥气节》）。

董遂老虽出于望族，为诸生时颇贫困，与弟葵初共尝荼苦，故策名以来，友爱备至。凡事不论公私，俱葵初为政，以故富厚十倍于乃兄。一日谓其家人曰："我家百事俱备，唯盐菜尚无出产。今思各佃户种我田者，其四围余地俱植蔬茹，何可独享？今后每米一石，须要瓜干一斤，随租并纳。”此法一立，诸佃户无不唯唯。迨其子祐申通南事败，兵丁乘机肆抢，百物充牣所不必言，而瓜干用蒲包盛贮者，亦盈仓焉（曹家驹《说梦》）。

秉谦字抑之，号克斋。己酉登贤书，以松人薄其家世之微，故厌孙姓，改从谢姓，曰家本浙籍，乃谢文正公之族也。壬戌科中进士，筮仕县令，旋擢侍御。居乡横暴。……弟名秉谔字节之，倚兄势，流毒桑梓。佃户有逋租者，破其阴囊，剔外肾（曹家驹《说梦》）。

复使奴仆课租，侵渔尤甚。大租之外，复有小租。或采取次年之租，而以佃户抗租捏控。

张勉学字益甫，嘉靖二十六年进士。……升湖广签事，分巡长沙。长沙藩府庄田、房租税特重，豪奴倍收，有不能偿，没人子女为奴婢。勉学悉平其额，岁听县官征解，民咸便之（《元和县志》卷二十三《人物》）。

易王而黄……曰元甫者，复归虞，家塘墅。元母为邑势官家乳妪，官田三千亩在吾乡，以妪故，委元课租。元恃主威，禾未登场，辄驾赈船，呼嚣乡里，鸡犬不宁，农人苦之。众议每亩出斗粟劳之，名曰脚步钱。元于主人正犒外，复蚀其十之二。……营大宅于吾乡。……役佃民为佣作，经年落成，一乡苦之（《过墟志感上》）。

旗民往往因欠租夺地，互控结讼。其弊皆起于取租之旗奴，承租之庄头，揽租之地棍。小民欲治良田，必积二三年之苦工，深耕易耨，加以粪治，田甫就熟而地棍生心，遂添租挖种矣。……庄头取租，多索而少交，田主受其侵盗，佃户受其侵渔。甚且今年索明年之租，若不预完，则夺地另佃矣，另佃必添租。……所收之租，随手花去，则又探次年之租矣。至于次年无租可索，而惧主责惩，则以佃户抗租为词矣。……小民以为租已预交，旗奴以为并未收取，遂至互讼不休矣（《皇朝经世文编》卷三十五孙家淦《八旗公产疏》）。

吾里田地，上农夫一人，止能治十亩。故田多者辄佃人耕植，而收其租。又人稠地密，不易得田，故贫者赁田以耕，亦其势也。……佃户终岁勤动，祁寒暑雨，吾安坐而收其半，赋役之外，丰年所余，犹及三之二，不为薄矣。而俗每存不足之意，任仆者额外诛求，脚尖斛面之类，必欲取盈，此何理耶？……近见富家巨室，田主深居不出，足不及田畴，面不识佃户，任纪纲仆所为，至有盗卖其产、变易区亩而不知者。侵没租入，将熟作荒，退善良之佃任与刁黠，种种弊端，不一而足。坐使生计匮索，虚粮积累，以致破家亡身，无不由此。或乃恃目前之豪横，陵虐穷民，小者勒其酒食，大者通其钱财，妻子置之狱讼，出尔反尔，可畏哉（《皇朝经世文编》卷三十六张履祥《农书》）。

光绪初，元和陶煦《租核》一书，本于顾炎武私租不得过八斗之说，力论佃农租重之苦，述租米随市价折收之事甚详。折租起源甚早，明万历四十二年福王之国，湖广应办庄田四千八百五顷有零，由湖广巡抚董汉儒等，每年认折租银一万两，输解福府（见《定陵注略》卷六）。清代内府庄田，皆折租银（见《内务府庆丰司则例》），是为不换佃之定额折租，民田则多按市价折租。不换佃之地，亦有同于民田者，不尽一律也。

又田中事，田主一切不问，皆佃农任之。粪壅工作之资，亩约钱逾一缗，谷贱时七八斗之值也。三春虽种菽麦，要其所得，不过如佣耕之自食其力而无余。一岁仅恃秋禾一熟耳，秋禾亩不过收三石，少者止一石有余，而私租竟有一石五斗之额。然此犹虚额，例以八折算之，小歉则再减。同治二年，朝廷从合肥李伯相之请，下诏减赋，苏、松减三之一。于是田主声言减租，以虚额之数，亩减其三斗。故向止一石二斗而无增者，今亦一石二斗。……最可异者，纳租收钱而不收米，而故昂其米之价，必以市价一石二三斗或一石四五斗之钱，作一石算，名曰折价。即有不得已而收米者，又别有所谓租斛，亦必以一石二三斗作一石。……更可异者，赋有九则，而租独一例。试以吴江之下下田而论，纳一升五合有奇之赋，而亦收一石有余之租。此尤事之不平者矣（陶煦《租核·重租论》）。

折租之价，率视市价增一二分。如市价石钱一千八百，折租必二千、或二千一二百不等，佃之良懦者，必使之如其言而不敢较。若狡滑之佃，多方陈说，阅时延欠，庶几市价之更贱。新谷初粜时，价必稍贵，粜者渐多，乃亦日贱，是如限者受亏，而逾期者反利，此之谓无定价。或有折价既定，不随市价贵贱，亦非。余如司租之需索，绅富初得田，司租者必索佃者钱，亩约七八百、或千数百，曰汇租费。还租时，以钱者千索钱二三十，曰盘钱费。以洋钱者，索钱三五十，曰看洋钱费（陶煦《租核·减租琐议》）。

荒年，田主或得免租，而佃户田租仍须全缴，至于卖妻子以偿。清代虽间有佃户亦蠲之令，然奉行者寥寥。

今高淳县之西，有永丰乡者，宋时之湖田，所谓永丰圩者也。……今隶总所。王弼（成化十一年进士，溧水知县）永丰谣曰："永丰圩接永宁乡，一亩官田八斗粮。人家种田无厚薄，了得官租身即乐。前年大水平斗门，圩底禾苗没半分。里胥告灾县官怒，至今追租如追魂。有田追租未足怪，尽将官田作民卖。富家得田贫纳租，年年旧租结新债。旧租了，新租促，更向城中卖黄犊。一犊千文任时估，债家算息不算母。呜呼，有犊可卖君莫悲，东邻卖犊兼卖儿。但愿有儿在我边，明年还得种官田。"读此诗，知当日官佃之苦即已如此，而以官作民，亦不始于近日矣（顾炎武《日知录》卷十）。

贫民方寄食于富民之田，值丰岁规其赢羡以给妻子，日给之外，已无余粒。设一遭旱潦，尽所有以供富民之租，犹不能足（《皇朝经世文编》卷三十盛枫《江北均田说》）。

康熙四十二年（一七〇三年）八月甲申，刑部尚书王士正等，因山左被灾，奉旨截留漕米，并派八旗官员领帑往赈。奏谢得旨："朕四次经历山东，于民间生计无不深知。东省与他省不同，田野小民，俱与有身家之人耕种。丰年则有身家之人所得者多，而穷民所得之分甚少。一遇凶年，自身并无田地产业，强壮者流离于四方，老弱者即死于沟壑。此等情由，尔东省大臣庶僚，及有产业之富人，亦当深加体念。似此荒歉之岁，虽不能大为拯济，若能轻减其田租等项，各赡养其佃户，不但深有益于穷民，尔等田地，日后亦不至荒芜。如果民受实惠，岂不胜谢恩千百倍耶。”（《清圣祖实录》卷二一三）

康熙四十九年（一七一〇年），兵科给事中高遐昌奏言：“岁遇免租，佃户田租亦应酌免。”下户部议定：业主蠲免七分，佃户蠲免三分。著为例（《皇朝文献通考》卷四十五《国用考》）。

雍正十三年（一七三五年）九月，今皇上登极，诏免天下田租。又谕免雍正十二年以前逋租。……随谕劝业户，各计所免之数，捐十分之五，以惠佃农（《皇朝文献通考》卷四十四《国用考》）。

乾隆三十二年（一七六七年），谕各省督、抚：“届轮蠲漕米年分，谕各业户，亦令佃户免交一半。”（《皇朝文献通考》卷四十四《国用考》）

惟各属内有王、贝勒所受庄田，以系私租，为谕旨所不及，各府仍派人征收，不肖庄头恃势恫喝，迫令贫佃一律交足，否则押送地方官监比。以臣所闻，安州一带各佃，有因此逃匿无踪者，有变产完租者，甚至有卖鬻妻子者。……并闻各府员弁，下乡征租，自称管家大人，寓所服用极其豪侈僭妄。桀黠庄头为其羽翼，择肥而噬，婪索无厌。及归报私租数目，则虽丰稔之年，并不如额。其为侵吞中饱，不问可知（《皇朝经世文续编》卷三十八朱以增《请将顺直王庄遇灾酌减分数并佃租归官征解疏》）。

濬与内黄……其被灾与修略同。……有田姓买同村张姓田、房都尽，其一儿出四百五十钱，契上写世世为奴字样。大户之无人心如此（《皇朝经世文续编》卷三十九熊其英《致南中书》）。

甚至学租有逾额之征，亦取赢于佃。

今亦增学租以入公家，学役不能赔纳，势必取赢于佃户。佃户畏累则弃田不耕，田不耕则不特学租无办，而正供亦将缺额矣（《皇朝经世文编》卷三十二蔡方炳《书韩中丞请免省存余耗疏后》）。

佃不堪其苛求，则起而反抗。

迩者（康熙中），吴中水旱频仍，租户歃结以抗田主（黄中坚《蓄斋集》卷五《恤农》）。

嘉庆甲子年（九年，一八〇四年）五月，吴郡大雨者几二十日，田俱不能插莳。忽于六月初一日，乡民结党成群，抢夺富家仓粟及衣箱物件之类，九邑同日而起，抢至初六日，不知其故，共计一千七百五十七案，真异事也。其时抚军汪公稼门，仅杀余长春一人，草草完结（钱泳《履园丛话》卷十四）。

乡民买田承种，田入稍薄，仇视其主，抗持之风，漫衍浸渍，虽丰入者，亦且效尤。争讼盈庭，主佃交困，皆田则不清所致也（《皇朝经世文编》卷三十一陈道《江西新城田租说》）。

民皆不识字而仇恨官长，问官吏贪乎？枉法乎？曰不知。问何以恨之？则以收钱粮故。问长毛不收钱粮乎？曰吾交长毛钱粮，不复交田主粮矣（江士铎《汪悔翁乙丙日记》卷二）。

与农夫谈，闻去岁舒家桥张氏殴毙佃户，致毁屋事（《翁文恭公日记》光绪二十五年五月二十一日）。

闻东乡乡民抗租，聚众拆催头并及业主屋，大约由任阳起，渐次将及支塘，深虑成（道光）丙午年事（《翁文恭公日记》光绪二十六年十一月一日）。

东乡乡民拆至董浜，富户何姓为平地（《翁文恭公日记》光绪二十六年十一月二日）。

（乙）授田

丧乱之后，田多荒芜，乃招民授田，或官给牛、种、农具，或永不起科，贫农多趋之。

洪武三年六月，谕："……北方近城地多不治，召民耕，人给十五亩、蔬地二亩，免租三年。有余力者，不限顷亩。……官给牛及农具者，乃收其税。额外垦荒者，永不起科。"（《续文献通考》卷二《田赋考》）

四川经张献忠之乱，孑遗者百无一二，耕种皆三江湖广流寓之人。雍正五年（一七二七年），因逃荒而至者益众，谕令四川州、县，将人户逐一稽查姓名籍贯，果系无力穷民。即量人力多寡，给荒地五六十亩、或三四十亩，令其开垦（《清史稿》卷一二〇《食货志一》）。

东南兵火之余，农久失业。光禄少卿郑锡瀛言："国家岁入金约四千数百万，饷糈支耗半之。宜广屯田养兵以节费。"寻，御史汪朝棨称，各省新复土疆，宜急垦辟。徐景轼亦以修农利、安流徙为言。由是曾国藩于皖、杨昌濬于浙，皆分别土客，部署开荒，而马新贻于苏、刘典于陕，亦汲汲督劝。曾璧光、黎培敬前后于黔，兴屯田之政（《清史稿·食货志一》）。

然开垦甫熟，即课其税。或指为己业，控讦无已，转以升科为弭争唯一善法。

明初，承元末大乱之后，山东、河南多是无人之地。洪武中，诏有能开垦者，即为己业，永不起科（原注：是时方孝孺有因其旷土，复古井田之议）。至正统中，流民聚居，诏令占籍。景泰六年六月丙申，户部尚书张凤等奏："山东、河南、北直隶并顺天府无额田地，甲方开荒耕种，乙即告其不纳税粮，若不起科，争竞之途终难杜塞。今后但告争者，宜依本部所奏减轻起科则例，每亩科米三升三合，每粮一石，科草二束。不惟永绝争竞之端，抑且少助仓廪之积。"从之（顾炎武《日知录》卷十《开垦荒地》）。

明废藩庄地，自我朝定鼎，势豪侵占，叠告不休，屡行变价，难于清核。先考（卢震）题请画一，即令现在之人纳粮尽归条编，每亩四分起科，争端永息。至今直隶各省，皆照湖南例行（陈奕禧《春蔼堂集》卷十三《卢中丞行状代》）。

同治初元……山东遭教匪之乱，邹、滕诸县，田里为墟。三年（一八六四年），决用移民策，而东昌、临清、兖、曹各属，逆产及绝户地，尽没入官。五年（一八六六年），乃有办理湖团之谕。湖团者，曹、济客民种苏、齐界铜、沛湖地，聚族立团。既而土著归乡，控阅无已。然客垦由官招集，不乏官荒，所占土田不甚广，且讼者非实田户也。于是曾国藩研烛其情，为之驱逐莠户，留其良团，各安所业（《清史稿·食货志一》）。

（丙）豪强

豪强侵占田地，首推皇庄。

皇庄既立，则有管理之太监，有奏带之旗校，有跟随之名下，每处动至三四十人。其初，管庄人员出入，及装运租税，俱是自备车辆夫马，不干有司。正德元年以来，权奸用事，朝政大坏，于是有符验之请、关文之给；经过州、县有廪饩之供，有车辆之取，有夫马之索。其分外生事，巧取财物，又有语言不能尽者。及抵所辖庄田处所，则不免擅作威福，肆行武断。其甚不靖者，则起盖房屋，则架搭桥梁，则擅立关险，则出给票帖，则私刻关防，凡民间撑驾舟车、牧放牛马、采捕鱼虾螺蚌莞蒲之利，靡不括取。而邻近地土，则展转移筑封堆，包打界至，见亩征银。本土豪猾之民，投为庄头，拨置生事，帮助为虐，多方掊克，获利不赀。输之宫闱者曾无什之一二，而私囊橐者，盖不啻什八九矣。是以小民脂膏，吮剥无余（《皇明经世文编》卷二〇二夏言《查勘报皇庄疏》）。

查得正德十一年以前，（皇庄）已有三百八十余处，每处土地动计数千百顷，中间侵占混夺之弊，积袭已非一朝。为厉之阶，实起于奸人欲尽规地利，以媚朝廷。其末流之弊，则坏于势家尽夺产以肥私室。其在宫闱者，则中官禁卒旁午肆出，而郡县恣其搔扰；其在勋戚者，则豪奴悍仆肆行威断，而官府莫敢谁何。节经委官查勘，终于患害不除。盖由私人贵戚凭藉宠灵，猾少奸徒盘据窟穴，是以积垢宿蠹，莫可爬梳，合势朋计，动行阻挠，此实累朝弊政（《皇明经世文编》卷八十六林俊《查处皇庄田土疏》）。

次则藩王宗族及势要奏讨之田，皆不纳钱粮。且侵占邻近之田，多倍原额。

照得臣所属五府地方，惟郧阳、汉中未有藩封，而荆襄、南阳皆系分藩之地，有等奸滑棍民，或因争竞不明，或以粮差负累，往往将下户田地，投郡王、将军位下，希求厚值，倚借声威，苟图一人目前之利。而各该宗室将田到手，但知收租，不肯纳粮，有司莫敢谁何，里递只得赔赃，实贻通县无穷之害（《皇明经世文编》卷三四二吴桂芳《条陈民瘼疏》）。

六曰禁势要之夺田地。……近年以来，内外贵权之家，往往挟势，不思民间没官空闲田地，俱是起科之数，亦不思前项田地曾拨与民间，既以纳粮当差，辄以朦胧奏讨。该部不行查审明白，却乃依阿曲从，狥情拨予。其下民因见奉旨钦拨，莫敢谁何。其间奏讨五十顷而侵占一百顷者有之，奏讨一百顷而侵占二百顷者有之。况古者一夫受田百亩，不过一顷，以养八口之家，而又纳赋于其上。今以一人而讨百顷之田，又不纳粮当差，是一人而坐享百顷之利，其可乎哉？自古开国勋臣，亦不过食邑五十户或一百户而已，今其奏讨者不可胜计。且如武清侯石亨，享禄千钟，尚称喂马艰难，奏讨田地开种草料。及跟随指挥人等求地盖房，及都督同知王竑才，方升任前职，禄非不厚，却称日食不敷，又奏讨田地二处。又如百户唐兴，奏讨田地不下二三百顷。且唐兴一家，岂能尽种？询访其实，多系在京奸诈之徒，投充家人名色，倚恃势要，威逼侵占，害人肥己，所以怨则归于朝廷，利则归于奸诈。其他奏讨田地者，难以枚举。忍心逆理，莫此为甚（《皇明经世文编》卷四十五林聪《修灾弭灾疏》）。

势宦兼并者尤众，田既膏腴，且概邀优免，一县赋额，尽取足于贫瘠之田。胥吏利贫农之无告，益为奸利无所惮。

今袁州一府四县之田，七在严（嵩）而三在民。在严者皆膏腴，在民者悉瘠薄。在严则概户优免，在民则独累不胜。臣闻百姓苦楚难支，避散流离者接踵矣（《皇明经世文编》卷三二九《申逆罪正其刑以彰天讨疏》）。

彼以为按地均摊，则地亩额数载在《赋役全书》，难以高下其手，不如门户牌甲牛驴村庄参差不齐，使上司无从考查之为得也。又以为绅民同办则耳目甚周，差费浮加难以强令输纳，不如乡曲小民无知无识，即使不甘，而势孤力薄不能上控之为得也。于是胥吏得以分肥，豪强得以包揽，使自食其力之小民，仰不足以事父母，俯不足以畜妻子，沾体涂足，终岁勤动，而摒挡差钱，有拆房荡产者，有因此卖妻鬻子者，有因此弃家逃亡者，困苦流离死而无告，因而盗贼窃发，民不聊生。此关心民瘼者，所为痛哭流涕长太息者也（《皇朝经世文编》卷三十三张杰《均徭文》）。

语曰"雀胫不如牛髀"，近日奸顽里老，比欠止带贫民。不知钱粮逋负，不在荒地而在腴田，不在贫民而在奸富，不在小民而在势豪（吕坤《实政录》卷四《民务征收粮税》）。

隆见天下士大夫，官无论久暂崇卑，必有华屋接阛阓、良田连阡陌、积货充市肆、僮奴溢街巷，大则兼数百家之产，小亦不下数十家。此赀非从天降地出，悉小民之脂膏也（屠隆《鸿苞节录》卷二《藿语惩贪竞》）。

（丁）投献

民或苦于科敛，则以田投献于势豪，虽纳私租，可免国税。其中奸徒，往往藉势侵渔贫农，甚至己本无田，而诬指他人之田，带投以为利。

民之穷困，不特繇于有司之侵渔，亦多迫于势豪之横暴。盖官豪势要之家，其堂宇连云，楼阁冲霄，多夺民之居以为居也。其田连阡陌，地尽膏腴，多夺民之田以为田也。至于子弟恃气陵人，受奸人之投献，山林湖泺，夺民利而不敢言。当此之时，天下财货皆聚于豪势之家。若不严为禁治，小民之害何时而已也（《皇明经世文编》卷二五一王邦直《陈愚衷以恤民穷以隆圣治事》）。

凡诡寄投献等禁例，洪武初令，凡民间赋税自有常额，诸人不得于诸王、驸马、功勋大臣及各衙门，妄献田土、山场、窑冶，遗害于民，违者治罪。十五年，令各处奸顽之徒，将田地诡寄他人名下者，许受寄之家首告，就赏为业。十八年，令将自己田地移坵换段，诡寄他人，及洒派等项，事发到官，全家抄没。……正统九年奏准：顺天府所属地土有限，今后公、侯、驸马、伯等官在京年久及外夷人员，曾经拨地安插住坐者，不许奏讨田地（《大明会典》卷十七《户部四·田土》）。

投充名色，从古所无。……此事起于墨勒根王许各旗收投贫民，为役使之用。嗣则有身家、有土地者，一概投收，遂有积奸无赖，或恐圈地，而宁以地投；或本无地，而暗以他人之地投，甚且带投之地有限，而恃强霸占之弊端百出矣。借旗为恶，横行害人，所投之主原不尽知，但听投充之口护庇容纵，以致御状、鼓状、通状纷争，无不抗租。而豪户下以佃户抗租无米之田上供国家之赋，于是上户亦困，而诸无田不耕之人，又无虑十人而六七。荒形甫见，则徒手待哺之民遍郊野，是故苏、松之荒，较甚他郡县（《皇朝经世文编》卷四十三张海珊《甲子救荒私议》）。

（戊）钱粮

富民则纳贿窜田及丁于势绅之籍，以避粮徭，谓之诡寄。

田之不均，生自二豪。贵官多赂，富室多财。颛肥饶之区，擅山泽之利，富民又以余田窜仕籍业，贫民仕者优力役，贫者代输租，谚谓富人家谷，贫者官粟者也。富则曳丝被绮，侈以相竞；贫者衣食下同犬彘牛马，痛哉。近者有司立法均田，画丘计亩，三品征税。惜其负之胥吏，高下任心，众口称喧，尤为二豪扇摇，欲坏而罢之。旷代而举事，偶噎而废食，惜乎（《皇明经世文编》卷一五三崔铣《政议》）。

且此等人数，杂沓不齐，或市井逃食之辈，或丁多有力之家，以甲姓而影射乙名，以途人而诡充子侄；或一家三四人，或一人三四籍，躲避差徭，贪图粮赏，凭藉内府，骄炫乡邻。身不闲艺业而谓之高手上工，按月办苞苴，而谓应役不缺。弊端百出，难以悉陈。遂致司农乏计，而仓庾告空。有识寒心，而朝廷不觉（《皇明经世文编》卷一九二郑自璧《裁滥役以节京储疏》）。

稽诡（诡寄）、射（影射）之术有二：曰慎优免，曰考寄庄。夫优免免其本业耳，今则广收富人之财以射利。寄庄其广布者耳，今则借豪贵之名以隐差。至于投献有例，强占有禁，其法具存也（朱健《古今治平略》卷一《国朝田赋》）。

查得按属各州、县编审均徭，俱随各甲内原额丁田挨年编派。其法初未尝不善，但奸欲避重就轻，往往诡寄粮多甲下，而宦豪之家又花分子户，频年告免，更相影射，以致轻重愈失其平，法意盖荡然矣（《皇明经世文编》卷三五七庞尚鹏《题为均徭役以杜偏累民困事》）。

以粮言，豪绅即纳粮亦薄于常农，其买田也，必乘贫民急售之际，限以轻赋。于是贫农售田而留赋，田益狭，赋益重。

奸胥豪索，乘岁久，乱常赋之则，有司为名书，首尾莫之省。贫者敛日众，逃日众，而土日荒（《皇明经世文编》卷三一三林燫《赠节斋刘公之江西左辖序》）。

盖今天下田地不均，官民异则，狡狯之胥、豪悍之族，倍力为巧诈，飞走千形，秽诡万状。派于见在，谓之活洒；藏于逃绝，谓之死寄；分于子户，谓之带管；留于卖主，谓之包纳。有推无收，有总无彻，倏忽变幻，鬼不得而原也。至于富人，惮于征徭，割数亩之产，加数倍之赋，无直以免贫民。贫民逼于穷蹙，持难售之田，苟速售之利，减赋以邀富室，广狭轻重，杂乱混淆。富者田广而赋反轻，贫者田狭而赋反重；富者有公侯之资，贫者为狗彘之食。此所流徙遍山林，而盗贼难禁也（《皇明经世文编》卷三六六叶春及《较赋税因地定赋》）。

山阴、会稽、萧山诸县完纳钱粮，向有绅、民户之分。每正耗一两，绅户仅完一两六分至一两三四钱而止，民户则有完至二千八九百文或三四千文者（《皇朝经世文续编》卷三十左宗棠《核减绍属浮收钱粮疏》）。

以徭言，明初定制，每十年则里书造册，田多者为里长，任徭役。田少者为花户。又造《鱼鳞册》，以稽田额，法颇缜密。年久，田多易主，册遂漫漶不可稽。富者贿里书，捏立户名，谓之鬼户。以已田分隶其下，谓之飞洒。又有活洒、死寄、畸零、带管、悬挂、掏回、包纳、寄庄诸名色，使田数锐减，贫民反以田多充里长，应重徭。

《鱼鳞册》岁久漫漶，至亡失不可问。而田得买卖，粮得过都图，赋役册独以田从户，其巨室置买田产，遇造册，贿里书，有飞洒见在人户者，名为活洒。有暗藏逃绝户纳者，名为死寄。有花分子户不落眼者，名为畸零、带管。有留在卖户全不过割者，有过割一二石为包纳者，有全过割不归本户者，有有推无收、有总无彻名为悬挂、掏回者，有暗袭京官方面进士举人脚色捏作寄庄者（蔡方炳《广治平略》卷十七《田赋篇》）。

至钱粮包揽飞洒，以致历年拖欠，亦由户名不清、村庄不顺，所以里长虽行禁革，而变为圩头、图总、甲首种种名色，甚且有衿监吏胥暗占为缺者。盖浙俗粮册并无的姓的名，或子孙分析，承用诡名，至辗转授受，又联合数姓，报作一户，因而互相推诿，并不知为何人。或投托豪户名下代纳，任其侵蚀，无从稽考。又或一户之粮数人应交，而散居各处，别乡之人置产此地，而相隔窎远，于是滚单不能挨送，不得不用一熟悉根柢之人，令其查造传催。伊等既操其权，遂致从中舞弊。若按保甲之实户，问田产之坐落，以田产之的名，编行粮之图甲，挨庄顺序，户户可稽，则钱粮何从诡寄？抗欠何难追比乎（《皇朝经世文编》卷二十九徐鼎《请稽保甲以便征输疏》）。

一曰清户、柱、至、到。有田在山乡而粮在湖乡者，有东乡之人买西乡之田而粮仍拨入东乡者，有一粮户而数十花名者，有一两钱粮而分立数名者，其意欲混入积淹之册，希图蠲缓也，欲避大户之名而巧卸差徭也，更欲避堤头圩头之举而深畏相累也。更有田已典当而未杜卖过户，及催收钱粮，问之田主，田主曰已典当与某，问之当主，曰并未杜卖，仍须田主完粮，彼此相推，几乎无可捉摸。种种诡弊，皆逃亡故绝之源也（《皇朝经世文续编》卷三十胡林翼《札各州县论钱漕吏胥》）。

粮多者为富民，粮少者为贫民。今富者既多幸脱，承差者俱属穷黎，或逃或欠，下累里甲，上碍考成（《皇朝经世文编》卷三十曾王孙《勘明沔县丁银宜随粮行议》）。

夫里甲十年一定，田多佥里长，田少为花户，固矣。浙省各属，有等奸顽富民，串通本里册书，每于编审之年，捏立鬼户，飞洒田数，少者四五亩、五六亩不等，多不及十亩而止。田数既已无多，重役便已漏脱。及至临审缺额，反将贫民瘠产串立应充，是田多者以花分而得卸担，田少者以愚实而应重差，是皆册书舞弊，以致苦乐不均（《皇朝经世文编》卷三十柯耸《编审厘弊疏》）。

衙门吏书舞文坏法，或变乱丁粮，或洗改图册，或重轻罪名，或要索人犯。皂快下乡，或添帮挂搭，或拷掠良民，或骗诈货财，或凌辱妇女（吕坤《实政录》卷三《民务有司杂禁附》）。

此其弊莫甚于丁，而丁之害莫甚江以北、淮以南，何者？区方百里以为县，户不下万余，丁不下三万。其间农夫十之五，庶人在官与士夫之无田及逐末者十之四，其十之一则坐拥一县之田，役农夫尽地利，而安然食租衣税者也。举一县之丁课，征什一于富民，宽然则有余。其十之九非在官则士夫也，否则逐末者也，其最下则农夫之无田者也。彼既以身役于官，焉能复办一丁？士夫既委身朝廷，亦当不附此例。逐末者贸迁无定，且骫于法外，以求幸免，势必以十九之丁，尽征之无田之贫民而止。贫民方寄食于富民之田，值丰岁，规其赢羡以给妻子，日给之外，已无余粒。设一遭旱潦，尽所有以供富民之租犹不能足，既无立锥以自存，又鬻妻子为乞丐以偿丁负。为吏者上格于国课，下迫于考成，且为剜肉补创之计，鞭棰囚系，忍见其转死流亡，故逋赋愈多，而贫民愈困（《皇朝经世文编》卷三十盛枫《江北均田说》）。

粮赋之外，又有实物之赋。所取无方，惟吏所需。徭役之外，又有工徒之役，挑河供车，惟吏所使。又有坐派、加派、加耗种种名目。苏、常田赋本重，民尤苦之。及新谷上场，又敛银为赋，非田所出，农民必贱售其谷以纳租。

今日之农，不苦于赋，而苦于赋外之赋；不苦于差，而苦于差外之差。何谓赋外之赋？即如江南扬州府属，国家正赋每亩二钱四分五厘零，田有高下，约数亩折一亩，每亩纳银不过四五分，其取之于民者，固有定则矣。今也不然，船厂、炮厂须用铁，则赋；筑河堤须用夯木，则赋；决口卷扫须用稻草，则赋；下桩须用柳，则赋；扎扫须用白麻，则赋。夫民以其土之所有为上用，犹易办耳，若采铁于不出铁之乡，责麻于不产麻之地，旱暵草枯，水涝木坏，徒肆苛索，只费缗钱，或倍价以相鬻，或干折以幸免，岁凡数供，追呼不息，此苦于赋外之赋也。何谓差外之差？国家《赋役全书》定为经制，是赋中已兼有役。今臣见扬州府江都县，每岁一里贴浅夫工食银二十四两，则田已役其二矣。顷河流溃决，复按亩起夫，则田已役其三矣。挑河夫之外，又有帮工夫，则田已役其四矣。四役之不已，而又有所谓庄差。庄差者，取之耕田之穷农也。农夫代人出力以耕田，其所耕之田，即里地已起差之田也。在里地起差者此田，今起庄差者亦此田，即令田系农夫所自有，而田已在里地起差之内，若更加以庄差，不一田而二差也哉？自庄差之名一设，则有供土船之害，有供土箩土基之害，有供车辆之害，卖妻鬻女，尚不足以应其求；敲骨擢筋，惟恐不获终其役。嗟！此疲劳告瘁之民，即我皇上捐赈啜哺之民也。差一及身，进无以邀廪饩，退不能就粥糜，有转死沟壑已耳。此苦于差外之差也（《皇朝经世文编》卷二十八许承宣《赋差关税四弊疏》康熙十九年）。

方今山林川泽，悉入征输。夏税秋粮，各有岁额。舳舻千里，飞挽穷年，其所以充边储而供国用者，既有成规矣。频年以来，倭虏为患，此外复有坐派、加派之名，养马、养兵之费，而当事臣工，权宜议处。至于赃罚、商税、寺产、事例、度牒、引钱，所以搜括之者，亦既无不尽矣（《皇明经世文编》卷三六七李邦义《足国裕民疏》）。

自唐宋来，天下赋江南居十九，浙东、西居江南十九，而苏、松、常、嘉、湖又居浙东、西十九，实当江南州、府、县之半。盖由平吴之日，籍诸豪族田没入官，而按其家入私簿为税额征，意独以示惩。后三年，而苏逋税至三十余万。……于是创为平米法，官民田亩，皆画一加耗（朱健《古今治平略》卷一《国朝田赋》）。

今来关中，自鄠以西，至于岐下，则岁甚登，谷甚多，而民且相率卖其妻子。至征粮之日，则村民毕出，谓之人市。问其长吏，则曰一县之鬻于军营而请印者，岁近千人。其逃亡或自尽者，又不知凡几。何以故？则有谷而无银也，所获非所输也，所求非所出也（顾炎武《亭林文集》卷一《钱粮论上》）。

收粮时，胥吏因缘为奸，开仓坐派，催科收解，无不丛弊。

地粮诡寄何以收归一人，欺隐何以查复原额，荒闲之地何以勘实，死逃之丁何以除补（吕坤《实政录》卷三《民务有司杂禁附》）。

今也贵贱不均，升擦未确，豪猾通积书而增升减合，里老瞒官府而卖富差贫，数亩之田，差名种种，一人之税，赤历纷纷。官不得其要领，民不知其精详，甚者暗增千百，十诡二三，此坐派之奸也。里老骗收，花户重纳，花户逋慢，大户包赔。差催人众，则钱粮止足供贿赂之资；地户星居，则里排日疲于奔走之役。比限不分多寡，一体鞭扑；豪猾竟不到官，专责下户。或死丁荒地逼见在摊包，或诡隐田粮致甲中受累，则催科之混也，民间辏办粜卖为多，律法征收定于熟月，今有司无有不催科矣。虽各项差粮日用刻期，而青黄不接势必称贷。又有司终年比较，里老终年催征，花户终年办纳，大户终年坐柜，则开仓之害也。及纳银到官，垂涎于大户之多收者，巧名取派，借口于有司之需索者，横肆增添，有暗加一明加二者。既重取于小民，又轻给于解役，甚者无银而空文起解，或经岁而不问批收，此收解之弊也。其他编审头役或倾人之家，耗费里甲或逼人之命，累苦者独不见知，奸巧者公然得志（吕坤《实政录》卷六《风宪约宪纲十要》）。

其径纳粮料者，多方刁措，必餍其欲。

弘治以后……各款粮料……俱令小民运送内府，以故内官军校视彼为奇货，多方刁措，百计需求。有白粮一石，加至二三石，乃能上纳。各项物料，倍出三四百两，始得批回。解粮之人，费逾常数，不得不称贷赔纳，轻则落产，重则丧身。虽有禁例，谁敢与内臣抗辩（《皇明经世文编》卷三六七王得春《摅明诏罄愚衷疏》）。

(己)逃户

农民不胜重敛，弃田而逃。吏则以逃者之赋，摊于留者，以足其额。留者赋愈重，逃者日愈多。

一里百户，一岁之中，一户惟出一户税可也。假令今年逃二十户，乃以二十户税，摊于八十户中，是四户而出五户税也。明年逃三十户，又以三十户税摊于七十户中，是五户而出七户税也。又明年逃五十户，又以五十户税摊于五十户中，是一户而出二户税也。逃而去者遗下之数日增，存而居者摊与之数日积，存者不堪，又相率以俱逃，一岁加于一岁，积压日甚，小民何以堪哉？非但民不可以为生，而国亦不可以为国矣。为今之计奈何？曰：李渤谓尽逃户之产税，不足者免之，是固然矣。然民虽去而产则存，宜斟酌具为常法，每岁十月以后，诏布政司委官一员，于所分守之地亲临州、县，俾官吏里胥各具本县本里民数，逃去开除者若干，移来新收者若干，其民虽逃，其产安在，明白详悉开具，即所收以补所除，究其产以求其税。若人果散亡，产无踪迹，具以上闻，核实除免，如李渤所言，绝摊逃之弊（丘濬《大学衍义补》卷二十二）。

凡逃户，洪武二十三年，令监生同各府、州、县官，拘集各里甲人等，审知逃户，该县移文，差亲邻里甲于各处起取，其各里甲下或有他郡流移者，即时送县，官给行粮，押赴原籍州、县复业。永乐十九年，令原籍有司覆审逃户。如户有税粮，无人办纳，及无人听从军役者，发回。其余准于所在官司收籍，拨地耕种，纳粮当差，其后仍发回原籍。有不回者，勒于北京为民种田（《大明会典》卷十九《户部六·户口一》）。

臣见自今年以来，差繁赋重，财尽民穷。……丁户已绝，尚多额外之征；田土虽荒，犹有包摊之累。里甲浪费，而日不聊生；刑罚过严，而肌无完肤。民不能堪，往往流转他处，以全性命（《皇明经世文编》卷二五一王邦直《陈愚衷以恤民穷以隆圣治事》）。

迨至宣德、正统、天顺、成化年间，民困财竭，一遇大荒，流移过半。上司不知行文，有司不行招抚，任彼居住，诡寄附籍。南方州、县多增其里图，北方州、县大减其人户，军匠消耗，率由于此。年远者卒难得回，近逃者尚可招抚，若不申明旧制，着实举行，诚恐数十年后，逃移税粮并于见在人户赔纳，日加困苦，无以聊生，诚非治道之所宜也（《皇明经世文编》卷六十二马文升《抚流移以正版籍疏》）。

以今日言之，荆襄之地田多而人少，江右之地田少而人多，江右之人大半侨寓于荆湖，盖江右之地力所出，不足以给其人，必资荆湖之粟以为养也。江右之人群聚于荆湖，既不供江右公家之役，而荆湖之官府亦不得以役之焉，是并失之也。臣请立为通融之法，凡江右之民寓于荆湖，多历年所，置成产业者，则名以税户之目。其为人耕佃者，则曰承佃户。专于贩易佣作者，则曰营生户。随其所在，拘之于官，询其所由，彼情愿不归其故乡也，则俾其供词，具其邑里，定为板册。见有某人主户，见当某处军匠，明白详悉，必实毋隐，然后遣官赍册，亲诣所居。供报既同，即与开豁所在郡邑，收为见户，俾与主户错居共役，有产者出财，无产者出力。如此通融，两得其便（《皇明经世文编》卷七十二丘濬《江右民迁荆湖议》）。

万历时，通行一条鞭法，人民称便。

而征一法、一条鞭、纲银诸法……异名而同实，民咸称便。征一法者，都御史欧阳铎抚南畿时督储法也。铎督十郡粮储，曰："吾不虞他七郡，独虞苏、松、常，而最甚者苏。夫苏漕饷天下半，即不裕，当如国计何？厥田虽有上下，然独伯季耳。季亩仅五升，而伯至十五倍之，如苏何？"既而曰："版籍粮亩业不可擅变，而加耗岁会固巡抚之所职也。昔周文襄据田以行法，吾当因法以补田。令府、州、县各总其亩之额，而丈量田以正亩，括其征米征银之凡，而计亩均输之。"乃请于帝，科则不易其旧，而比其最重者与其最轻者，稍以耗损益推移之，重而不能尽损者，为递减耗米派轻赍折除之。以阴见轻，轻而不能加益者，为征本色递增耗米加乘之。以阴见重，诸推收田者，从圩不从户，田为母，人为子，奸巧无所容而逃窜渐复。又令民岁以田出缗钱雇役，毋得仍十年前之旧。裁省邮置滥费，定收约例，凡数十百条，与苏郡守王仪推行之。日征一法，于是诸郡粮虽不得减而得均。纲银举民间应役岁费，丁四粮六，总征之在官，法易知不繁，犹网有纲，一举而尽也。一条鞭法者，通州、县一岁中，夏税、秋粮存留起运额若干，均徭里甲土贡雇募加银额若干，通为一条总征而均支之也。其征收不输甲，通一县丁粮均派之，而下帖于民，备载一岁中所应纳之数于帖，而岁分六限纳之官，其起运完输若给，皆官府自支拨，大都不杂出名色，吏无所措手，人知帖所载。每岁并输，可省粮长收头诸费，利固不可胜言矣（蔡方炳《广治平略》卷十七《田赋篇》）。

清康熙五十年定丁额后，不复加丁赋。雍正时摊丁入亩，通谓地丁，民始免徭役之苦。

丁口之输赋也，其来旧矣。至我朝雍正间，因各疆吏奏请，以次摊入地亩，于是输纳征解，通谓之地丁，或曰丁随地起。……我朝丁徭素薄，自康熙五十年定丁额之后，滋生者皆无赋之丁。凡旧时额丁之开除既难，必本户适有新添可补，则转移除补，易至不公。惟均之于田，可以无额外之多取，而催科易集。其派丁多者，必其田多者也。其派丁少者，亦必有田者也。保甲无减匿，里户不逃亡，贫穷免敲扑，一举而数善备焉（王庆云《熙朝纪政》卷三《纪丁随地起》）。

然官吏之不肖者，仍有加粮之事，时酿巨案。清末四川东乡案，其著者也。

光绪初，四川有东乡县抗粮案。知县孙定扬，每钱粮一两加收制钱三百文，乡民袁腾蛟纠众抗粮，定扬以叛案报省。护督文格命署川东镇总兵李有恒往剿，有恒滥杀无辜多命，腾蛟数次京控，后经总督丁宝桢结案，孙、李二人遣戍。张之洞前为四川学政时，按试绥定，生童皆不作文而诉冤状，故之洞知其事甚稔。至是乃出弹章，谓滥杀由于报叛，报叛由于抗粮，抗粮由于加赋，一时传诵，之洞由此显名，以至大用。朝命恩承童华往四川查办，改处孙、李皆斩。予童时曾见钞本《东乡案》一厚册，今不忆作何语矣。恩童兼查御史指参宝桢官盐都江堰机器等事，得贿十六万金，文格、宝桢处分皆轻。未几，阎敬铭特参恩童沿途需索有据，亦遭严议。阎盖为宝桢报复也（《松堪小记》）。

(2)工业

(甲)工人

百工

百工制器，自人常日用以至美术品，多自货卖，所谓百工居肆是也。或居家或负担以觅售，非兴贩而实兼商，其数远过于行商。

今天下财货聚于京师，而半产于东南，故百工技艺之人，亦多出于东南，江右为伙，浙、直次之，闽、粤又次之。西北多有之，然皆衣食于疆土，而奔走于四方者亦鲜矣。今辇毂之下，四方之人咸鳞集焉。其在官者，国初以工役抵罪，编成班次，有五年、四年一班者，有三年、二年、一年一班者，其造作若干，成器若干，廪饩若干，皆因其多寡大小而差等之，精粗美恶亦然。此其大率也。自后工少人多，渐加疏放，令其自为工作，至今隶于匠籍。若闾里之间，百工杂作，奔走衣食者尤众。以元勋、国戚、世胄、貂珰，极靡穷奢，非此无以遂其欲也（张瀚《松窗梦语》卷四《百工纪》）。

工艺之家，男女或尽弃耕织不务，而施奇技淫巧，为服用之物，以渔厚利，纵多费工力，而无益于实用。农夫竭一家之利者，或不足以当其一夫之获；积一岁之收者，或不足侔其一旦之售（《皇明经世文编》卷十二王叔英《资治策疏》）。

竹与漆与铜与窑，贱工也。嘉兴腊竹王二之漆竹，苏州姜华雨之箓竹，嘉兴洪漆之漆，张铜之铜，徽州吴明官之窑，皆以竹与漆与铜与窑名家起家，而其人且与缙绅先生列坐抗礼焉（张岱《陶庵梦忆》卷五《诸工》）。

吴中绝技陆子冈之治玉，鲍天成之治犀，周柱之治嵌镶，赵良璧之治梳，朱碧山之治金银，马勋、荷叶李之治扇，张寄修之治琴，范崑白之治三弦子，俱可上下百年，保无敌手。但其良工苦心，亦技艺之能事（张岱《陶庵梦忆》卷一《吴中绝技》）。

南京濮仲谦……技艺之巧，夺天功焉。其竹器，一帚一刷，竹寸耳，勾勒数刀，价以两计。然其所以自喜者，又必用竹之盘根错节，以不事刀斧为奇，则是经其手略刮磨之，而遂得重价，真不可解也。仲谦名噪甚，得其款，物辄腾贵（张岱《陶庵梦忆》卷一《濮仲谦雕刻》）。

雍正元年（一七二三年）五月戊戌，谕："……山西平定州等处，山多田少，粒食恒艰，小民向赖陶冶器具，输运直省易米，以供朝夕。"（《清世宗实录》卷七）

湖南之邵阳、武冈、慈利、安化、永定等州、县铁矿，俱系各该居民农隙自刨，以供农器。间有产铁旺盛之芷江县，挑往邻邑售卖（《皇朝文献通考》卷三十《征榷考》）。

一妇之手，岁可断百匹。……一亩之桑，获丝八斤，为紬二十匹。夫妇并作，桑尽八亩，获丝六十四斤，为紬百六十匹。严氏故有土一亩，易桑损十五，以食三口，岁余半资（《皇朝经世文编》卷三十七唐甄《惰贫》）。

查江南苏、松两郡最为繁庶，而贫乏之民，得以俯仰有资者，不在丝而在布。女子七八岁以上即能纺絮，十二三岁即能织布。一日之经营，尽足以供一人之用度而有余（《皇朝经世文编》卷三十六尹会一《敬陈农桑四务疏》）。

常郡五邑……棉布之利，独盛于吾邑（无锡）。……乡民食于田者，惟冬三月。……春月则阖户纺织，以布易米而食，家无余粒也。……及秋，稍有雨泽，则机杼声又遍村落，抱布易米以食矣。故吾邑虽遇凶年，苟他处棉花成熟，则乡民不致大困（黄印锡《金识小录》卷一《力作之利》）。

江南膏腴之壤，植木棉，女红惟布为多。……而织妇最为勤苦，碾弹纺绩，工亦劳矣。而一布之值，不敌匹帛之什一，工多利少，不足以供口食，季女斯饥，良不免矣（《皇朝经世文编》卷三十七郭起元《布帛赢缩说》）。

松有劳纴之利……功归女子。……晓星芒芒，夜灯煌煌。人在睡乡，非官非商。万机齐张，哑哑似语。咿咿是诉，声苦心宽。明日卖布……绚缕十尺，赢钱一百。积一机之勤，疲一女之力，月可取布三十丈焉（《皇朝经世文编》卷二十八钦善《松问》）。

官工（匠）

隋唐工以番上，明谓之班匠。初以罪人为之，继则班选天下匠人，入都输作，编为匠籍，子孙亦得应试仕宦。后以人苦匠役，改为征银以代役。

凡轮班人匠，洪武十九年（一三八六年），令籍诸工匠，验其丁力，定以三年为班，更番赴京，输作三月，如期交代，名曰轮班匠。仍量地远近，以为班次，置勘合给付之。至期赍至部，听拨，免其家他役（《大明会典》一八九《工部》）。

洪武二十六年（一三九三年），定凡天下各色人匠，编成班次，轮流将赍原编勘合为照上工，以一季为满，完日随即查原勘合及工程，明白，就便放回，周而复始。如是造作数多，输班之数不敷，定夺奏闻。起取撮工，本户差役，定例与免二丁，余丁一体当差。设若单丁重役，及一年一轮者，开除一名。年老残疾户无丁者，相视揭籍，明白，疏放。其在京各色人匠，例应一月上工一十日，歇工二十日。若工少人多，量加歇役。如是输班各匠，无工可作，听令自行趁作。又奏准：照诸司役作繁简，更定班次，率三年或二年轮，当给与勘合。凡二十三万二千八十九名，计各色人匠一十二万九千九百八十三名（《大明会典》卷一八九《工部》）。

轮班人匠简表

班期	匠色	名数	备注
五年一班	木匠	三万三千九百二十八名	
	裁缝匠	四千六百五十二名	
四年一班	锯匠	九千六百七十九名	
	瓦匠	七千五百九十名	
	油漆匠	五千一百三十七名	
	竹匠	一万二千七百八名	
	五墨匠	二千七百五十三名	
	妆銮匠	五百七十三名	
	雕銮匠	五百二名	
	铁匠	四千五百四十一名	
	双线匠	一千八百九十九名	
三年一班	土工匠	一千三百七十六名	
	熟铜匠	一千二百四名	
	穿甲匠	二千五百七名	
	搭材匠	一千一百一十二名	
	笔匠	一百二十名	
	织匠	一千四十三名	
	络丝匠	二百四十名	
	挽花匠	二百九十一名	
	染匠	六百名	

续表

班期	匠色	名数	备注
二年一班	石匠	六千一十七名	
	艌匠	九千三百六十名	
	船木匠	一万五百六名	
	箬蓬匠	四百七十七名	
	橹匠	三十九名	
	芦蓬匠	二十二名	
	戗金匠	五十四名	
	绦匠	一百四十九名	
	刊字匠	一百五十名	
	熟皮匠	九百九十二名	
	扇匠	六十六名	
	魫灯匠	七十五名	
	毡匠	二百九十九名	
	毯匠	一百五十八名	
	卷胎匠	一百九名	
	鼓匠	一百二名	
	削藤匠	四十八名	
	木桶匠	九十四名	
	鞍匠	一十三名	
	银匠	九百一十四名	
	销金匠	五十九名	
	索匠	二百五十五名	
	穿珠匠	一百四名	

续表

班期	匠色	名数	备注
一年一班	表背匠	三百一十二名	
	黑窑匠	二千三百七十三名	
	铸匠	一千六十名	
	绣匠	一百五十名	
	蒸笼匠	二十三名	
	箭匠	四百二十一名	
	银朱匠	八十四名	
	刀匠	一十二名	
	琉璃匠	一千七百一十四名	
	𨱔磨匠	一千一百二十五名	
	弩匠	一百一十二名	
	黄丹匠	二十二名	
	藤枕匠	三十四名	
	刷印匠	五十八名	
	弓匠	一百六十二名	
	镟匠	四十六名	
	缸窑匠	一百九名	
	洗白匠	三十名	
	罗帛花匠	六十九名	

宣德元年（一四二六年），诏："凡工匠户有二丁、三丁者留一丁，四丁、五丁者留二丁，六丁以上者留三丁，余皆放回。俟后更代，单丁量年久

近，次第放回。残疾老幼及无本等工程者，皆放回。”（《大明会典》卷一八九《工部》）

凡班匠征银，成化二十一年（一四八五年），奏准：轮班工匠，有愿出银价者，每名每月，南匠出银九钱，免赴京，所司类赍勘合，赴部批工。北匠出银六钱，到部随即批放。不愿者仍旧当班（《大明会典》卷一八九《工部》）。

弘治十八年（一五〇五年），奏准：南北二京班匠，自弘治十六年编填勘合为始，有力者每班征银一两八钱，遇闰征银二两四钱，止解勘合到部，批工领回给散。无力者每季连人匠勘合解部，投当上工，满日批放。如无勘合者，虽纳匠价，仍解人赴部，查理勘合下落。其已征在官匠价，尽行解部。若有存留，那前补后，计赃论罪，年终通将征解过数目，造册奏缴（《大明会典》卷一八九《工部》）。

嘉靖四十一年（一五六二年），题准行各司府，自本年春季为始，将该年班匠，通行征价类解，不许私自赴部投当。仍备将各司府人匠总数查出，某州、县额设若干名，以旧规四年一班，每班征银一两八钱，分为四年，每名每年征银四钱五分，算计某州、县每年该银若干，抚、按官督各州、县官，各年征完类解，不许拖欠。年终造册类缴，分别已未完等第参究。计各省府班匠共一十四万二千四百八十六名，每年征银六万四千一百一十七两八钱（《大明会典》卷一八九《工部》）。

各省府班匠征银简表

地域	班匠额	征银额
浙江	三万九千五百四十六名	一万七千八百两六钱五分
河南	一万八千四名	四千五百九十八两五钱
山东	二万二千三百六十二名	一万七十两五钱五分

续表

地域	班匠额	征银额
山西	一万六千二百一名	七千二百七十九两二钱
陕西	一万六百八十五名	四千七百六十两六钱五分
应天府	二千五百九十五名	一千一百六十七两七钱五分
苏州府	八百八十四名	三千九百七十八两
松江府	四千二百八十六名	一千九百二十八两七钱
常州府	二千一百二十名	九百五十四两
镇江府	一千七百八十九名	八百五两五分
徽州府	三千六十六名	一千三百七十九两七钱
宁国府	一千二百二十八名	五百五十二两六钱
池州府	四百七十八名	二百一十五两一钱
太平府	一千六百八十一名	七百五十六两四钱五分
安庆府	二千七十五名	九百三十三两七钱五分
广德府	八百五十一名	三百八十六两一钱
庐州府	二千一百一名	九百四十五两四钱五分
凤阳府	一千六百四十一名	七百三十八两四钱五分
淮安府	一千九百五十九名	八百八十一两五钱五分
扬州府	二千四百二十名	一千八十九两
徐州	九百四名	四百六两八钱
滁州	五十六名	二十五两二钱
和州	一百五十六名	七十两二钱
顺天府	一千六百一十四名	七百二十六两三钱

续表

地域	班匠额	征银额
永平府	三百四十名	一百五十三两
保定府	九百七十一名	四百三十六两九钱五分
河间府	四百名	一百八十两
顺德府	二百三十四名	一百五两三钱
广平府	二百四十三名	一百九两三钱五分
真定府	八百二名	三百六十两九钱
大名府	七百一名	三百一十五两四钱五分
附记	湖广、四川、两广、云贵、福建、江西各省班匠，隶南京工部。凡南京工部各色班匠，江西布政司起送三万九千五百五十五名，湖广一万三千二百四十四名，福建六千八百九十六名。	

凡住坐人匠，永乐间，设有军民住坐匠役（《大明会典》卷一八九《工部》）。

洪武二十四（一三九一年），令工匠役作内府者，量其劳力，日给钞贯。永乐十九年（一四二一年），令内府尚衣、司礼、司设等监，织染、针工、银作等局，南京带来人匠，每月支粮三斗，无工住支（《大明会典》卷一八九《工部》）。

宣德九年（一四三四年），令内官监工匠月支粮五斗，上工之日，光禄寺仍给饭食。……景泰元年（一四五〇年），令在京各监局及各厂上工军匠，光禄寺不关饭者，月支米一石，关饭者五斗。三年（一四五二年），令兵仗局攒造军器，军匠仍支米五斗，民匠四斗。天顺元年（一四五七年），令司设监各色军匠，月支米五斗（《大明会典》卷一八九《工部》）。

成化九年（一四七三年），令高手人匠，行锦衣卫镇抚司带管，月支粮一石，岁给冬衣布花，送监上工，仍于光禄寺日支粳米八合（《大明会典》卷一八九《工部》）。

清初，首除匠籍，征银改入条编，需用官匠，各给工资。

顺治二年（一六四五年），题准：除豁直省匠籍，免征京班匠价。十五年（一六五八年），议准：京班匠价仍照旧额征解。康熙三年（一六六四年），定班匠价银，改入条编内征收（《大清会典事例》卷九五二《工部》）。

监匠役，内务府存留外，其余工匠仍隶工部（《大清会典事例》卷九五二《工部》）。

雍正元年（一七二三年），题准：实在存留各项食粮匠役定额，营缮司木匠、锯匠、石匠、瓦匠、土作匠、五墨匠、油匠、钉铰匠、雕銮匠、菱花匠、铜丝网匠、桶匠各二名，搭材匠四十二名，琉璃匠十有五名，裱匠、铸匠各一名，每名月支米七斗五升；铁匠一名月支米三斗；木仓夫、马圈夫各二名，马馆夫一名，张家湾木厂夫八名，每名月支米三斗，每斗折银一钱三分（今增黄布城库丁四名）；虞衡司军器火药局首领二名，每名月支米一石，折银一两三钱；安民厂库丁四名，濯灵厂库丁十名，盔甲厂库丁一名，每名月支米三斗；安定门左翼炮局库丁六名，德胜门右翼炮局库丁六名，戊、丁二库库丁各二名，军需库库丁八名，每名月支银五钱；网匠六名，木匠三名，东珠匠二名，裁缝匠一名，每名月支米七斗五升；养马人役九名，每名月支银四钱五分，米九斗；都水司裱匠、丝网匠各三名，刻字匠、刷印匠、车子匠各二名，刻石匠、楠木匠、镫匠、染纸界画匠各一名，采子匠八名，裁缝匠六名，每名月支米七斗五升；窖役四十名，每名月支米五斗；库役一名，渡船夫十有六名，每名月支米三斗；桥夫二十名，每名月支米七斗五升；屯田司作管八名，每名月支米五斗，银一两；西厂巡役二名，南厂巡役六名，每名月支米三斗；宝源局皂隶三名，余丁二十名，每名月支米三斗；节慎库库丁二十名，月支银五钱。以上工匠夫役银米，皆咨户部按册给发（《大清会典事例》卷九五二《工部》）。

雍正元年（一七二三年），定各项匠役每工给银一钱八分，冬月给银一钱四分，夫役仍旧。又定各项食粮匠役，遇有工程，每日支银七分。三年（一七二五年），定食粮工役，遇有工程，日支银六分（以上匠役工价，每银一两，折给制钱千文。〔《大清会典事例》卷九五二《工部》〕）。

乾隆元年（一七三六年），议准：各匠工价，旧例长工每日给钱百八十文，短工给钱百四十文。今核定：无论长、短工，给钱百五十四文。搭材匠，长工每日给钱百七十文，短工给钱百四十文，今无论长、短工，给钱百四十文。夯硪夫，旧例日给钱百三十文，今核定给钱百文。壮夫，长工日给钱八十文，短工日给钱六十文，今无论长、短工，给钱七十五文。食粮匠，照旧日给钱六十文（《大清会典事例》卷九五二《工部》）。

（乙）工之组织

行

明清纪载行作者少，然宋明相去不远，吴自牧《梦粱录》所列团行名称，有至今未改者，知数百年间风俗变动甚少。约束同业者谓之行规，由行定价者谓之行市，聚众要求增加工资者谓之齐行。齐行之名，其来甚早，今尚有之。手艺人之会所，则通称为行会。

工役之人或名为作分者。……又有异名行者。如……钻珠子者名曰散儿行，做靴鞋者名双线行（吴自牧《梦粱录》卷十三《团行》）。

凡顾倩人力及干当人，如解库、掌事、贴窗、铺席、主管、酒肆食店博士、铛头、行菜、过买、外出、鬖儿、酒家人师公、大伯等人。又有府第宅舍，内诸司都知、太尉、直殿、御药、御带、内监寺厅分、顾觅大夫、书表司厅子、虞候、押番、门子、直头轿番、小厮儿、厨子、火头、直香灯道人、园丁等人，更有六房院府判提点，五房院承直太尉，诸内司殿管判司幕士、六部朝奉、顾倩私身轿番、安童等人，或药铺要当铺郎中、前后作、药生作，下及门面铺席、要当铺里主管后作，上门下番当直安童，俱各有行老引领。如有逃闪将带东西，有元地脚保识人前去跟寻。如府宅官员豪富人家，欲买宠妾、歌童、舞女、厨娘、针线供过、粗细婢妮，亦有官私牙嫂，及引置等人。……或官员士夫等人，欲出路、还乡、上官、赴任、游学，亦有出陆行老，顾倩脚夫、脚从，承揽在途服役，无有失节（吴自牧《梦粱录》卷十九《顾觅人力》）。

甚矣工人之贫也。时钱贱物价贵，工人倡为齐行，所争者微，所聚者众（周晖《琐事剩录》卷四《工人齐行》）。

当慈禧太后垂帘听政之时，网罗珠玉，多不胜计，是为玉器业务全盛时期，而行会创立即始于此。玉器行供有祖师，系一道士，称为邱祖。相传能捏玉如面，可作任何形状，故奉之为祖师（《北平市工商业概况·玉器业》）。

关于建筑各厂商之团体组织，在从前乾嘉年间，曾有鲁班会（《北平市工商业概况·建筑业》）。

平市成衣铺……凡挂“成衣”二字招牌者，皆承做中式衣服。……组有成衣行会，以三皇为祖师。往者每年开会时……公议行规（《北平市工商业概况·成衣业）》。

北平操绦带业者……于乾隆年间，即已立有行会。每年旧历三月十五日，同行各家必集会一次，以为盛举（《北平市工商业概况·绦带业》）。

当前清时，都中较大之香烛店，均自设有工厂，制造香烛。……此业向有行会（《北平市工商业概况·香烛业》）。

明嘉靖、万历间，苏州织工及浮梁陶工之变，皆佣工所首倡。

葛贤者，昆山人。以织缯赁工于郡城。辛丑（万历二十九年）六月，有奸民具呈于孙税监曰，愿立新法，凡缯之出市者，每匹纳银三分方许市，某等愿效力司其事。列于富室，贷重资行贿于税监。计垂成，税监已出市，行有日矣。众织工及市缯家皆苦之，莫可为计。贤挺身曰："吾当为首，为吴民剿乱。"相率数十人，入玄妙观，定约曰："若辈举动，皆视吾手中芭蕉扇所指。"众曰："诺。"于是先往具呈，入汤某、徐某家殴杀之。继往丁少参元复家及富室归某家，皆火其居，为其出贷重资于市棍也。且禁不得掠一毫财物。又分投往阊胥二门外，凡税官之在地方者，尽殴杀之。身往见府公曰："愿得孙税（监）而甘心焉。"府公但以好言慰止之，不敢问。及次日，众犹不散，曰："必欲得税监乃已。"于是孙召集卫军及地方兵勇，扬兵示威以为备。贤等亦聚众趋税监门，幸与兵不相遇，日暮各散。税监得乘间护送逸去入杭。贤乃投狱，府公问所欲，曰："夜多蚊，只求蚊帐一顶足矣。"狱中人及外人之好事者多义之，往往携酒脯劳之无虚日。贤亦自分必死，乃奏下竟得宽旨，至今在狱无恙，亦异数也（沈瓒《近事丛残》）。

（嘉靖二十年）六月辛酉，初，江西乐平县民，尝佣工于浮梁，岁饥艰食，浮梁民负其佣直，尽遣逐之，遂行劫夺。二邑凶民，遂各结党千余，互相仇杀（《明世宗实录》卷二五〇）。

万历二十九年（一六〇一年）九月，江西浮梁县景德镇民变，冤民万余，欲杀矿监潘相，烧焚厂房。通判陈奇可力行晓谕乃散，奇可反以诬参被逮（《定陵注略》卷五《军民激变》）。

作坊

或曰作，或曰作分，或曰作坊，至今犹沿此称。皆有工人，而以机房规模为较大。其事非外行所能，故主持者往往亦须劳作。

工役之人或名为作分者，如碾玉作、钻卷作、篦刀作、腰带作、金银打钑作、里贴作、铺翠作、裱褙作、装銮作、油作、木作、砖瓦作、泥水作、石作、竹作、漆作、钉铰作、箍桶作、裁缝作、修香浇烛作、打纸作、冥器作等分。……花作所聚奇异，飞鸾走凤……极其工巧（吴自牧《梦粱录》

卷十三《团行》）。

杭东城机杼之声，比户相闻。郎仁宝云，起于褚河南九世孙载善织作绫锦。……其中一二供尚衣之匠，花样有为西湖十景全图者（厉鹗《东城杂记》卷下）。

织作，在东城，比户习织，不啻万家。工匠各有专能，计日受值。匠或无主，黎明林立以候相呼，名曰唤找（《元和县志》卷十六《物产》）。

骁骑营一带，小衖曲巷。……机户最多，三五成邻（甘熙《白下琐言》卷四）。

蚕桑盛于苏、浙……惟织工推吾乡为最。入贡之品，出自汉府。民间所产，皆在聚宝门内东西偏，业此者不下千数百家，故江绸贡缎之名甲天下。剪绒则在孝陵卫，其盛与绸缎埒（甘熙《白下琐言》卷八）。

道光庚子，（甘）静斋……雇觅织工来省，捐资备办棉纱，于孝陵卫一带设机织布，令绒织失业男妇习之。价廉工省，日用必需……洵百世之美利也（甘熙《白下琐言》卷八）。

县治东南城内，业杼织者数百家，谓之机房。前清盛时，供全省之用，并销陕、甘、云、贵。先后所制，有蜀锦、天孙锦、卍字锦、云龙锦、芙蓉锦诸目（《民国华阳县志》卷三十四《物产三》）。

织绉机房多在治城外，今亦半不存焉（《民国华阳县志》卷三十四《绉》）。

旧制一户所领之机，不得逾百张，以抑兼并。过则有罚。逮曹尚衣寅，奏免额税，其禁遂弛。乾嘉间，通城（金陵）机以三万计，其后稍稍零落，然犹万七八千。……开机之家，谓之帐房。机户领织，谓之代料。织成送缎，主人校其良楛，谓之雠货。其织也，必先之以染经，经以湖丝为之。经既染，分散络工，络工贫女也。日络三四窠（丝曰片，经曰窠，百窠为一桩），得钱易米，可供一日食。……经篗交齐，则植二竿于前，两人对牵之，谓之牵经。牵毕即上机接头，新旧并系，两端相续，如新置之机。无旧头可接，则必先捞范子，然后从交竹中缕缕分出，一丝不乱，谓之通交，而织工乃有所藉手矣（陈作霖《凤麓小志》卷三《记机业》）。

染坊则在柳叶街船板巷左近，盖秦淮西流水以之漂丝，其色黝而明，尤于玄缎为宜。犹之镇江大红、常州果绿、苏州玉色、西湖杭色，皆迁地弗能为良也（陈作霖《凤麓小志》卷三《记机业》）。

按王宗沐《江西大志》，广信府纸槽，前不可考。自洪武年间，创于玉山一县。至嘉靖以来，始有永丰、铅山、上饶三县，续告官司，亦各起立槽房（《江西通志》卷二十七《土产纸》）。

评事街，亦名皮作坊。……攻皮者比户而居，夏日污秽不可近。……转东一巷，名曰皮场，盖亦皮作坊之所（甘熙《白下琐言》卷六）。

（丙）工艺品

瓷

自明以来，景德镇烧造瓷器，自饮食之具，以及文房雅玩。精者曰御窑，由官领之。粗者曰民窑，产品行销全国。宋元官、哥、定、汝、均诸窑，皆失传。彭城窑但能制土碗，行于乡间。南瓷若建窑，若宜兴窑，制器无多。

唐武德二年（六一九年），里人陶玉献假玉器，由是置务设镇，历代相因。……洪武三十五年（一四〇二年），始开窑烧造，解京供用。有厂一所，官窑二十座（《江西通志》卷二十七《土产·瓷器》）。

器数则缸、瓮、砖、盘、碟、碗、罐、瓶、坛、盏、钟、炉、盒，而饰以鸟兽草花，或描花，或堆花，或暗花，或锥花、玲珑，诸巧无不具备。自明万历时，回青少，民间多用纯白之器，如蛋壳钟杯及人物仙佛之数，亦极精巧。颜料则铅粉、焰硝、青矾、黛、赭石、黑铅、松香、白炭、金箔、古铜，色则油紫、金翠色、金黄、金绿、金青、矾红、紫色、烧青、描金、五彩（《浮梁县志》卷八《食货·陶政》）。

陶器则有缸、盆、盂、盘、尊、炉、瓶、罐、碟、碗、钟、盏之类，而饰以夔云、鸟兽、鱼水、花草，或描，或锥，或暗花，或玲珑，诸巧具备（《江西通志》卷二十七《土产·瓷器》）。

纸

江西、福建纸业最盛，曰榜纸，曰毛边，曰毛苔，供公私文书及印行图籍之用。曰宣纸，供书画之用。川、粤所造称为竹纸，贵州为皮纸，山、陕为桑皮纸。

司礼监行造纸名二十八色，曰白榜纸、中夹纸、勘合纸、结实榜纸、小开花纸、呈文纸、结连三纸、绵连三纸、白连七纸、结连四纸、绵连四纸、毛边中夹纸、玉版纸、大白鹿纸、藤皮纸、大楮皮纸、大开花纸、大户油纸、大绵纸、小绵纸、广信青纸、青连七纸、铅山奏本纸、竹连七纸、小白鹿纸、小楮皮纸、小户油纸、方榜纸。……乙字库行造纸名一十一色，曰大白榜纸、大中夹纸、大开化纸、大玉版纸、大龙沥纸、铅山本纸、大青榜纸、红榜纸、黄榜纸、绿榜纸、皂榜纸（《江西通志》卷二十七《土产·纸》）。

元有白箓纸、观音纸、清江纸，皆出江西。……皇明内用纸如前元，但江西西山纸最高（曹昭《格古要论》卷二《古纸》）。

从化有流溪纸，纸出流溪一堡。……其竹名曰纸竹，与他竹异。男女终岁营营，取给篁箐，绝无外务。其法，先斩竹投地窖中，渍以灰水，久之乃出而椎练，渍久则纸洁而细，速则粗而渗。粗者一名后纸（李调元《南越笔记》卷五《纸》）。

石塘人善作表纸，捣竹丝为之。竹笋三月发生，四月立夏后五日，剥其壳作篷纸，而竹丝置于池中，浸以石灰浆，上竹楻锅煮烂，经宿水漂净之。复将稿灰淋滗水，上楻锅煮烂，复水漂净之。始用黄豆泖注一大桶，楻一层竹丝，则一层豆泖，过三五日始取为之。白表纸止用藤纸药，黄表纸则用姜黄细舂末，称定分两。每一槽四人，抹头一人，舂碓一人，检料一人，焙干一人，每日出纸八把（《江西通志》卷二十七《土产·纸》）。

南昌府纸，有粉笺、连七、观音疏纸等名（《江西通志》卷二十七《土产·纸》）。

瑞州府竹纸，即古之陟厘，有老大中、大罗端、晒纸、火纸等名，出新昌（《江西通志》卷二十七《土产·纸》）。

抚州府清江纸，金豁县出。牛舌纸，以稻草为之，崇仁出（《江西通志》卷二十七《土产·纸》）。

布匹

自元以来，松江产布，行销北五省，谓之松江大布，或曰标布。故沿途护运者名曰标客，设有标行。与各地所织之布，俱能染成五色，且能印花。其颜料产自国内，虽经洗涤，永不变色。隆昌、浏阳以麻布名，称曰夏布。江西、广东于麻布外，精织葛布，价贵于纱。

宣德间，巡抚侍郎周忱奏：以布折税，匹准二石。……两端织红纱为识，谓之红纱官布。……其后三纱布，滋为象腹、绉纹、云朵、膝襕、胸背等样。成化间，乡人有以饷贵近者，流闻禁廷，下府司织造赭黄、大红、真紫等色，龙凤、斗牛、麒麟等纹，工作胥隶，并缘为奸，一匹有费至白金百两者。……《陈志》，后有酉墩布，阔三尺余。又有三梭放阔、新改标寸等布。……旧有云布（以丝作经，而纬以棉纱），渐至滥恶，改为抹绒布，杂用蚕丝纬之。其花纹各种，如织锦法，素者更雅淡。又有捺布，促线为之，犹苏机之捺细也。独紫花布，以紫花为之，不加染工，大红布，以花子红作染，鲜明倍于绫罗（《松江府志》卷六《疆域志·物产》）。

丁娘子布，《郭志》，东门外双庙桥有丁氏者，弹棉花极纯熟，花皆飞起，用以织布，尤为精软，号丁娘子，一名飞花布……药斑布。《顾志》，出青龙魑魍，今城郭多有之。其法，以皮纸积褙如板，以布幅广狭为度，簇花样于其上。将染，以板覆布，用豆面等调和如糊，刷之候干，入靛缸浸染成色，暴出，药斑纹烂然，《郭志》俗呼浇花布(《松江府志》卷六《疆域志·物产》)。

织工皆东莞人，与寻常织苎麻者不同。织葛者名为细工，织成弱如蝉翅，重仅数铢，皆纯葛无丝。其以蚕丝纬之者，浣之则葛自葛，丝自丝，两者不相联属，纯葛则否。葛产绥福都山中，以蔓生地上而稚者为贵，若缭绕树间，则葛多枝叶，不中为丝。采者日得斤，城中人买而绩之，分上、中、下三等为布，阳春亦然。其细葛不减增城，亦以纺缉精而葛真云(李调元《南越笔记》卷五《葛布》)。

绸缎

江浙盛产绫、罗、绸、缎、纱诸品。昔有织造，专供御用外，所制皆坚致细密，耐于久用。能织各种时新花样，染成深浅各色，行销全国。四川川绉，嘉定大绸，顺庆绫，巴缎，云南通海缎，滇缎，汴绸，潞绸，漳纱，祝绸，鲁、黔野蚕丝所织茧绸，亦著声称。

杭细有一等极轻纤者，用湖水漂净，宜染色，大红尤佳，以杭丝多锤练故也(《浙江通志》)。……绵细，今纺绵而成者曰绵细(《嘉靖余杭县志》。〔《杭州府志》卷五十三《物产·布帛之属》〕)。

纻丝，染丝所织，有织金、闪褐、间道等类。工部奏："内府供用纻丝纱罗计九千匹，请下苏、杭等府织造。"上曰："民力艰难，可减其半。"(《明仁宗实录》)按此即今所谓缎，旧志云明时无缎者，特无其名耳(《杭州府志》卷五十三《物产·布帛之属》)。

锦，惟蜀锦名天下。今吴中所织，海马、云鹤、宝相花、方胜之类，五色炫耀，工巧殊过，尤胜于古。明宣德间，尝织《昼锦堂记》，如画轴；或织词曲，联为帷障；又充装璜卷册之用(《苏州府志》卷十八《物产·帛之属》)。

古锦帐，阔一丈有余，多织《昼锦堂记》《滕王阁记》，字方四寸。又有小幅者，皆（王）佐所目睹。亦有花竹翎毛者。……今泉州府、苏州府又有织者，大小幅皆有，然不及古远甚（曹昭《格古要论》卷八《古锦帐》）。

缎，自昔缯为帛之大名，而缎之称尤晚。《名义考》：今言段者，纨缯之坚美者尔。其曰段者，犹言端匹也。俗妄从纟作缎，非是（《华阳县志》卷三十四《物产》）。

嘉靖中，陕西织羊绒，广东等处织葛布，至是（隆庆元年）俱罢（《大明会典》卷二〇一《工部》）。

紬，出吴江，即缯。纹线织者曰线紬，撚绵成者曰绵紬，比丝攒而成者曰丝紬（《苏州府志》卷十八《物产·帛之属》）。

纻丝，出郡城，有素有花，纹有金缕彩妆，其制不一，皆极精巧。……上者曰清水，次曰兼生，以生丝杂织之。次帽料，又次丈八头，皆以粉浆涂饰，品最下。织造府所制，上供平花、云蟒诸缎，尤极精巧，几夺天工（《苏州府志》卷十八《物产·帛之属》）。

其人工所为，则机工为天下最。江宁本不出丝，皆买丝于吴越。而秦淮之水宜染，织工在江宁殆千余人，所织曰缎，曰绸，曰纱，曰绢，曰罗，曰剪绒（《江宁府志》卷十一《物产》）。

江宁人又买毳毛于陕西，而织为毯罽之属，类西洋所制之紧密（《江宁府志》卷十一《物产》）。

缎之类有头号、二号、三号、八丝冒头，而以锌素为至美，其经有万七千头者。玄缎为最上，天青者次之（陈作霖《凤麓小志》卷三《记机业》）。

五金器具

五金制器，是处有之。汉口、昆明以铜器，佛山以铁器著名。各地皆有针作，以手磨成，绣花针长不及寸，极其精细。

洪武二十六年(一三九三年)定,凡铸造铜锅、铜柜等器,及打造铜锅、铜灶、铁窗、铁猫等件,行下宝源局,定夺模范及计算合用铜、铁、木炭等项,明白具数呈部,行下丁字库抽分竹木局放支,督工依式铸造。永乐间,设……南宝源局,专铸内外衙门铜铁器皿(《大明会典》卷一九四《工部》)。

针作,出郡城。银作,出木渎。元朱碧山蟹杯甚奇,其法不传。铁作,自欧冶子铸剑,吴中铁工不绝。旧传灵岩山下数家,能炼铁成钢,制刀者资之。铜作,昔木渎王家所制,称精巧,常熟亦有之。锡作亦出木渎,旧传朱象鼻所制为佳(《苏州府志》卷十八《物产·工作之属》)。

银器,陶南村记银工精诣者,松江唐俊卿与嘉兴朱碧山、平江谢君羽、君和齐名。铜器,《娄志》,明万历中,胡文明作鎏金鼎、炉、瓶、盒等物极精雅,人效之,多不及(《松江府志》卷六《疆域志·物产》)。

炉,《陈志》……嘉靖初,海上有黄懒轩,依仿古式。万历间,华亭胡友思,别以镂金为之,一时盛贵(《松江府志》卷六《疆域志·物产》)。

铜作……今郡中西城业铜作者,不下数千家,精粗巨细,日用之物,无不具(《苏州府志》卷十八《物产》)。

濮刀,《上海志》,国初濮元良善制钢,世居南城,人名其制厨刀曰濮刀(《松江府续志》卷五《疆域志·物产》)。

造船

明初郑和出使西洋,所造海船长四十四丈,载数百人。明、清两代,战船、漕船,俱有定制。闽、粤近海,能造快艇。各省船式及名称至多,汪辉祖尝举所见,撰为《舟见录》一卷,惜不传。

洪武二十六年(一三九三年)定……如或新造海运船只,复要量度产木水便地方,差人打造。其风快小船,就京打造者,亦须依例计造木料等项,就于各场库支拨(《大明会典》卷二〇〇《工部》)。

一千料海船一只,合用杉木三百二根、杂木一百四十九根、株木二十根、榆木舵杆二根、栗木二根、橹坯三十八枝、丁线三万五千七百四十二个、杂作一百六十一条个、桐油三千一十二斤八两、石灰九千三十七斤八两、艌麻一千二百五十三斤三两二钱，船上什物络麻一千二百九十四斤、黄藤八百八十五斤、白麻二十斤、棕毛二千二百八十三斤一十二两。四百料钻风海船一只，合用杉木二百二十八根、桅心木二根、杂木六十七根、铁力木舵杆二根、橹坯二十枝、松木五根、丁线一万八千五百八十个、杂作九十四条个、桐鱼油一千一斤一十五两、石灰三千五斤一十三两、艌麻七百二十九斤八两八钱，船上什物络麻五百七十四斤一十四两四钱、黄藤三百八十三斤八两、棕毛七百三斤、白麻一十斤（《大明会典》卷二〇〇《工部》）。

万历元年（一五七三年），议准：……损坏缺船六百余只，行督粮道，照依湖广、江西二省船式，就于瓜、仪设厂打造。约装载正耗米可五百石，务要底平仓阔，入水不深（《大明会典》卷二〇〇《工部》）。

粮船，顺治初年定，成造粮船九验之法：一曰验木。木取良材，毋杂恶质，毋间旧料，长短有规，大小有准；二曰验板。……廂板厚五寸，搪浪底板厚二寸，挖泥脚栈板厚一寸七分……；三曰验底。船之大小始基于底，船底长不过五丈二尺，中间阔不过九尺五寸……；四曰验梁。梁阔则船腹阔大，梁高则船腹容深。……浅船龙口梁、使风梁，均阔不过一丈四尺，断水梁阔不过九尺，高不过五尺……；五曰验栈。浅船栈七丈一尺，深三尺六寸……；六曰验钉。用钉之法，以一尺四寸用一钉为度。未上两栈，钉眼在外。上栈之后，钉眼在内……；七曰验缝。匠人挪减大料，每多迁就，板边不净，是以缝口不合。虽竭力窒艌，隙终不满，漏终不止，全在合板之时，早为查验；八曰验艌。艌法以斧入凿，以凿入麻，然后固以油灰……；九曰验头梢。封头封梢……铁叶扒锔，为头梢之攀护。……铺头铺梢里料，为头梢之骨干。……用钉必处处周到，窒艌必处处完全。头梢坚实，船自经久（《大清会典事例》卷九三五《工部》）。

战船，雍正六年（一七二八年），议准：浙江战船，船底艕木用松木，每艕长一丈，面梁阔三尺三寸，船身及正桅均长一丈二尺。头号艍船阔二丈二尺五寸，船身增长八丈九尺，舱深七尺九寸，板净厚三寸一分。二号赶缯船阔一丈九尺五寸，船身减长六丈六尺，舱深六尺一寸，板净厚二寸五分。四号快哨船阔一丈四尺，船身减长四丈八尺，舱深五尺，板净厚二寸。每板长一尺，均用钉三。又议准：奉天战船身长七丈四尺，阔一丈八尺七寸，二十一舱（《大清会典事例》卷九三六《工部》）。

（3）商制

（甲）商之类别

行商

商人兴贩逐利，大者设行栈以事囤积，小者列肆货谓之行商。明初犹袭重本抑末之说，商人不得衣丝，定例衿不充商，士大夫之家，每课其僮仆兴生负贩，故士流罕与商贾通婚，商贾尚不得与农为伍。然中叶以后，商利大兴，凡日常需用，若米、盐、缎匹、标布、纸张、药材之类，无不由大贾居奇操纵。明季，黄宗羲诸人始发为贵商之论。清代官僚不讳营商，扬州盐商、广州洋商，多兼科名仕宦。京师旗籍贵人，亦恃市肆所入为挥霍之资。主肆者谓之领东。清季，谈维新者竞设矿厂，称为实业，利孔日兴而商愈贵矣。

（洪武）十四年（一三八一年），令农民之家穿绌纱绢布，商贾之家止穿绢布。如农民之家，但有一人为商贾者，亦不得穿细纱（郭正域《皇明典礼志》卷十八《士庶冠服》）。

楚宗错处市廛者，甚多经纪贸易，与市民无异，通衢诸细帛店俱系宗室。间有三吴人携负至彼开铺者，亦必借王府名色（包汝楫《南中纪闻》）。

雍正二年（一七二四年）二月甲子，谕各省督抚："朕惟四民以士为首，农次之，工商其下也。汉有孝弟力田之科，而市井子孙不得仕宦，重农抑末之意，庶为近古。"（《清世宗实录》卷十六）

杭民半多商贾，耳目侈声色之好，口腹恣刍豢之味。峻宇雕墙，履丝曳缟。冠婚丧祭，宴饮酬酢，无不踵事增华。虽素封之家，不出数年，立见萧索（《杭州府志》卷五十二《风俗》）。

自刘氏、毛氏创造利端，为鼓铸囤房，王氏债典，而大村名镇必开张百货之肆，以榷管其利，而村镇之负担者俱困，由是累金百万。至今吴中缙绅士夫，多以货殖为急，若京师官店，六郭开行债典，兴贩盐酤，其术倍刻于齐民（《苏州府志》卷二《风俗》）。

余族人有名焜者，住居无锡城北门外，以数百金开棉花庄，换布以为生理（钱泳《履园丛话》卷二十三）。

牙商

牙商有牙帖者谓之官牙，或称官店，否则曰私牙。皆为行货经纪，居间定价，收取用钱，并代征牙税。明初，严禁官、私牙，恐其操纵赢奇也。后渐弛禁。清沿明制，牙商有额，不得擅增，生监之家不得充任。每行若干家，每家颁有牙帖一纸，大约粮食、布匹、骡马、柴炭、蔬菜之类，后始及于鱼虾、鲜果。清季急于筹款，始得由捐输而增设，且许绅衿充任。凡牙商、盐商、洋商，皆为保障国税不亏而设者，故皆以裕国、通商为名也。

洪武二年（一三六九年），令天下府、州、县、镇店去处，不许有官牙、私牙。一切客商应有货物，照例投税之后，听从发卖。敢有称系官牙、私牙，许邻里坊厢拿获赴京，以凭迁徙化外。若系官牙，其该吏全家迁徙。敢有为官牙、私牙，两邻不首，罪同（《大明会典》卷三十五）。

嘉靖二年（一五二三年），定市易诸法：凡城市乡村诸色牙行及船埠头，准选有抵业人户充应，官给印信文簿，附写客商、船户、住贯、姓名、路引字号、物货数目，每月赴官查照，私充者杖。诸物行人，评估物价，或贵或贱令价不平者，计所增减之价论罪。买卖诸物，两不和同，而把持行市，专取其利，及贩鬻之徒，通同牙行共为奸诈者，杖。若见人有所买卖，在旁高下比价，以相惑乱而取利者，笞。凡私造斛斗秤尺，及作弊增减者，官降不如法者，提调官失勘者，其在市行使，不经官司较勘印烙者。……凡造器用之物不坚固真实，及绢布等纰薄短狭而货卖者，各定罪有差（《续文献通考》卷二十五《市籴考》）。

今天下大马头若荆州、樟树、芜湖、上新河、枫桥、南濠、湖州市、瓜州、正阳、临清等处，最为商货辏集之所。其牙行经纪主人，率赚客钱，架高拥美，乘肥衣轻，挥金如粪土，以炫耀人目。使之投之，孤商拚性命，出数千里，远来发卖，主人但以酒食饵之，甚至两家争扯，强要安落。货一入手，无不侵用，以之结交官府，令商无所控诉，致贫困不能归乡里。商中有奸黠者，又为之引诱后至之人，使那前趱后，己得脱去，俗谓之做移夫。如此不数年，主人亦以奢败（叶权《贤博编》）。

康熙四十三年（一七〇四年），革除私设牙行。户部议："御史张莲疏言，贸易货物，设立牙行，倒给官帖，使平准物价。乃地方棍徒，于瓜果、蔬菜等物，亦私立牙行名色，勒捐商民。请令部查税课定例，一切私设牙行，尽行革除。应如所请。"从之（《皇朝文献通考》卷三十二《市籴考》）。

户部颁发江苏省牙帖。户部为颁发牙帖事，江南司案呈，准江苏巡抚咨，劝商捐输牙帖请由部颁发。本部援照湖北、江西章程，据咨奏明颁发该省加用印信，劝商捐输承领，并准生监职衔人等一体捐充以广招徕一折，同治二年六月二十七日奉旨：知道了，钦此钦遵到部。为此合行颁发给牙帖，并列条款，以免州、县滥给牙帖之事，而地方光棍，亦无持帖任意勒索之弊。倘州、县仍有私行滥给牙帖，著该督、抚大臣即行指名参办。各宜恪遵，毋得违犯，致干查究，须至帖者（根岸佶《清国商业综览》)。

盐商

扬州盐商，至万历以后，日见兴盛，皆徽州人也。清初业此有名者，曾为御史之季振宜，穷奢极侈，藏宋板书至精。安岐为宰相明珠之仆，精鉴别，喜交文士，收藏书画。自后程氏、马氏、黄氏、江氏，无不以富闻，且皆好事，接纳名士，为之刻书，全唐诗文亦由盐商出资所刻。服食、器用、园亭、燕乐，同于王者。传之京师及四方，成为风俗。奢风流行，以致世乱，扬州盐商与有责焉。

（嘉靖五年后）榷盐之利，较初制不啻倍蓰。商力惫于兼营，于是遂分为三：曰边商，曰内商，曰水商。边商多沿边土著，专输米豆、草束、中盐，所在出给仓照，填勘合，以赍投运司支引，听其受值于内商而卖之。内商多徽、歙、山、陕之寓籍扬州者，专买边引，输银运司，入场配盐，以达仪所，验掣缅售水商。其以内商而自作水商者，亦或有之。水商则江湖行贾，以内商不能自致，买其引盐代行，官为总盐数，给水程于各行盐地贩鬻焉。既而边商以卖引得利微，复自支盐出场，名曰河盐（《扬州府志》卷十八《盐法》）。

扬州盐务竞尚奢丽，一昏嫁、丧葬、饮食、衣服、舆马，动辄费数十万。有某姓者，每食庖人备席十数类。临食时，夫妇并坐堂上，侍者抬席置于前，自茶、面、荤、素等色，凡不食者，摇其颐，侍者审色，则更易其他类。或好马，蓄马数百，每马日费数十金，朝自内出城，暮自城外入，五花灿著，观者目炫。或好兰，自门以至于内室，置兰殆遍。……其先以安绿村为最盛，其后起之家更有足异者。有欲以万金一时费去者，门下客以金尽买金箔，载至金山塔上，向风飏之，顷刻而散，沿沿草树之间不可收复。又有三千金尽买苏州不倒翁，流于水中，波为之塞。有喜美者，自司阍以至灶婢，皆选十数龄清秀之辈。或反之而极，尽用奇丑者。自镜之以为不称，毁其面以酱敷之，曝于日中（《扬州画舫录》卷六）。

扬州诗文之会，以马氏小玲珑山馆、程氏筱园及郑氏休园为最盛。……每会，酒殽俱极珍美。一日，共诗成矣，请听曲，邀至一厅，甚旧，有绿琉璃四，又选老乐工四人至，均没齿秃发，约八九十岁矣，各奏一曲而退。倏忽间，命启屏门。门启，则后二进皆楼，红灯千盏，男女乐各一部，俱十五六岁妙年也（《扬州画舫录》卷八）。

朱彝尊字锡鬯，号竹垞，浙江秀水人。举博学鸿词，授检讨。归过扬州，安麓村赠以万金。著《经义考》，马秋玉为之刊于扬州（《扬州画舫录》卷十）。

全祖望字谢山，浙江鄞县人。工诗文，举博学鸿词，官庶常。在扬州与主政（马曰琯，字秋玉）友善，寓小玲珑山馆，得恶疾，主政出千金，为之励医师（《扬州画舫录》卷四）。

黄氏，本徽州歙县潭渡人，寓居扬州。兄弟四人，以盐筴起家，俗有四元宝之称。……履昊字昆华，行四，谓之四元宝。由刑部官至武汉黄德道（《扬州画舫录》卷十二）。

江方伯名春，字颖长，号鹤亭，歙县人。初为仪征诸生。工制艺，精于诗，与齐次风、马秋玉齐名。……以获逸犯张凤，钦赏布政使秩衔。复以两淮提引案，就逮京师，获免。曾奉旨借帑三十万，与千叟宴，其际遇如此（《扬州画舫录》卷十二）。

康、乾南巡，供张营建，所费不赀，以及平日贡献报效，一皆责之于商。而商则挪移国课，以博欢心。乾隆中叶，已渐凋敝。道光屡次清查积欠税课，抄没各大商资财，以备抵补，而扬州繁华扫地尽矣。盐商衰而洋商兴，其富其奢更甚。贫穷之人，谋生益困。

阮元《研经室再续集·癸卯八月十三日迁居新城徐林门新第》诗“舅家尊五福”自注云：江鹤亭方伯未葺康山前老私宅，乾隆间，被赐五次福字，勒于堂中，名五福堂。……康山自陶澍清欠帑后，公私皆没入。旧时翠华临幸之地，今亭馆朽坏，荆棘满地，游人限足不到。……陶澍追欠帑时，各大商皆有预垫钱粮，江垫足抵欠数。不料陶不准抵，抄江方伯孙为首，将及其余。各商通城哗噪不服，令不能行，是以中止。然江已奏抄，又自回护。江孤弱不能辩，遂成此局。官估定价，王姓领得，乃远宦粤西，十余年不交价。督、抚查例，延不交价者另召变卖，乃癸卯二月十二日召变文到出示。三月初三日，我家被火，遂应召认买，此似有数存乎其中。按扬州盐商，自乾隆末，由盛极而衰，至道光中，改引为票前，已一败涂地。江春为阮元祖母从弟，元于其籍没，其词若有憾焉。琐琐姻娅，瞻徇一至于此，何也（《松堪小记》）。

洋商

洋商始于明季，其初皆粤人也。盖外商来华贸易，上纳抽分，购买华货，皆由洋商为之经理担保，故又称保商，为外商与官府接洽之居间者。洋商得抽行费，亦得出资与外商伙营对外贸易。康熙末，始设公行，外商来华者凡十三馆，或称十三行。保商一人专任一馆，故保商与外商资本猝难划分。怡和洋行，洋股只占四成（见《翁文恭公日记》丙申六月十四日），亦时有欠债之事。保商中以伍氏为最富，伍崇曜尝延谭莹为刻《岭南丛书》《粤海堂丛书》《粤十三家诗》，好事同于玲珑山馆。五埠通商以后，出入口货，多由粤人经营之。

广东军饷资番舶，开海市，华夷交易，夷利货物无他志，固不为害。乃今数千夷团聚一澳，雄然巨镇，役使华人，妻奴子女。守澳武职及抽分官，但以美言奖诱之，使不为异，非能以力钤束之也。盖海市当就船上交易，货完即行，明年又至，可也。舍船而屋居岸上，夷性变诈，叛贼亡人各相扇惑，知中国短长，一水竟达城下，其势何可久哉？此肉食者谋之。是年（嘉靖四十四年，公元一五六五年）春，东莞兵变，楼船鼓行直抵省城下，城门昼闭，贼作乐饮酒天妃宫中。汤总兵克宽与战，连败衄，乃使诱濠镜澳夷人，约以免其抽分，令助攻之，然非出巡抚意。已夷平贼，汤剿为己功，海道抽分如故。夷违不服，拥货不肯输税，省城官谋困之，遂阻道，不许运米面下澳，夷饥甚，乃听抽分，因谓中国人无信，不知实汤总兵为之也。中国亦谓夷难驭，不知汤固许之免也。天下事变，每生于两情不通（叶权《贤博编》）。

日余在番人家见六七岁小儿啼哭，余问通事："番人所生耶？"曰："非是。今年人从东莞拐来卖者，思父母哭耳。"番人多者养五六人，女子多者十余人，俱此类也。男子衣服如其状，女子总发垂后，裹以白布。上衣西洋布单衫，下以布横围，无内衣，赤脚。时十二月甚寒，亦止衣此。岛中男女为夷仆妾何下千数，悉中国良家子，可恨可叹（叶权《贤博编》）。

从西边起第一家，是丹麦行。沿着整个的丹麦商馆，是一列中国房子，号称新中国街。再东为西班牙馆，再东为法国馆，沿着整个法国馆的，是行商中官的商行。再东为旧中国街，再东为美国馆、宝顺行、帝国行。再东为瑞典馆、旧英馆、诸洲馆。再东为一窄胡同，号称猪巷，可谓名符其实。再东新英馆，再东为荷兰馆、小溪馆，因近小溪而得名。此溪原为广州城西边的护城河。以上一共有十三所商馆。在这些商馆的北边，是一条长而窄的街道，从东到西，号称十三行街（《广州番鬼录》）。

广属香山，为海舶出入噤喉。每一舶至，常持万金，并海外珍异诸物，多有至数万者。先报本县，申达藩司，令舶提举同县官盘验。……其报官纳税者，不过十之二三而已。继而三十六行领银，提举悉十而取一，盖安坐而得，无簿书刑杖之劳（周玄玮《泾林续记》）。

国朝设关之初，番舶入市者仅二十余柁，至则劳以牛酒，令牙行主之，沿明之习，命曰十三行。舶长曰大班，次曰二班，得居停十三行，余悉守舶，仍明代怀远驿旁建屋居番人制也。乾隆初年，洋行有二十家，而会城有海南行。至二十五年（一七六〇年），洋商立公行，专办夷船货税，谓之外洋行。别设本港行，专管暹罗贡使及贸易纳饷之事。又改海南行为福潮行，输报本省潮州及福建民人诸货税，是为外洋行与本港、福潮分办之始。其后，本港既分隶无常，总商章程亦屡易。……凡粤东洋商，承保税饷，责成管关监督。于各行商中择其身家殷实、居心诚笃者，选派一二人，令其总办洋行事务，并将所选总商名姓，报部备查。凡外洋夷船到粤海关，进口货物应纳税银，督令受货洋行商人于夷船回帆时输纳。至外洋夷船出口货物应纳税银，洋行保商为夷商代置货物时，随时扣清，先行完纳（梁廷枏《粤海关志》卷二十五）。

中国商人的垄断势力非常大，洋商根本就没有条件与之竞争。因为中国商人背后有总督，总督背后有皇帝的雄厚的政治势力来支持。所以在广州的贸易史中，从一七〇二年（康熙四十一年），到一八四三年（道光二十三年），一向是中国商人操其垄断之权。开始时，有一个中间人是皇帝派的，其名称叫作皇商，一切买卖，都经过这个人。为什么这样作？因为一个人操纵一切物价，可以保持获得高度的利润，不仅足以肥己，更可以分润与其有关的一般官僚，这是对于作官人很有利的。……由经验来说，皇商也有他的短处，所以慢慢的就由一个人，一直发展到十四个人，这就叫作公行。公行于一七二〇年（康熙五十九年）正式组织起来，东印度公司反对未成，依然与之贸易。公行敲剥益紧，而东印度公司抗议日甚，但终无效（吉兰宁及艾斯库林《上海史》）。

公行商人……对洋商的利害关系甚大。因为中外贸易的一切事项，都要经过他们。……每一公行商人，当其入行时，须先纳出一笔款项，有多有少，多的达二十万两，等于五万五千金镑。……仍有很奢侈者，一个纪录里说，某公行商人，其家里每年用度，竟达二十万块，等于当时的英镑五万左右。这时候，平常中国人养一个家，每月有四块到五块钱就够了（吉兰宁及艾斯库林《上海史》）。

行用者，每价银一两，奏抽三分，以给洋行商人之辛工也。继而军费出其中，贡项出其中，各商摊还洋货亦出其中，遂分内用外用名目。此外尚有官吏之需求，与闲游之款接，亦皆出于入口出口之长落货价，以故洋利渐薄。是年（嘉庆十五年），大班喇咈等诉于广东巡抚韩葑，略曰："……今行用日夥，致坏远人贸迁。如棉花一项，每石价银八两，行用二钱四分，连税银约四钱耳。兹棉花进口三倍于前，行用亦多至三倍，每石约银二两，即二十倍矣，他货称是。各洋行费用，皆由祖家贸易摊还，其何以堪？"（王之春《国朝柔远记》卷七）

公行商人……有一个最著名的领袖，叫作伍敦元。……继之者为浩官，洋人最重视的人。……当时（一八四三年）估计伍敦元的财产，值两千六百万块（吉兰宁及艾斯库林《上海史》）。

在很多的规定里面，都有不准中国商人欠洋商钱的条款。……一七七九年（乾隆四十四年），查出经济稍差一点的公行，欠洋商钱不在四百万块以下，利息十二分到十五分。……这个债务，总是继续下去（吉兰宁及艾斯库林《上海史》）。

嘉庆五年（一八〇〇年），监督佶山奏言：……查粤海关征输饷课，招接民夷商货，现有外洋行、本港行、福潮行三项名目。……乾隆三十五年（一七七〇年），因各洋商……渐至推诿。……经前督臣李侍尧会同监督臣德魁示禁，裁撤公行名目，众商皆分行各办。……乾隆六十年（一七九五年），因拖欠夷帐……将本港行三家概行革除。……其本港事务，仍著外洋行兼办。……旋于嘉庆元年（一七九六年）五月，外洋行商……呈请将本港行事务，改归福潮行商人经理。……十二月，福潮众商公举福潮昌隆行陈衍之弟陈长绪，承开本港行一家。……嘉庆四年（一七九九年）九月间……追还商欠。咨明督臣，将该商陈长绪立行斥革。臣因与督臣再三筹议……仰恳圣恩俯准，将本港一行裁革，仍归外洋行兼理，永著为例。……奉朱批：……汝斟酌既妥，即照汝所办可也（梁廷枏《粤海关志》卷二十五）。

道光九年（一八二九年），监督延隆奏言：窃照粤省外洋行，从前共有十三家，在西关外开张，料理各国夷商贸易，向称十三行街。……近年只存怡和等七家。……自应另招新商。……自嘉庆十八年（一八一三年）前监督德庆奏请设立总商，经理行务，并嗣后选充新商，责令总散各商，联名保结，钦奉俞允准行在案。……从前开行，止凭一二商保结，即准承充。今则必需总散各商，出具联名保结，方准承充。……倘有一行不保，即不能承充。……数年以来，夷船日多，税课日旺，而行户反日少。……料理难于周到。……于是走私漏税，勾串分肥，其弊百出。……应请嗣后如有身家殷实，具呈情愿充商，经臣察访得实，准其暂行试办一二年。果其贸易公平，夷商信服，交纳税项不致亏短，即请仍照旧例，一二商取保著充。……奉上谕：……著照所请（梁廷枏《粤海关志》卷二十五）。

道光十七年（一八三七年），总督邓廷桢、监督文祥会同奏言：……从前洋行共有十三家。……迨至道光九年（一八二九年）……仅存怡和等七行，不敷经理。……至今已复十三行旧观，照料无虞不足。……窃以洋商既已招补无缺……即当明立限制，应请嗣后十三行洋商，遇有歇业或缘事黜退者，方准随时招补，此外不得无故添设一商。……其承商之时，仍请复归联保旧例，责令通关总散各商，公同慎选殷实公正之人，联名保结，专案咨部著充。……奉上谕：……兹据该督等查明，现在招补缺商已复旧额，足敷办公，自应仍复旧例，以示限制（梁廷枏《粤海关志》卷二十五）。

浙人胡光墉设阜康银号，遍于内地，操纵上海出口丝茶，抬价拒售。值甲申中法之战，金融周转不灵，以致倒闭。自后外商任意航行内河，内地遍设洋行，自行收货，华商更难争衡矣。

陈代卿《慎节斋文存·胡光墉传》云：浙江巡抚王壮愍公有龄，幼随父观察浙江。父卒于官，眷属淹滞不能归，僦居杭州。一日，有钱肆伙友胡光墉，见王子而异其相，谓之曰："君非庸人，胡落拓至此？"王以先人官贫对，胡问："有官乎？"曰："曾捐盐课大使，无力入都。"问需几何，曰："五百金。"胡约明日至某肆茗谈。翌日王至，胡已先在，谓王曰："吾尝读相人书，君骨法当大贵。吾为东君收某五百金在此，请以畀子，速入都图之。"王不可，曰："此非君金，而为我用，主者其能置君耶？吾不能以此相累。"胡曰："子毋然，吾自有说。吾无家，只一命，即索去，无益于彼，而坐失五百金无著，彼不为。请放心持去，得意速还，毋相忘也。"王持金北上，至天津，闻有星使何侍郎桂清，赴南省查办事件，乃当年同砚席者也。先是，王随父任，初就傅，何父为司阍署中，有子幼慧，观察喜之，命入塾与子伴读。既长，能文章，举本省贤书，入都赴礼部试，遂不复见。不意邂逅于此，即投刺谒之。何见王惊喜，握手道故，欢逾平生。问何往，王告之故，何公曰："此不足为。浙抚某公，吾故人也。今与一函，子持往谒，必重用，胜此万万矣。"王持书谒浙抚，抚军细询家世，即以粮台总办委之。王得檄，乃出语胡，取前假五百，加息偿之，命胡辞旧主，自设钱肆，号曰阜康。王在粮台积功保知府，旋补杭州府，升道员。陈臬开藩，不数载，简放浙江巡抚。时胡亦保牧令，即令接管粮台，胡益得大发舒，钱肆与粮台互相挹注。胡又善贾，列肆数十，无利不趋。兼与外洋互市，居奇致赢，动以千百万计。又知人善任，所用号友皆少年明干，精于会计者。每得一人，必询其家食指若干，需用几何，先以一岁度支畀之，俾无内顾忧，以是人莫不为尽力，而阜康字号，几遍各行省焉。咸丰五年，杭州不守，王公殉难，继者为左中丞宗棠。胡以前抚信任，为忌者所谮，左公闻之而未察，姑试以事，命筹米十万石，限十日，毋违军令。胡曰："大兵待饷十日，奈枵腹何？"左公曰："能更早乎？"胡曰："此事筹之已久，若待公言，已无及矣。现虽无款，某熟诸米商，公如急需，十万石三日可至。"左公大喜，知其能，命总办粮台如故，而益加委任。时浙、闽次第肃清，而甘逆回起，肆扰关内外。朝命左公督师往剿，左公欲贷洋款，洋人不可，计无所出，商之胡，胡曰：“公第与借，某作保，合当允行。”果借得五百万金。洋人不听大帅言，而信胡一诺。左公愈信爱胡，倚之如左右手，屡奏称其顾全大局。积保至道员，加二品顶戴，赏穿黄马褂。胡又有慷慨名，每遇兵荒祲岁，动捐数十万金，无所吝，富而好义，人尤称之。以是京内外诸巨公囊中物，无不欲以阜康为外库，寄存无算。不资之富，虽西商百余年票号，无敢与抗衡者，可谓盛矣。沪上大贾与外洋贸易，蚕丝为最，胡每岁将出丝各路，于未缫时全定，洋人非与胡买，不得一丝，恨甚。乃相约一年不买丝，胡积丝如山，无售处，折耗至六百余万金。又各省号友多少年，喜声色，久而用侈，不免侵渔，渐成尾大。胡知大局将坏，不可收拾，乃潜遣亲信友人，分诣各肆，谨记号帐。一日与妻密计，设具内讌，夫妇上座，姬妾二十四人分左右坐，酒池肉林，间以丝竹，欢讌竟日。妻小倦思息，胡命继烛，与诸姬洗盏更酌。夜方半，胡语诸姬曰：“吾事浸不佳，诸姬随我久，行将别矣。汝等盛年，尚可自觅生路，各回房检点金珠细软，尽两箱满装携出，此外概不准带。自锁房门，勿复再入。各予银二千，或水或陆，舟车悉备。今夕即行，一任所之，吾不复问。”有数姬涕泣请留，胡亦不禁，余姬一时星散。胡即赴金陵见左公，备陈颠末，且曰：“即今早计，除完公项外，私债尚可按折扣还，再迟，则公私两负矣。”左公许之。即日电发各省号，同时关闭。俟各密友赍各号帐回，分别公私，按折归款。事毕返杭，收合余烬，尚有二十四万金，赎回故宅三所，分居诸昆季。又十余年，夫妇皆以寿终。君字雪崖，浙江钱塘人。其在粮台积功事迹，见《左文襄奏议》。之诚按：胡光墉大猾也。方其盛时，以财货奔走中外。及其败也，亏蚀人资财无算，文士咸鄙其人，不肯执笔为之记述。然马尾船政局创于左宗棠，实由光墉倡议，凡计划购器械、聘洋匠、雇华工，皆力任之。事以获集，识鉴尚高于当时士大夫，非尽便私图也。此传笔致拙劣，事复有舛。王有龄之殉，在咸丰十一年，非五年。阜康闭肆，在光绪九年十一月初六日，以垄断丝茶抬价拒售，一年负子金巨万。中法战起，金融停滞，遂至倒闭。时督两江者曾国荃也，宗棠先为军机大臣，后以钦差大臣督办福建军务，不得云赴金陵见左公。宗棠同治元年正月抚浙，委光墉同办浙江粮台，时已保江西候补道，后宗棠为请奖，仅同治二年，以奉母命屡次捐资至五万两以上，奖其母以御赐扁额。光绪四年，以光墉捐资达二十万，请赏穿黄马褂，皆得允行，虚荣而已。光墉亦不欲居官，与盛宣怀渐窥台司者，行径又异。自同治五年西征事起，即奏派光墉督办上海采运局，购开花炮、七响后膛枪及借洋债。他书有言为西征粮台者，亦误。至借洋款，宗棠同治六年十二月十五日奏云："拟援上年三月间奏借洋款成案，再由江苏、浙江、福建、湖北、广东各藩司，于同治七年二月至十一月连闰十个月，应协甘饷项下，按月拨还，解与海关，发还洋商清款，一切查照上届成案办理。惟胡光墉上届筹借洋款极费经营，比以上海税务司不肯画押，几被阻挠。闻总税务司赫德到后，曾言借饷于众商，外国常有之事，并不须多费息银等语。可否敕下总理各国事务衙门，转敕赫德会办此事，督饬上海税务司画押，以期速成，而息银亦冀可稍省。"光绪三年五月二十六日，陈明借定洋款折略云：胡光墉向汇丰银行借定五百万两，据每月一分二厘五毫起息，五年匀还。各议罚款十五万两，如三个月关票不到，则罚银归胡光墉承认；如三个月内洋银不交，则罚银归汇丰银行承认。作保之说，当即由此而讹（《松堪小记》）。

外商

五口通商，始由怡和、花旗、沙逊三洋行，垄断中外贸易。自后商埠增辟，各国洋行愈多，皆以贱价勒购原料，甚有非商埠亦设洋行者。怡和、太古等行，兼营沿海及内河航运。甲午以后，且各在商埠设厂制造洋货，工费省，运费轻，只纳子口半税百分之二五，即可畅销内地，劫夺有甚于寇盗者矣。

一七八四年（乾隆四十九年），至一八四四年（道光二十四年），中美第一次签订了《商业条约》。一八二四年（道光四年）一月一日，美国旗昌洋行接续山迷尔洋行，在中国开业，至一八九一年（光绪十七年）关闭。在一八四四年（道光二十四年）以前，捷安否斯和旗昌洋行掌握了一批既轻且快的船只，用来运输鸦片，很快的就完全控制了鸦片的买卖。他们作鸦片买卖，完全是代理性质的，直到一八三零年（道光十年），只是罗素尔和飞利浦阿迷道合作的。以后阿古斯丁赫尔、娄、格林、格雷斯沃德、库利基等等，先后都加入了这个洋行，资本雄厚，经营力强，成为外人在中国最大的洋行，其他洋商，难为其比（吉兰宁及艾斯库林《上海史》）。

沙逊一七九二年（乾隆五十七年）生于巴格达。他同鸦片买卖有密切的关系。中英第一次战争时，沙逊迁到香港，成为香港最早几家大的公司之一。一八四五年（道光二十五年），成立了上海分行（吉兰宁及艾斯库林《上海史》）。

在广州最早最老的几家洋行中，一直到今天未变的，只有怡和洋行。创始人名叫维利安·加尔定，原是外科医生，在东印度公司的商船上工作，因此就结识了在广州作买卖的商人。东印度公司当时曾有一种规定，其高级工作人员，有时也可以为自己的利益而作点买卖。加尔定就利用这种机会，逐渐成立了怡和洋行。当十九世纪开始时，即委托瑞士商人艾其·马尼亚克住澳门，作代理人。该行另一个老板，是马迪生，先在印度加尔各答其舅父的商行中工作。一八二七年（道光七年），到广州和加尔定合伙，到澳门又和马尼亚克洋行合伙了。同年，马迪生在广州创办了《广州纪录报》，这是远东第一家英文报。怡和洋行和中国公行的买卖关系最大，一八三四年（道光十四年）东印度公司的垄断权失掉后，怡和洋行的经营大见活跃，每年的招待费达四万镑，其厨师的薪金每月一百镑。其在上海的代理人，最早的是艾吉·达拉斯和捷格浪特（吉兰宁及艾斯库林《上海史》）。

上海租界刚开始时，一家银行也没有，仅有几家银号。一八五三年（咸丰三年），太平天国时期，银号的票据，等于流通的支票。这时银子还是大量进口，但另一方面，因为鸦片走私的关系，却也不断外流，从而减少了银子的存数。在上海的第一家银行，创始于何年，已不可考。一八五二年（咸丰二年），有一家名叫吉尔曼洋行的，和称作东方联合银行的，因事涉讼起来，据此可以证明，在一八五二年以前，上海已有银行了。一八五四年（咸丰四年），东方联合银行发现了他的对手，就是印度伦敦中国商业银行在上海成立了分行。同年，英国的阿格拉银行的分行，也在此开幕了（吉兰宁及艾斯库林《上海史》）。

买办

买办或称刚八度。外商初设洋行，其经理称为大班，华人得任买办，掌行内银库及会计出纳，以及一切杂事。买办多兼股东，其无股者须押巨金作为担保。次于买办者曰式拉夫，即跑街之意。清季捐纳盛行，买办、式拉夫皆二品衔道员，名器之滥，自来所无也。维新之初，买办多集资本，或领外资，在内地经营矿厂实业者至多，姑举一、二例以概之。

李沧桥者（文耀），丁丑回南，轮船江拔图也。今在热河挖矿，集资至四十万。自去年至今，往返七八次，商人之豪也（《翁文恭公日记》光绪九年六月初四日）。

李沧桥来，为伊热河开矿事，有所干请。余未见，令斌见之。其言大约投邸而来，至则闻邸遣人赴彼踹矿，将并其所承开之烟筒山者，不能保矣，情急呼援。此等事岂余所欲闻哉，谢之而已（《翁文恭公日记》光绪十年十月二十七日）。

游张氏园（未成园），主人张叔龢（鸿称，道员），无锡贾人也。花木房室皆洋式也，器具亦洋式也。馔极精，谈商务极透，真市豪哉（《翁文恭公日记》光绪十四年九月初十日）。

过织布机器局（屋西式，机四百张，日可织两匹），尚未开厂。此局前为商董所坏，今龚道（寿图）重集股十五万兴办（洋人乃科督理之）。又过造纸机器局，凡方池五六叠，最下皆布缕棉花杂物，递吐递白，便成浓汁，莹白化纸矣。其长无极，宽约三尺半，轴满则断之（《翁文恭公日记》光绪十四年九月十四日）。

（乙）商之组织

行

行之称，由来甚古。宋有免行钱，吴自牧《梦粱录》所载，与今相去不远。手艺者有行，谓行业也。兴贩者亦有行，谓行货也。皆得蓄徒弟，学徒期满出师者，得为铺伙。铺中钱财、字据，均须入柜，故有掌柜之称。如是者谓之内行，或曰在行，否则曰外行。铺有铺规，行有行规，行市涨落，以及同行争论，须有公断，皆由行主之。此所谓行，与牙行之行异，与行栈、发行之行亦异。

市肆谓之团行者，盖因官府回买而立此名。不以物之大小，皆置为团行，虽医卜工役，亦有差使，则与当行同也。……其中亦有不当行者，如酒行、食饭行，而借此名。有名为团者，如城西花团、泥路青果团、后市街柑子团、浑水闸鲞团。又有名为行者，如官巷方梳行、销金行、冠子行、城北鱼行、城东蟹行、姜行、菱行、北猪行、候潮庙外南猪行、南上北土门菜行、坝子桥鲜鱼行、横河头布行、鸡鹅行。更有名为市者，如炭桥药市、官巷花市、融和市、南坊珠子市、修义坊肉市、城北米市。且如橘园亭书房、盐桥生帛、五间楼泉福糖蜜，及荔枝圆眼汤等物。……如买卖七宝者谓之骨董行……开浴堂者名香水行（吴自牧《梦粱录》卷十三《团行》）。

城内外诸铺户，每户专凭行头于米市做价，经发米到各铺出粜，铺家约定日子，支打米钱，其米市小牙子亲到各铺支打发客。又有新开门外草桥下南街，亦开米市三四十家，接客打发分俵铺家及诸山乡客贩卖，与街市铺户大有径庭。……且叉袋自有赁户，肩驼脚夫亦有甲头管领，船只各有受载舟户（吴自牧《梦粱录》卷十六《米铺》）。

大抵酒肆，除官库、子库、脚店之外，其余谓之拍户（吴自牧《梦粱录》卷十六《酒肆》）。

近日巡拦及集头老人抽税，将小民穷汉卖鸡鸭、携笤箒、匹布上街，担筐入市，无不抽税。油行既税店又税油，屠行既税生又税死。……针头削铁，所余几何？树剥重皮，岂能堪命（吕坤《实政录》卷一《明职税课司之职》）。

行户之赊欠为苦（吕坤《实政录》卷三《民务有司杂禁附》）。

帮

大批贩货运销者谓之帮。帮之成当起于明代，至清尤盛。以货名者，如山货帮、药材帮、皮货帮之类。以省名者，如山陕帮、广帮、川帮之类。以一地名者，如宁绍帮、太湖帮、腾越帮、潮安帮之类。由帮之名，可以悉其地之所产及产地之分配。帮有公所之设，颇及公益事，亦足见其团结力量。

富室之称雄者，江南则推新安，江北则推山右。新安大贾，鱼盐为业，藏镪有至百万者，其它二三十万则中贾耳。山右或盐或丝，或转贩或窖粟，其富甚于新安（谢肇淛《五杂俎》卷四）。

新都勤俭甲天下，故富亦甲天下。贾人娶妇数日则出外，或数十年，至有父子邂逅而不相认识者。大贾辄数十万，则有副手而助耳目者数人。其人皆铢两不私，故能以身得幸于大贾而无疑。……至于商贾在外，遇乡里之讼，不啻身尝之，铸金出死力，则又以众帮众，无非亦为己身地也。近江右人出外，亦多效之（顾炎武《肇域志》第三册）。

平阳、泽、潞豪商大贾甲天下，非数十万不称富，其居室之法善也。其人以行止相高，其合伙而商者名曰伙计，一人出本，众伙共而商之，虽不誓而不藏私。……估其产者，但数其大小伙计若干，则数十万产可屈指矣（顾炎武《肇域志》第三十七册）。

绍兴……多壮游在外，如山阴、会稽、余姚。……其儇巧敏捷者，入都为胥办，自九卿至闲曹细局，无非越人。次者兴贩为商贾，故都门西南一隅，三色人盖栉而比矣（顾炎武《肇域志》第九册）。

本城征收在关已完进口税之洋广货驼经费，致与临安帮、广帮忽起讼端（《光绪十七年通商各关华洋贸易总册·蒙自口华洋贸易情形论略》）。

九月二十八日，本埠潮帮源美行倒闭，亏空八万余两之多。所亏太古、怡和、招商三公司水脚等银为数甚巨，故三公司特出新章，预防潮帮复蹈故辙，是以潮帮会馆禁限该帮遵照新章。然三公司新章既出，皆相约不装潮帮之货。……后经该帮复允照三公司所立新章办理，始行照常装运（《光绪十九年通商各关华洋贸易总册·汉口华洋贸易情形论略》）。

福州……有茶帮公所，茶栈九十余家，分为五帮：一、京帮。多北京、天津、山东人，专销北方各省及蒙古一带；二、天津帮。亦专销北方各省，惟其人多系福建籍；三、茅茶帮。专向茶户收买毛茶或线茶，转售于北京、天津各帮，及琉球输出商，不自营输出事业；四、广潮汕帮。专销南方各省及南洋一带，其营业与他帮不同，盖非自为买卖，仅代理他商，为之购买囤积……照章征收用钱；五、洋茶帮。专与洋商交易，广东人最多，福州、泉州人不过数家而已，有严密之组合曰公义堂，绝对不许本帮以外之茶栈，与洋商交易（陈重民《今世中国贸易通志》）。

会

行必有会，主之者曰会董，或曰董事。清季，改行会为商会，而有会长之称。会之建馆以祀神者，则曰会馆。或以业分，或以区域分，而皆同行。以视仕宦叙乡谊之会馆，其成立或较早。华侨之在外洋者，且有中华会馆之设。

去秋所议抽收花纱、火油厘金，骤未能定。后经地方官与各行会馆董事商订章程，无须照纳厘金，只自今年正月起，每年由各行会馆包缴洋银六千元。该银仍由各该铺户摊派，众情于是悦服矣（《光绪十七年通商各关华洋贸易总册·琼州口华洋贸易情形论略》）。

本省各项行业，分别立有会馆堂名。其立堂名者，悉系包缴官场经费，殆与包揽无异。看其外面情形，以堂名颇多，每年认缴地方官经费，额数甚巨，似觉有益，然其实不但与贸易颇形窒碍，即如该商若非该堂业内之人，必致多方掣肘，殊难贸易（《光绪十八年通商各关华洋贸易总册·广州口华洋贸易情形论略》）。

（4）矿厂业

（甲）矿之采禁

明代矿政

明代矿冶不如前代之盛，洪武初亦设官督厂，以利官少损民多而止。其后屡采屡禁，民间所办，例有岁课，或课税，或课实物，然惑于风水之说，或虑聚众肇乱，每加封禁。福建惩于邓茂七之事，封禁其山，即以封禁为山名，山界江西上饶广丰、福建崇安浦城间，周围三百余里，略无人迹，至雍正时犹未开禁。沿海例禁铁冶，虑其下海也，寻常煤、铁为民间必需者不禁。万历时，遣中官开金、银矿，十余年间，先后所得矿金不及万两、矿银二三十万两而已。

凡各处炉冶，洪武二十六年（一三九三年）定各处炉冶，每岁煽炼钢铁，彼先行移各司岁办，后至十八年（一三八五年）停止，今不复设。如果缺用，即须奏闻，复设炉冶采取生矿煅炼，著令有司差人陆续起解，照例送库收贮。如系临边用铁去处，就存听用。二十八年（一三九五年），罢各布政司官冶，令民得采炼出卖，每岁输课三十分取二。正德元年（一五〇六年）奏准：浙江等布政司，课铁每一斤折解银二分五厘，待后铁料不足，仍解本色（《大明会典》卷一九四《工部》）。

国初置各处铁冶，每冶各大使一员，副使一员。江西南昌府进贤冶、临江府新喻冶，以上洪武七年（一三七四年）置，十八年（一三八五年）罢。袁州府分宜冶，洪武七年置，十八年罢，二十七年（一三九四年）复置，二十八年（一三九五年）罢。湖广兴国冶、蕲州黄梅冶，以上洪武七年置，十八年罢。山东济南府莱芜冶、广东广州府阳山冶、陕西巩昌冶，以上俱洪武七年置，十八年罢。山西平阳府吉州富国、丰国二冶，洪武七年置，十八年罢，二十七年复置，二十八年罢。太原府大通冶、潞州润国冶、泽州益国冶，以上俱洪武七年置，十八年罢。四川龙州冶，永乐二十年（一四二二年）置。顺天府遵化铁冶，永乐间初置厂于沙坡峪，后移至松棚峪，宣德十年（一四三五年）置，正统三年（一四三八年）复置于白冶庄，万历八年（一五八〇年）罢。……国初定各处炉冶，该铁一千八百四十七万五千二十六斤（《大明会典》卷一九四《工部》）。

洪武二十年（一三八七年），增福建银屏山银课额。延平府尤溪县银屏山，尝设厂局煎炼银矿，置炉冶四十二座，岁办银二千一百两，至是增其额（《续文献通考》卷二十三《征榷考》）。

永乐十二年（一四一四年），遣提督官采办湖广辰州、贵州铜仁等处金银场课。时又开陕西商县凤凰山银坑八所、福建浦城县马鞍等坑三所，设贵州太平溪、交趾宣光镇金场局、葛溪银场局、云南大理银冶，其不产金银者，亦屡有革罢（《续文献通考》卷二十三《征榷考》）。

宣德十年（一四三五年）正月（时英宗已即位），诏各处金银、朱砂、铜铁等课悉停免，坑冶封闭，其闸办内外官员即赴京。……惟系洪武旧额岁办课银，并差发金，不在停免之例。……明年正月，又罢贵州铜仁金银局（《续文献通考》卷二十三《征榷考》）。

正统九年（一四四四年）闰七月，命户部侍郎王质往浙江、福建重开银场。……帝初即位，下诏封坑冶，民大苏息。至是有盗矿脉相斗杀者，御史孙毓、福建参政宋彰、浙江参政俞士悦，各言复开银场，则利归于上，而盗无所容。事下二处三司议，浙江按察司轩輗等奏："复开银场，虽一时之利，然凡百器具，皆出民间，恐有司横加科敛，人心摇动，其患甚深。为今之计，莫若择官典守，严加禁捕，则盗息矣。"朝廷是其言。已而给事中陈传复请开场，中官与言利之臣相与附合，乃命质往经理。……厥后民困而盗益众。至十三年（一四四八年）八月，遂有邓茂七之乱（《续文献通考》卷二十三《征榷考》）。

景泰元年（一四五〇年）二月，复置采浙江、福建诸处银课。先是，福建贼邓茂七，以开矿作乱。正统十四年（一四四九年）正月，免浙江、福建银课。二月，御史丁瑄等斩茂七于延平。……至是从御史毕鸾等奏，取回闸办官，令都、布、按三司、巡矿官、提调各府、县，护守坑场（《续文献通考》卷二十三《征榷考》）。

天顺二年（一四五八年），仍开浙江、福建等处银矿。自景泰元年封闭银场后，寻以盗矿者多，从兵部尚书孙原贞请，开浙江银场，因并开福建。至是……照旧煎办。……至四年（一四六〇年），命中官罗永之浙江、罗珪之云南、冯让之福建、何能之四川（《续文献通考》卷二十三《征榷考》）。

天顺七年（一四六三年），复诏封闭各处坑场，停止煎办银课，取回内外官员（《续文献通考》卷二十三《征榷考》）。

成化三年（一四六七年），仍遣内使提督浙江、福建银课，四川、云南令镇守中官提督采办。时又开湖广金场，武陵等十二县凡二十一场，岁役民夫五十五万……得金仅五十三两，于是复闭（《续文献通考》卷二十三《征榷考》）。

弘治五年（一四九二年），诏蠲减浙江、福建诸岁办银课，仍填塞矿穴，取回诸添设巡矿官。……四川、山东矿穴亦先后封闭。十八年（一五〇五年）二月，又禁密云私开银场（《续文献通考》卷二十三《征榷考》）。

我朝坑冶之利，比前代不及什之一二。间或有之，随取随竭。曩者固已，浙之温处、闽之建福，开厂置官，令内臣以守之，差宪臣以督之，然所得不偿所费。……虽然不徒不得其利，而往往又罹其害，盖以山泽之利，官取之则不足，民取之则有余。今处州等山场虽闭，而其间尤不能无渗漏之微利遗焉。此不逞之徒，犹囊橐其间，以竞利起乱也。为今之计，宜于山场遗利之处，严守捕法，可筑塞者筑塞之，可栅堑者栅堑之，俾其不至聚众争夺，以贻一方生灵之害可也（《皇明经世文编》卷七十二丘濬《山泽之利》）。

正德六年（一五一一年），封闭云南银场九处。至九年（一五一四年），军士周达又请开云南诸银矿并铜锡青绿，诏可。遂次第开采。十五年（一五二〇年），又令云南银矿新兴场及新开处所一并封闭，以后不许妄开。嘉靖初，又命闭云南大理矿场（《续文献通考》卷二十三《征榷考》）。

嘉靖十六年（一五三七年），命广开山东等处银矿。山东巡按李松言："沂州宝山开矿七十八所，得白金一万一千三百两。宜将龙爬山、石井山以次开采。"帝……命抚、按力任之（《续文献通考》卷二十三《征榷考》）。

嘉靖四十三年（一五六四年）三月，浙江、江西矿贼作乱，命设兵备官，禁闭山场。时开化、德兴矿贼……其势日炽……兵部议设兵备副使一员于浙江，驻札衢州，以杜盗源。其云雾山矿洞，宜严加封闭。从之（《续文献通考》卷二十三《征榷考》）。

万历二十四年（一五九六年），诏开各处矿冶。……二十五年（一五九七年）二月，又命开采续报矿洞。……河南巡按姚思仁疏曰："中原八郡，实天下枢机。臣自入境以来，巡行郡邑，问民病苦，其开矿之大可虑者有八：矿盗啸聚召乱，可虑一也；矿头累极土崩，可虑二也；矿夫残害流亡，可虑三也；雇民粮缺噪呼，可虑四也；矿洞遍开浪费，可虑五也；矿砂银少逼买，可虑六也；民皆开矿失业，可虑七也；奏官强横激变，可虑八也。今矿头以赔累死，平民以逼买死，矿夫以倾压死，以争斗死，自初开至今已逾八月，而所解不过四千，及今不止，恐祸起萧墙，变生肘腋，虽倾府库之藏、竭天下之力，亦无济于存亡矣。”（《续文献通考》卷二十三《征榷考》）

万历三十三年（一六〇五年）十二月，谕户、工二部：“凡矿差内外官并令回京，其矿洞悉令封闭。”自二十五年（一五九七年）至是年，诸珰所进矿税银几三百余万。……至是以矿砂微细，不偿所费，始停免焉（《续文献通考》卷二十三《征榷考》）。

清代矿政

顺、康时，军用浩繁，尝遣部员督办矿务。旋即停止，唯听民间开采，缴纳岁课，十取其二。道、咸时，军兴饷绌，广事开采，而得不偿失。

凡采取五金之处，古俱曰冶场，今音讹曰厂。按《周礼》司徒职，矿人掌金玉锡石之地，而为之厉禁以守之。若以时取之，则物其地图而授之，巡其禁令。此古冶场之所自始，而今矿厂之所由名。然今天下之厂，于云南为最多，五金而外，尚有白铜、朱砂、水银、乌铅、底母、硝磺等厂，大小不止百余处也。今请言银厂……云南之厂肇自明时，管理者为镇守太监。……逮硐老山空，矿脉全断……厂俱封闭。……至康熙二十一年（一六八二年），滇省荡平，厂遂旺盛，嗜利之徒、游手之辈，具呈地方官，查明无碍，即准开采，由布政司给与印牌，谓之厂官。……择日出示，开炉试煎，每用矿砂不计多寡。……厂官、课长、硐领，各私投块银于内，以取原汁之名……申文报旺。此名一传，挟资与分者远近纷来，是为米分厂客。……至上课之法，则品定矿斤，入炉煎罩成汁，较定三拍，以铁为之。如戥盘而有柄，上拍可两许，此为解上官课。中拍可五钱，是厂官养廉。下拍可二钱，系课长及诸役分支。商民所开之厂，大概如此。至于踹获大厂，非常人所能开者，则院司道提镇衙门，差委亲信人，拥资前去，招集峒丁，屏辞米分，独建其功。……与商民无与（《皇朝经世文编》卷五十二倪蜕《复当事论厂务书》）。

康熙十四年（一六七五年），定开采铜铅之例。户部议准：凡各省产铜及黑白铅处，如有本地人民具呈愿采，该督、抚即委官监管采取（《皇朝文献通考》卷三十《征榷考》）。

康熙五十二年（一七一三年），四川总督奏报：一盌水地方，聚众万余人开矿，差官力行驱逐，谕以此等偷开矿厂，皆系贫民，若尽行禁止，何以为生？地方文武官作何设法，使穷民获有微利，但不得聚众生事。乃令廷臣集议，谕曰："有矿地方，初开时禁止乃可。若久经开采，贫民藉为衣食之计，忽然禁止，恐生事端。总之天地间自然之利，当与民共之，不当以无用弃之，要在地方官处置得宜耳。"乃定未经开采者，仍行严禁（王庆云《熙朝纪政》卷五《纪矿政》）。

雍正二年（一七二四年），两广总督孔毓洵奏请，于广东开采，以济穷民。上谕廷臣会议，嗣奉谕旨："昔年粤省开矿，聚集多人，以致盗贼渐起，邻郡戒严，是以永行封闭。夫养民之道，惟在劝农务本，若皆舍本逐末，各省游手无赖之徒，望风而至，岂能辨其奸良？况矿砂乃天地自然之利，非人力种植可得，焉保其生生不息？今日有利，聚之甚易。他日利绝，则散之甚难。尔等揆情度势，必不致聚众生事，庶几可行。若招商开厂，设官收税，传闻远近，以致聚众藏奸，则断不可行也。"（《皇朝文献通考》卷三十《征榷考》）

雍正三年（一七二五年），江西巡抚裴倖度奏："广信府封禁山，相传产铜，旧名铜塘山，明代即经封禁。其中树石充塞，荒榛极目，无沃土可以资生。康熙五十九年（一七二〇年），擒获匪类之后，搜查并无藏匿，请仍封禁为便。”寻又封禁云南中甸铜厂，又以湖南抚臣布兰泰疏奏开矿事宜，亦谕以逐末之民易聚难散（王庆云《熙朝纪政》卷五《纪矿政》）。

雍正六年（一七二八年），准广西地方开采矿砂。户部议覆：广西巡抚金鉷疏言，桂林府属涝江等处各矿，请招募本地殷实商人，自备资本开采。……其梧州府属之芋荚山，产有金砂，请另委员办理。……均应如所请，从之（《皇朝文献通考》卷三十《征榷考》）。

乾隆六年（一七四一年），准开滇省卑浙、块泽二铅厂，并试开东川者海地方铅厂。……七年（一七四二年），奏定川省铜铅开采事宜（《皇朝文献通考》卷三十《征榷考》）。

（乾隆）八年（一七四三年），湖广总督孙嘉淦奏：会同宜昌金矿及各县矿厂，或属苗疆，或防田园庐墓，或产砂细微，应严加封禁。惟郴、桂二州，既非苗疆，又无防碍，应听采抽税，于鼓铸有裨（王庆云《熙朝纪政》卷五《纪矿政》）。

（乾隆）九年（一七四四年），总督那苏图以粤东鼓铸难缓，见有矿厂可开，兼为抚养贫民之计，宜酌量试采，砂旺即开，砂弱即止。至金、银二矿，民多竞趋，恐转碍鼓铸，应照旧封闭（王庆云《熙朝纪政》卷五《纪矿政》）。

乾隆十五年（一七五〇年），开浙省温、处两郡采铁之禁。户部议覆：闽浙总督喀尔吉善疏言：……浙省处州府属之云和等县，前经抚臣常安奏请概行封禁，今据该督等奏称，处州府属之云和、松阳、遂昌、青田四县，并温州府属之永嘉、平阳二县，及附于平邑淘洗之泰顺一县，土瘠民贫，以采铁为恒业。封禁以后，阳奉阴违，徒起吏胥需索之弊。况云和等七县，俱系内地，与近海产铁应行封禁之宁、台等属不同，历来并无潜藏奸匪、透漏外洋等弊，应照该督所请，仍弛其禁，照旧开采，以济民生。……从之（《皇朝文献通考》卷三十《征榷考》）。

乾隆二十六年（一七六一年），甘肃开骚狐泉磺矿。自后滇之通海、弥勒，黔之清平，广西融县，先后报开铅厂（王庆云《熙朝纪政》卷五《纪矿政》）。

乾隆五十一年（一七八六年），总督福康安，奏开甘肃沙州金砂（王庆云《熙朝纪政》卷五《纪矿政》）。

嘉庆四年（一七九九年），广东于黎地，试采石碌铜斤。总督吉庆以地滨海洋，且额已短缺，奏准停止（王庆云《熙朝纪政》卷五《纪矿政》）。

嘉庆五年（一八〇〇年），谕："云南永昌府之茂隆银厂，近年以来，并无分厘报解。……著即封闭。"（《皇朝续文献通考》卷四十三《征榷考》）

嘉庆六年（一八〇一年），谕："……前据明安等奏，大兴县人张士恒呈称，平泉州属四道沟、云梯沟等处，有铜苗透出，请自备工本开采等语。……该二处山场，久经封禁，见在详悉查勘，亦未见实有可以开采之处。……所有平泉州属四道沟、云梯沟等处产铜山场，新旧洞口，俱著永远封禁，不准开采。"（《皇朝续文献通考》卷四十三《征榷考》）

嘉庆八年（一八〇三年），封闭云南冷水箐、金龙箐二金厂。……十一年（一八〇六年），又封闭云南魁甸厂金矿、永兴厂银矿。十三年（一八〇八年），谕："……查禁达尔达木图金厂，酌定章程，永杜私采。"……十五年（一八一〇年），封闭云南慢梭厂金矿、募乃银矿。……十六年（一八一一年），又封闭云南马腊底银矿。……十八年（一八一三年），封闭云南白沙地银矿。……二十年（一八一五年），谕："据长龄等奏，试采都兰哈拉铅厂，约计每年可得银四、五万两，应交课银一万余两，于经费未能多为节省，应即遵旨封闭等语。……即将该矿永远封闭，嗣后不准再请开采。"……又封闭邦发银矿、北衙蒲草厂金矿。……道光元年（一八二一年），封闭甘肃大通县属札马图金厂（《皇朝续文献通考》卷四十三《征榷考》）。

嘉庆十三年（一八〇八年），开采云南太和银矿。……十五年（一八一〇年），开采邦发银矿。……二十年（一八一五年），又开采云南镇沅州青龙银矿。……二十四年（一八一九年），开采云南永北矿山厂银矿（《皇朝续文献通考》卷四十三《征榷考》）。

道光二十四年（一八四四年）谕："……开矿一事，前朝屡行，而官吏因缘为奸，久之而国与民俱受其累。我朝云南、贵州、四川、广西等处，向有银厂，每岁抽收课银，历年以来，照常输纳，并无丝毫扰累于民，可见官为经理，不如任民自为开采。……因思云南等省，除见在开采外，尚多可采之处，著宝兴、桂良、吴其濬、贺长龄、周之琦体察地方情形，相度山场，民间情愿开采者，准照见开各厂，一律办理。不可假手吏胥，致有侵蚀、滋扰、阻挠诸弊。"……二十八年（一八四八年），谕："开矿之举……如果地方官办理得宜，何至藉口于人众易聚难散、因噎而废食？著四川、云贵、广西、江西各督、抚，于所属境内，确切查勘，广为晓谕。其余各省督、抚，亦著留心访查，如有苗旺之处，酌量开采。不准畏难苟安，托词观望。倘游移不办，朕不难派员前往履勘。如果不便于民，或开采之后弊多利少，亦准奏明停止。于官办、商办、民办，其应如何统辖弹压稽查之处，朕亦不为遥制，惟在该督、抚等，各就地方情形，熟商妥议，定立章程具奏。"（《皇朝续文献通考》卷四十三《征榷考》）

道光二十三年（一八四三年），开采广西永宁州崇庆铁厂。……二十五年（一八四五年），开采广西恭城县铅矿（《皇朝续文献通考》卷四十三《征榷考》）。

道光三十年（一八五〇年），谕："王大臣等遵议给事中王东槐奏封禁矿厂一条，开采山矿，原期裕课便民。除贵州一省仍令开采外，其余各省，著该督、抚确切查明，如果于民未便，著即遵照前奉谕旨，奏明停止。"……又谕："前据程矞采等奏，滇省试办银厂，未臻成效情形，饬部议奏，兹据王大臣等会同户部奏称，该省试办无效，自未便必令开采，著程矞采等悉心查勘，如果弊多利少，即奏明停止。”（《皇朝续文献通考》卷四十三《征榷考》）

咸丰三年（一八五三年），谕：“奕湘、恒春奏遵查矿山情形一折，所有承德府属之遍山线，及平泉州属之锡蜡片地方，据该尚书等查勘，银苗透旺。……业据该处商人承认，予限一月，酌定升课。即著该督会同新任热河都统毓书，妥为办理。”（《皇朝续文献通考》卷四十三《征榷考》）

咸丰三年（一八五三年），谕：“朕闻四川等省向产有金银矿，自雍正以后百余年来，未尝开采。……道光二十八年（一八四八年），王大臣会议开矿一条，曾通行各省督、抚履勘查办，间有一、二省分奏请开采，旋复藉口于硐老苗稀，辄请停止。或以聚众生事为辞，畏难苟安，因循不办。……地方官经理得宜，自不致别滋流弊。即如见在各省旧有矿厂，按年开采抽课，官民日久相安，岂非明证？当此军需浩繁、库藏支绌，各省督、抚，务……于矿苗丰旺之区……奏明试办，毋得……一奏塞责。”（《皇朝续文献通考》卷四十三《征榷考》）

咸丰六年（一八五六年），谕：“业布冲额奏煎炼铅矿、设局鼓铸一折，甘肃迪化州福寿山地方，经访获铅矿，煎炼得银，著即准其设筹裕局，运铅分铸。”（《皇朝续文献通考》卷四十三《征榷考》）

同治十一年（一八七二年），题准广西桂平县吉一里界田水边地方，山场产有铁矿，设铁炉一座，每年纳炉税银二十两。……十二年（一八七三年），议准桂平县属千子岭接壤大润岭一带，山场铁矿，招商开采，设铁炉一座，每年输纳税银二十两（《皇朝续文献通考》卷四十三《征榷考》）。

同治十三年（一八七四年），开采喀拉沁王旗地方罗圈沟银矿（《皇朝续文献通考》卷四十三《征榷考》）。

光绪元年（一八七五年），奏准广西永宁州属安宁里响水崋山场铁矿，招商开采，设铁炉二座，每年共输税银二十两。……三年（一八七七年），议准广西永宁州属安宁里上团，土名矿山崋山场铁矿，招商开采，设铁炉二座，每年共纳税银二十两（《皇朝续文献通考》卷四十四《征榷考》）。

光绪二年（一八七六年），开采热河窑沟银矿，五年（一八七九年）封闭（《皇朝续文献通考》卷四十四《征榷考》）。

光绪七年（一八八一年），封闭喀拉沁王旗地方罗圈沟银矿（《皇朝续文献通考》卷四十四《征榷考》）。

（乙）矿工之生活

明代矿工

明代多以罪人充役，其苦累可知。嘉靖时，曾取砂丁为兵，以御倭寇，私矿之盛可知。

洪武十五年（一三八二年）五月……帝曰："……各冶铁数尚多，军需不乏，而民生业已定。若复设此（磁州铁冶），必重扰之，是又欲驱万五千户于铁冶中也。"（《续文献通考》卷二十三《征榷考》）

洪武十五年（一三八二年）十二月……三府（济南、青、莱）奏，岁役民二千六百六十户，采铅三十二万三千四百余斤（《续文献通考》卷二十三《征榷考》）。

宣德三年（一四二八年）九月，免江西德兴铅山浸铜丁夫杂役。二县铜场，岁浸铜得五十余万斤，所用铁炭，丁夫自备，其差徭科征皆不免，岁额累亏。因诏有司悉免杂役，税粮附近输纳（《续文献通考》卷二十三《征榷考》）。

宣德五年（一四三〇年）……浙江布政司王泽言："平阳、丽水等七县银冶，自永乐间遣官闸办，共岁额八万七千八百两。至今十年，各场所产，有仅足额者，有不足者，有矿尽绝者。闸办官督令坑首冶夫纳课，不敢稍失岁额，赔累之民，富者困敝，贫者逃亡。他处坑冶，其害亦然。”（《续文献通考》卷二十三《征榷考》）

天顺四年（一四六〇年），命云南杂犯死罪以下无力者，俱发新兴等场充矿夫，采办银课（《续文献通考》卷二十三《征榷考》）。

成化九年（一四七三年），巡按御史胡泾等奏：“云南所属楚雄、大理、洱海、临安等卫军，全充矿夫，岁给粮布。采办之初，洞浅矿多，课额易完，军获衣粮之利，未见其病。近日洞深利少，军士多以瘴毒死，煎办不足，或典妻鬻子，赔补其数，甚至流徙逃生，啸聚为盗。”（《续文献通考》卷二十三《征榷考》）

弘治十三年（一五〇〇年）十一月，巡抚都御史李士实奏：“云南银场凡九，近者矿脉甚微，各卫俱以矿夫口粮赔纳，岁折银三万四百三十四两，名曰矿夫口粮；余丁或三五人朋当一名，岁办银二万一千九百四十五两，名曰夫丁干认。今判山、窝村、广运、宝泉四场，矿脉久绝，赔纳无已。”（《续文献通考》卷二十三《征榷考》）

遵化铁厂夫匠，永乐间，起蓟州、遵化等州、县民夫二千三百六十六名、匠二百名，遵化等六卫军夫九百二十四名、匠七十名，采办柴炭，炼生熟铁。……正统三年（一四三八年），凡烧炭人匠七十一户……淘沙人匠六十三户……铸铁等匠六十户、附近州、县民夫六百八十三名、军夫四百六十二名，每年十月上工，至次年四月放工，凡民夫民匠月支口粮三斗，放工住支，军夫、军匠月粮六斗、行粮三斗，俱岁办柴炭铁沙，看厂军月粮同行粮减半，各军俱给冬、夏衣布二匹、绵花二斤八两帮贴，余丁不支粮，该卫免其差役，岁办半于正军。此外又有顺天、永平轮班人匠，原额六百三十名，岁分为四班，按季办柴炭、铁沙。又有法司送到炒炼囚人，每名日给粟米一升。弘治十三年（一五〇〇年），奏准：本厂民夫每名每年给均徭银十二两，买办柴炭，其口粮罢支。……万历元年（一五七三年），议定：……今额征顺、永二府民夫银三千八百九十五两，班匠银二百九十二两零五分（《大明会典》卷一九四《工部》）。

当时铁冶十三处，俱以徒罪人犯充炒铁，不轻役民耳（孙承泽《春明梦余录》卷四十六《工部·铁厂》）。

清代矿工

营矿业者，得利至厚。集众至多，故约束至严。零星自采，则备受剥削。入厂为工，则所得工资至微。有被诱卖为工者，有触怒豪强，立丧其生者。天下极苦之人，盖莫如矿工矣。

康熙十八年（一六七九年），定各省采得铜铅以十分内二分纳官，八分听民发卖。……大抵官税其十分之二，其四分则发价官收，其四分则听其流通贩运。或以一成抽课，其余尽数官卖。或以三成抽课，其余听商自卖。或有官发工本，招商承办。又有竟归官办者（《皇朝文献通考》卷三十《征榷考》）。

雍正五年（一七二七年），谕旨："……从来矿徒，率皆五方匪类，乌合于深山穷谷之中，逐此末利。"（《皇朝文献通考》卷三十《征榷考》）

米分厂客，或独一人，或合数人，认定硐口，日需峒丁若干进采，每日应用油米盐菜若干，按数供支。得获银两，除上课外，分作十分，镶头、峒领共得一，峒丁无定数，共得三分，厂客则得六分。若遇大矿，则厂客之获利甚丰。然亦有矿薄而仅足抵油米者，亦有全无矿砂，竟至家破人亡者（《皇朝经世文编》卷五十二倪蜕《复当事论厂务书》）。

山西布政使永北刘慥奏免金课疏：……云南永北府，地界金沙江，旧传明季本有淘金人户，每户金床一架，额征金一钱五分，递年约征金十四两五钱零，添平二两，知府规礼三两，通共征金一十九两五钱零。迩来金渐不产，从前淘金人户久已散亡。今闻有淘金之人，俱系四方穷民，藉此糊口，去来无常。或一日得一、二分，或三、四日竟无分厘，是以额征之数，不能依例上纳。倘课头抽紧，淘金者即潜散他方。有司以正课不敢虚悬，督责课头，以淘金人尽散，无可着落，只得将江东、西两岸之夷猓，按户催征，以完国课。间有逃亡一户，又将一户之课摊入一村，相仍积弊，苦累无穷。况二村夷猓，并不淘金，及至卖妻鬻子，赔纳金课。嗟此夷民，情何以堪（《云南通志》卷七十三《食货志》）。

乾隆五十一年（一七八六年），奏准：甘肃敦煌县沙州南、北两山出产金砂，采金人夫以三千名为率，如有多带，照例治罪。每五十名设夫头一名，夫头给与照票，散夫给与腰牌。照票由安西州填号钤印，送厂员给发。腰牌即由厂员制造。逐日课金，责成夫头收缴，按夫抽取，每夫交纳课金三分。于正课之外，另抽撒散金三厘。即有风雪不能采挖之日，亦不准扣除（《皇朝续文献通考》卷四十三《征榷考》）。

乾隆五十五年（一七九〇年），题准直隶延庆府属黄土梁地方银铅矿，准其开采，照黔省银铅矿厂抽课之例办理。余银全行给商，余铅照川省之例，一半官为收买（《皇朝续文献通考》卷四十三《征榷考》）。

宋应星《天工开物》……商民凿穴得砂，先呈官府验办，然后定税出土，以斗量付与冶工，高者六七两一斗，中者三四两，最下一二两。其礁碎放光甚者，精华泄漏，得银偏少（《云南通志》卷七十三《食货志》）。

王崧《矿采炼篇》：……凡厂皆在山林旷邈之地。……厂民穴山而入，曰礌，曰硐，即古之坑。取矿而出，火炼为金，即古之冶。……四方之民入厂谋生，谓之走厂。……大府……专令一官主之，称为厂主。听其治，平其讼，税其所采炼者，入于金府。府以一人掌其出纳，吏一人掌官文书，胥二人供俏伺之役，游徼其不法，巡察其漏逸，举其货，罚其人。厂主……以七长治厂事：一曰客长。掌宾客之事；二曰课长。掌税课之事；三曰炉头。掌炉火之事；四曰锅头。掌役食之事；五曰镶头。掌镶架之事；六曰硐长。掌礌硐之事；七曰炭长。掌薪炭之事。……其管事又各置司事之人，工头以督力作，监班以比较背荒之多寡。其刑有笞有缚，其笞以荆，其缚以藤，两拇悬之梁栋，其法严，其体肃（《云南通志》卷七十三《食货志》）。

滇边外则有缅属之大山厂，粤西边外则有安南之宋星厂，银矿皆极旺。……听中国人往采。……大山……江楚人所居，采银者岁常有四万人，人岁获利三四十金，则岁常有一百余万赍回内地。……广东嘉应州人在厂滋事，由安南国王牒解广府。余讯以得几何而在外国滋事如此？渠对云：利实不赀，矿旺处，画山仅六尺，只许直进，不许旁及。先索僦直六百金，始听采，即有人立以六百金僦之。则其利可知也（赵翼《簷曝杂记》卷四）。

矿民入山采铜，官必每百斤预发价银四两五钱，至铜砂煎出时，抽去国课二十斤，秤头加长三十斤，共交一百五十斤，此无本之矿民所由困也。其有不愿官价，自备工本，入山开采者，至铜砂煎出时，令矿民自备脚力，驼至省店领银，每百五十斤给银五两。又旷日持久不能支领，于是有本之矿民亦困。其有私相买卖者，谓之私铜。将铜入官，复坐以罚。夫矿民开采铜斤，其费其大，有油米之费，有锤凿之费，有炉火之费，其运至省店，也有脚价之费。所费甚大，而官价不足偿之，所以矿民每有硐老山空之请，盖托之以逃耳（《皇朝经世文编》卷五十二李绂《与云南李参政论铜务书》）。

今之厂内各设课长、客长、硐长、炉头、礦头、锅头，皆所以约束礌户、尖户及炉丁、砂丁之类。又须多派书差巡练，以杜偷匿漏课，并禁夺底争尖。……查云南各属，无论五金之厂，皆有厂规。其头人分为七长，每开一厂，则七长商议立规，名目愈多，剥削愈甚。查历办章程，迤东各厂硐户卖矿，按所得矿价，每百两官抽银十五两，谓之生课。迤西各厂硐户卖矿，不纳课，惟按煎成银数，每百两抽银十二三两不等，谓之熟课。皆批解造报之正款，必不可少。此外有所谓撒散者，则头人、书役、巡查之工食薪水出焉。有所谓火耗、马脚、硐主、硐分、水分以及西岳庙功德、合厂公费等名目，皆头人所逐渐增添者。……查向来厂上之人，殷实良善者什之一，而犷悍诡谲者什之九。又厂中极兴烧香结盟之习，故滇谚有云：无香不成厂。其分也争相雄长，其合也并力把持，恃聚欺民，渐而抗官藐法。是以有矿之地，不独官惧考成，并绅士居民，亦皆懔然防范（《皇朝经世文续编》卷二十六林则徐《查勘矿情形试行开采疏》）。

光绪九年（一八八三年），谕："……湖南耒阳县奸民，充当采煤窿户，诱买穷民，关禁土室，逼令作工，并设立各种名目，肆行陵虐，每岁致毙人命甚多。……奸徒渔利，戕害生命，实属犷悍残忍，目无法纪。现卞宝第查明惩办，著即饬令地方官勒石永禁，毋得视为具文。至此项人犯，如何明定治罪专条，著刑部议奏。"（《皇朝续文献通考》卷四十四《征榷考》）

（丙）矿之生产

明代矿产

明代产额，见于官书者，以供官用而已。民间开采，必足供其所需。唯金银之产，一代独少，大臣受赐多至百金为止。万历以后，始通用银，岂来自海舶耶？

国初定各处炉冶，该铁一千八百四十七万五千二十六斤，湖广六百七十五万二千九百二十七斤，广东一百八十九万六千六百四十一斤，北平三十五万一千二百四十一斤，江西三百二十六万斤，陕西一万二千六百六十六斤，山东三百一十五万二千一百八十七斤，四川四十六万八千八十九斤，河南七十一万八千三百三十六斤，浙江五十九万一千六百八十六斤，山西一百一十四万六千九百一十七斤，福建一十二万四千三百三十六斤（《大明会典》卷一九四《工部》）。

洪武二十年（一三八七年），延平府尤溪县银屏山，尝设场局煎炼银矿，置炉冶四十二座，岁办银二千一百两，至是增其额（《续文献通考》卷二十三《征榷考》）。

宣德三年（一四二八年）……江西德兴、铅山二县铜场，岁浸铜得五十余万斤（《续文献通考》卷二十三《征榷考》）。

宣德五年（一四三〇年）……（浙江）布政司王泽言："平阳、丽水等七县银冶，自永乐间遣官闸办，共岁额八万七千八百两。"（《续文献通考》卷二十三《征榷考》）

嘉靖十六年（一五三七年），山东巡按李松言："沂州宝山开矿七十八所，得白金一万一千三百两。"（《续文献通考》卷二十三《征榷考》）

皇店采矿，据一岁所进，为数不多，而官民赔贩之繁，有什佰于此者。加以原奏棍徒假公济私，侵渔国课，剥削民膏，朝廷但见其进解之来，而不见贻害之大（《皇明经世文编》卷四〇八《张洪阳文集·回奏御札揭》）。

蜀之民苦极矣。……采矿则有供给之苦、赔累之苦。……皇上以为不忍加派于民，而姑取之于地也。……矿砂不足，不得不求足于民，故岁进之矿银，什七皆小民之脂膏，而差官之私橐不与焉（《皇明经世文编》卷四三五余文恪《四川矿税》）。

皇上以为今矿尚采之山与？……自开采不止，地无余骨，而处处包矿，则苍黎之骨髓也（《皇明经世文编》卷四三六《朱文懿公文集·请停止矿税疏》）。

清代矿产

清代矿产，较明为盛，尤盛于云南。乾隆以后，全国之铜约百厂，而滇有四十八厂。全国之金二十五厂，而滇有其七，银厂凡三十六。永善、巧家、鲁甸，即汉代朱提之地，川、黔、湘、粤、赣五省之人，麇集其地从事开采者，恒数万人，窑硐深达数十里，或掘银苗，或就黑铅提炼，得银无算。后以银盛铜衰，不给京运，又虑炉丁众多为患，尽予封闭。光绪中，以制钱缺乏，命唐炯督办云南矿务，所重者铜斤，仅出资购砂丁之铜，岁得百余万斤，不及全盛时十分之一。

乾隆十六年（一七五一年）……京局岁需铅七十万余斤。前于黔省黑铅短少不能办解案内，臣部酌议题交湖南接办（《皇朝文献通考》卷三十《征榷考》）。

乾隆二十九年（一七六四年），四川总督阿尔泰奏：“屏山县之李村、石堰、凤村及利店、茨藜、荣丁等处产铁。……每岁计得生铁三万八千八百八十斤。”（《皇朝文献通考》卷三十《征榷考》）

乾隆三十年（一七六五年），四川总督阿尔泰奏：“江油县木通溪和合硐等处产铁……每岁得生铁二万九千一百六十斤。”（《皇朝文献通考》卷三十《征榷考》）

乾隆三十年（一七六五年），华阴县之华阳川地方产黑铅，自乾隆十三年（一七四八年）题准开采，每年得铅五六万斤至十万斤不等。自二十三年（一七五八年）以后，得铅日以减少，至二十八年（一七六三年）分，仅得四百斤（《皇朝文献通考》卷三十《征榷考》）。

乾隆三十一年（一七六六年），四川总督阿尔泰奏：“宜宾县滥坝等处产铁……每岁计得生铁九千七百二十斤。”（《皇朝文献通考》卷三十《征榷考》）

乾隆三十一年（一七六六年），贵州巡抚方世儁奏：“清平县之永兴寨产黑铅……照例抽课，每年可收课铅一万二三千斤。”（《皇朝文献通考》卷三十《征榷考》）

夫滇铜之始归官卖也，岁供本路铸钱九万余千，及运湖广、江西钱四万串，计才需用一百一万斤耳。至雍正五年（一七二七年），滇厂获铜三百数十万斤，始议发运镇江、汉口各一百余万，听江南、湖南、湖北受买。至雍正十年（一七三二年），发运广西钱六万二千余串，亦仅需铜四十余万。其明年，钦奉世宗宪皇帝谕旨，议于广西府设局开铸，岁运京钱三十四万四千六十二串，计亦止需铜一百六十六万三千余斤。乾隆二年（一七三七年），总督尹文端公继善……请敕江、浙赴滇买铜二百万斤。云南依准部文解运京钱之外，仍解京钱三十余万，以足二百万之数。而直隶总督李卫，又以他处远买滇铜转解，孰与云南径运京局。由是各省供京之正铜及加耗，悉归云南办解，然尚止于四百四十万也。未几，而议以停运京钱之正耗铜，改为加运京铜一百八十九万余斤矣。又未几，而福建采买二十余万斤矣，湖北采买五十余万斤矣，浙江采买二十余万斤矣，贵州采买四十八万余斤矣。既而广西以盐易铜十六万余斤矣，既而陕西罢买川铜，改买滇铜三十五万，寻又增为四十万斤矣。于是云南岁需备铜九百余万，而后足供京外之取，而滇局鼓铸尚不与焉。……尝稽滇铜之产，其初之一、二百万斤者不论矣，自乾隆四五年（一七三九、一七四〇年）以来，大抵岁产六七百万耳，多者八、九百万耳，其最多者千有余万至于一千二三百万止矣。今乾隆三十八年（一七七三年）、三十九年（一七七四年），皆以一千二百数十万告（《皇朝经世文编》卷五十二王太岳《铜政议上》）。

光绪十年（一八八四年），户部奏，略称滇省产铜，自乾隆以来，每年部拨铜本银一百万两，岁运京铜六百三十余万斤，而本省之鼓铸，各省之采买资焉。……自光绪元年（一八七五年）起，已历十载，运办京铜只五百万斤，尚不及常年一年之额（《皇朝续文献通考》卷四十四《征榷考》）。

光绪十五年（一八八九年），唐炯奏："……东川、昭通两府，开办各厂……大约本年可得铜一百数十万报解。"（《皇朝续文献通考》卷四十四《征榷考》）

（丁）厂

铁厂

铁木之厂，其来久矣。用地广，需人众，非室庐所容，必在高敞之地，故曰厂，或曰场。山居之人多从事于此。铁厂必兼炉冶，其在城市村镇间者，则为昔之官冶。遵化铁炉，五代时物也。

遵化铁厂铁课，成化十九年（一四八三年），令岁运京铁三十万斤。……正德四年（一五〇九年），开大鉴炉十座，共炼生铁四十八万六千斤；白作炉二十座，炼熟铁二十万八千斤；钢铁一万二千斤。六年（一五一一年），开大鉴炉五座、白作炉八座，炼生、熟、钢铁如前。八年（一五一三年），令生铁免炒。嘉靖八年（一五二九年）以后，每岁大鉴炉三座，炼生板铁十八万八千八百斤、生碎铁六万四千斤。发白作炉，炼熟挂铁二十万八千斤解京（《大明会典》卷一九四《工部》）。

京东北遵化境有铁炉，深一丈二尺，广前二尺五寸、后二尺七寸，左右各一尺六寸。前辟数丈为出铁之所，俱石砌，以简干石为门，牛头石为心，黑砂为本，石子为佐，时时旋下，用炭灰，置二韝扇之，得铁日可四次。石子产于水门口，色间红白，略似桃花，大者如斛，小者如拳。捣而碎之，以投于火，则化而为水。石心若燥，砂不能下，以此救之，则其砂始销成铁。……生铁之炼，凡三时而成。熟铁由生铁五六炼而成。钢铁由熟铁九炼而成。其炉由微而盛而衰，最多至九十日则败矣（孙承泽《春明梦余录》卷四十六《工部·铁厂》）。

木厂

凡厂，皆有税，由官稽之，否则为私厂。若神木厂，则国家贮木材之厂也。各省交界，崇山峻岭间，多散居之人，垦地外即从事于厂。自唐、宋以来即有之，其地有以厂名者，亦有逐渐成为繁盛之区、改设府县治者。

崇文门外有神木厂，旧额发虎贲等十七京卫、通州等二十五外卫军余一千名，在厂工办。逃故佥补后，止存八百二十一名，内上工二百名，杂差管事四十一名，大木厂借工一百二十名，其余皆办桩木，每名月办二根，以备苫盖。朝阳门外有大木厂，与神木厂同。凡各省采到木植，俱于二厂堆放。永乐中，营建北京宫殿，令四川、湖广、江西、浙江、山西采木。嘉靖三十六年（一五五七年），营建朝门午楼，议准材木先尽神木厂，次差御史、郎中各一员，挨查先年沿途遗有大木解用。又令川、贵、湖广三省采木，山西、真定采松木，浙江、徽州采鹰架木（《大明会典》卷一九〇《工部》）。

初，交山之民，虽耕获地少，然茂林深涧，便刍牧。顺治五年（一六四八年），禁民间养马，山民始困。山中又产木，岁采伐，贮山口之南堡村厂场交易，岁纳布政司税六两。邻近府、县贩买者四集，连山数百里藉以给，而山口贫民，遇贮卖，役力拖撑，无冻馁者，以故南堡村落，烟火颇盛。康熙二年（一六六三年），文水民争利构讼，前巡抚杨熙不许立厂，听山民沿河变卖。商贩不至，而文水民遂立私厂于文水之峪口，去南堡村十有五里，交山木不到峪口即不得卖，力费利薄，山民愈困。八年（一六六九年）正月初七日……翼日，村民数十人，连名呈恳申详重立厂场救民命。（赵）吉士（交城县知县）复一一面讯，委曲既悉，为文详布政司。……吉士曰："山木之出，必乘水涨。水涨不时，若无厂场，即不能随到随贮。山木贮积，岂无偷盗？必须人守。无厂场则无地主，即不能自往自来，且沿河非一定之地，沿河变卖，又无一定之时，是卖者买者尝两不可必也。卖木之民撑木出山，尝数百十里；贩木之民挈资入境，亦尝数百十里，而皆待交易于不可必得之中，此所以厂场一废，交易两绝也。"……三月，布政司如议，遂出示，于西山谷口之水泉滩，复立场交易，山民欢呼，商贩日至（夏骃《交山平寇本末》卷中）。

乾隆二十四年（一七五九年），定山西穆纳山征收木植税课。……今酌议召募殷实谙练者为商总，其散商或三四人或五六人，不得过六名之数，每商一名，其名下砍运工丁，不得过一百名，给与该商人印照，指定山沟，分编字号，在山伐运。……至开采数年之后，大木无有，所有商丁，自应概行查逐出山，以免逗留滋事。从之（《皇朝文献通考》卷三十一《征榷考》）。

山内营生之计，开荒之外，有铁厂、木厂、纸厂、耳厂各项，一厂多者恒数百人，少者亦数十人。……凡开厂之商，必有赀本，足以养活厂内之人；必有力量，足以驱使厂内之人。工作本利其赀值，帖然为用。……丛竹生山中，遍岭漫谷，最为茂密，取以作纸，工本无多，获利颇易，故处处皆有纸厂。山内险阻，老林之虬干蟉枝，固为一端。而挂衣刺眼，令人不能展布，则丛竹之为患更烈。竹簃常青，春烧不然，多有竹厂砍伐，非惟利民，亦可除害（严如煜《三省山内风土杂识》）。

所谓耳厂者，即银耳、木耳之培植者。

山内有耳扒者，将青桐木砍伐作架，至次年渐生耳，其利可以三年。耳尽而新蓄之青桐木，又可作扒，再有作蕈扒者。另是一种木，间有取松树为之，洵阳则出构穰，状如麻，苏广为纱罗者参用之。此数种，皆山货之贵重者（严如煜《三省山内风土杂识》）。

（三）学术

（1）理学

（甲）紫阳之学

明代表章朱子，尊崇理学。

英宗之世，河东薛瑄以醇儒预机政，虽弗究于用，其清修笃学，海内宗焉。吴与弼以名儒被荐，天子修币聘之殊礼，前席延见。……白沙而后，旷典缺如。原夫明初诸儒，皆朱子门人之支流余裔，师承有自，矩矱秩然。曹端、胡居仁笃践履，谨绳墨，守先儒之正传，无敢改错。学术之分，则自陈献章、王守仁始。宗献章者曰江门之学，孤行独诣，其传不远。宗守仁者曰姚江之学，别立宗旨，显与朱子背驰，门徒遍天下，流传逾百年，其教大行，其弊滋甚。嘉、隆而后，笃信程、朱，不迁异说者，无复几人矣（《明史》卷二八二《儒林传序》）。

薛瑄字德温，河津人。……高密魏希文、海宁范汝舟，深于理学……为瑄师。……究心洛闽渊源，至忘寝食。……举河南乡试第一，时永乐十有八年也。明年成进士。……居父丧，悉遵古礼。……为山东提学佥事。首揭白鹿洞学规，开示学者，延见诸生，亲为讲授。……为大理左少卿。……御史王文承（王）振旨诬瑄……下狱论瑄死……瑄读《易》自如。……免。……英宗复辟，拜礼部右侍郎，兼翰林院学士，入阁预机务。……疏乞骸骨……许之归。瑄学一本程、朱，其修己教人，以复性为主，充养邃密，言动咸可法。尝曰："自考亭以还，斯道已大明，无烦著作，直须躬行耳。"有《读书录》二十卷，平易简切，皆自言其所得，学者宗之。……卒年七十有二。……谥文清（《明史》卷二八二《薛瑄传》）。

吴与弼字子传，崇仁人。……年十九，见《伊洛渊源图》，慨然向慕，遂罢举子业，尽读四子五经洛闽诸录，不下楼者数年。……天顺元年……征与弼赴阙。……留京师二月，以疾笃请……放还。……成化五年卒，年七十九。……所著《日录》，悉自言生平所得。其门人最著者，曰胡居仁、陈献章、娄谅，次曰胡九韶、谢复、郑伉（《明史》卷二八二《吴与弼传》）。

陈献章字公甫，新会人。……从吴与弼讲学。居半载归，读书穷日夜不辍。筑阳春台，静坐其中，数年无户外迹。……献章之学，以静为主。其教学者，但令端坐澄心，于静中养出端倪。或劝之著述，不答。尝自言曰："吾年二十七，始从吴聘君学，于古圣贤之书无所不讲，然未知入处。比归白沙，专求用力之方，亦卒未有得。于是舍繁求约，静坐久之，然后见吾心之体隐然呈露，日用应酬随吾所欲，如马之御勒也。"其学洒然独得，论者谓有鸢飞鱼跃之乐，而兰溪姜麟至以为"活孟子"云。……卒年七十三（《明史》卷二八三《陈献章传》）。

（乙）阳明之学

王学近于陆象山，其要在致良知与知行合一二者。阳明以事功显，故其学最为切实有用，学说具《传习录》中。

王守仁字伯安，学者称为阳明先生，余姚人也。……登弘治己未进士第，授刑部主事。……以左佥都御史巡抚南赣。……讨宸濠……三战俘濠。……升南京兵部尚书，封新建伯。……年五十七。……先生悯宋儒之后学者，以知识为知，谓"人心之所有者不过明觉，而理为天地万物之所公共，故必穷尽天地万物之理，然后吾心之明觉与之浑合而无间"。说是无内外，其实全靠外来闻见以填补其灵明者也。先生以圣人之学，心学也。心即理也，故于致知格物之训，不得不言"致吾心良知之天理于事事物物，则事事物物皆得其理"。夫以知识为知，则轻浮而不实，故必以力行为功夫。良知感应神速，无有等待，本心之明即知，不欺本心之明即行也，不得不言"知行合一"。此其立言之大旨，不出于是（黄宗羲《明儒学案》卷十《姚江一·王守仁》）。

王学末流多变其宗，著名者有李贽。

李卓吾名载贽，福建晋江人。登乡榜，仕至姚安府太守。无子。生平博学，深于内典，好为惊世骇俗之论，务返宋儒道学之说。致仕后，遂祝发住楚黄州府龙潭山中，儒、释从之者，几千万人。其学以解脱直截为宗，少年高旷豪举之士，多乐慕之。后学如狂，不但儒教溃防，而释氏绳检，亦多所屑弃。自谓具千古只眼，标震世奇踪，而以此为训，末流之弊，不知所终矣。又刊刻《藏书》《焚书》等，如以秦始皇、武则天为圣君，冯道为救时贤相，以张巡死节时厉鬼杀贼等语为放屁，识者恨之。鄞县沈相公当国时，有科道论列，逮至锦衣卫狱，死焉（沈瓒《近事丛残》）。

最贻人口实者，则颜山农、何心隐也。

颜山农、何心隐，皆假道学之名，恣为奸利，而士大夫多为其所惑（王之垣《历仕录》）。

何心隐者本名梁汝元，吉之永丰人也。有气魄，为颜山农之高弟。后以事直斥山农之非，反使之拜，以示不复为弟子。为诸生时，与聂尚书豹争坟地，一夜率众赭其山。尚书告官捕之，杀公差而逃。动以圣人自期，以为圣人之出，不为天下君，则为天下相。大贤以下人，卿贰以下官，皆不屑也。亦有过人处，能一见决人贤否贵贱，嚣嚣自得。……张（居正）为政府，何方客游楚，张谕楚中抚台访逮，榜杀之（沈瓒《近事丛残》）。

（丙）东林讲学

张居正毁书院。万历以后，讲学者复盛，党争甚烈。明末死义者众，皆与理学有关。

得先辈邵宝所修杨时东林祠遗址于东林庵旁，辟为东林书院，大会吴越之士讲习其中，岁有会，月有纪，而东林之名满天下矣（陈鼎《东林列传》卷二《顾宪成传》）。

东林自顾泾阳先生于万历二十二年会推阁臣罢归，与同邑高景逸、刘本儒、安我素诸君子讲学之所，一时清流趋之如市，而东林之名遂满天下。推其名高之故，始于争立国本。……受黜者身去而名高，东林君子之誉沸宇内，尊其言为清议，即中朝亦以其是非为低昂，门庭愈峻，而求进者愈众。……于时庙廊之上，或以清流自负者，小人辄忌之嫉之，挤以污垢之秩。……每罢官归里者，若破车罢马、残书数簏，乡党卒以为贤，愿与约婚姻、结金兰，相与往还不倦。若归有余赀，买田宅、高栋宇，即亲弟侄亦鄙以为贪夫，至于亲戚朋友，老死不相往来。……虽黄童、白叟、妇人、女子，皆知东林为贤。贩夫竖子，或相诮让，辄曰："汝东林贤者耶，何其清白如是耶？"……自泾阳先生救淮抚之书出，而东林之祸萌。未几，妖书狱起，梃击案兴。……争红丸，争移宫，而东林之祸炽矣。及夫熹宗委命阉寺，熊、王之狱既成，杨、左之祸遂烈，又假三案以媒孽东林，而正人君子几无噍类。……崔、魏煽逆，不有杨、左诸君，则赵高问鼎矣。闯贼渫血，不有范景文、李邦华、倪元璐、刘理顺、马世奇诸公，则河岳蒙羞、乾坤削色矣。……东林初起者，为顾（宪成）、为高（攀龙）、为邹（元标）、为赵（南星），继之者为杨（涟）、为左（光斗），再继之文震孟、姚希孟，最后则马世奇辈，皆节义文章足以惊天地、动鬼神者也（陈鼎《东林列传》卷二）。

（丁）清初三大儒

顾炎武、王夫之近于朱，黄宗羲近于王，而皆志节炳然。夫之尤坚苦卓绝，顾、王皆不肯居讲学之名。

顾炎武字宁人，初名绛，昆山人，……其论学以博学有耻为先，尝与友人论学云：百余年来之为学者，往往言心言性，而茫然不得其解也。命与仁，夫子所罕言。性与天道，子贡所未得闻。性命之理，著之《易传》，未尝数以语人。其答问士，则曰行己有耻。其为学，则曰好古敏求。其与门弟子言，但曰允执厥中。四海困穷，天禄永终。其告哀公明善之功，先之以博学。颜子几于圣人，犹曰博我以文。自曾子而下，笃实莫若子夏。言仁，则曰博学而笃志，切问而近思。今之君子则不然，聚宾客门人数十百人，与之言心言性，舍多学而识，以求一贯之方。置四海之困穷不言，而讲危微精一。是必其道高于夫子，而其弟子之贤于子贡也，我弗敢知也。《孟子》一书，言心言性亦谆谆矣，乃至万章、公孙丑、陈代、陈臻、周霄、彭更之所问，与孟子之所答，常在乎出处、去就、辞受、取与之间。是故性也，命也，天也，夫子之所罕言，而今之君子之所恒言也。出处、去就、辞受、取与之辨，孔子、孟子之所恒言，而今之君子所罕言也。愚所谓圣人之道者如之何，曰博学于文，曰行己有耻。自一身以至于天下国家，皆学之事也。自子臣弟友，以至出入、往来、辞受、取与之间，皆有耻之事也。士而不先言耻，则为无本之人。非好古多闻，则为空虚之学。以无本之人而讲空虚之学，吾见其日从事于圣人去之弥远也。又曰今之理学，禅学也。不取之《五经》《论语》，而但资之语录，不知本矣。其论文，非有关于经旨世务者，皆谓之巧言，不以措笔。……炎武撰《天下郡国利病书》一百二十卷……《肇域志》一编……《音论》三卷……《诗本音》十卷……《易音》三卷……《唐韵正》二十卷、《韵补正》一卷、《古音表》二卷……《金石文字记》《求古录》……《日知录》三十卷……《杜解补正》三卷……《石经考》《二十一史年表》《历代帝王宅京记》《亭林文集诗集》《营平二州地名记》《昌平山水记》《山东考古录》《谲觚》《菰中随笔》《救文格论》等书，并有补于学术世道。……在华阴，与王宏撰等于云台观侧建朱子祠。……康熙二十一年，卒于华阴，年六十九（张穆《亭林年谱·附儒林传》）。

晚益笃志六经，谓古今安得别有所谓理学者，经学即理学也。自有舍经学以言理学者，而后邪说以起，不知舍经学则其所谓理学者禅学也。故其本朱子之说，参之以慈溪黄东发《日抄》，所以归咎于上蔡、横浦、象山者甚峻（全祖望《鲒埼亭集》卷十二《亭林先生神道表》）。

黄宗羲字太冲，余姚人。……日夕读书，《十三经》《二十一史》，及百家、九流、天文、历算、道藏、佛藏靡不究心焉。……以蕺山刘忠正公宗周为师。……鲁王监国……宗羲纠黄竹浦子弟数百人随诸军。……授职方司员外……再晋左副都御史。……海氛靖后……始奉母返里门，复举蕺山证人书院之会，从之请学者数百人。尝谓明人讲学，语录之糟粕，不以六经为根柢，束书不读，但从事于游谈。学者必先穷经，经术所以经世，乃不为迂儒。又谓读书不多，无以证斯理之变。读书多而不求于心，则又为伪儒矣。故受其教者，不堕讲学之弊，不为障雾之言，其学盛行于东南。当时有南姚江、西二曲之称。二曲者，李中孚也。……宗羲之学出自蕺山，虽姚江之派，然以慎独为宗、实践为主，不恣言心性、堕入禅门，乃姚江之诤子也。又以南宋以后，讲学家空谈性命，不论训诂，教学者说经则宗汉儒，立身则宗宋学。……所著有《明儒学案》六十二卷、《宋儒学案》《元儒学案》《易学象数论》六卷，辨河洛方位说之非。《授书随笔》一卷，则阎若璩问《尚书》而答之者。《春秋日食历》一卷、《律吕新义》二卷……《孟子师说》四卷……《明史案》二百四十四卷、《弘光纪年》一卷、《龙武纪年》一卷、《永历纪年》一卷、《鲁纪年》一卷、《赣州失事纪》一卷、《绍武事纪》一卷、《四明山寨纪》一卷、《海外痛哭纪》一卷、《日本乞师记》一卷、《舟山兴废》一卷、《沙定洲记乱》一卷、《赐姓本末》一卷、《汰存录》一卷……《授时历故》一卷、《大统历推》一卷、《授时历假如》一卷、《西历假如》一卷、《回历假如》一卷、《气运算法》《勾股图说》《开方命算测圆要》诸书。又有《今水经》《四明山志》《台岩纪游》《匡庐游录》《病榻随笔》《明文海》四百八十二卷……《续宋文鉴》《元文抄》……《思旧录》《姚江琐事》《姚江文略》《姚江逸诗》。自著《年谱》《明夷待访录》二卷、《南雷文案》十卷、《外集》一卷、《吾悔集》四卷。撰《杖集》四卷、《蜀山集》四卷、《诗历》四卷。又分为《南雷文定》《南雷文约》，合之得四十卷。《明夷留书》一卷，言王佐之略。昆山顾绛见而叹曰："三代之治可复也。"又欲修《宋史》而未成，仅存《丛目》《补遗》三卷。……卒年八十有六（江藩《汉学师承记》卷八）。

王夫之字而农，湖南衡阳人。……少负俊才，读书十行俱下。与兄介之同举崇祯十五年乡试。……筑土室石船山，名曰"观生居"。杜门著述，其学深博无涯涘。以汉儒为门户，以宋五子为堂奥，所作《大学衍》《中庸衍》皆力辟致良知之说，以羽翼朱子。而于《正蒙》一书，尤有神契，精绎而畅衍之，为《正蒙注》九卷，《思问录》内外篇各一卷。以为张子之学上承孔、孟之志，下救来兹之失，如皎日丽天，无幽不烛，圣人复起，未之能易。惟其门人未有，殆庶世之信从者寡，道之诚然者不著，是以不百年而异说兴；又不二百年而邪说炽。因推本阴阳法象之状，往来原反之故，反复辨论，所以归咎上蔡、象山、姚江者甚峻。所著诸经有《易》《书》《诗》《春秋稗疏》，共十四卷。……《周易内外传》《大象解》《尚书引义》《诗广传》《礼记章句》《春秋家说》《世论续》《左氏传博议》《四书稗疏》《训义详解读》《四书大全说》《诸经考异》《说文广义》《读通鉴论》《宋论》《永历实录》及注释《老》《庄》《吕览》《淮南》《楚辞》，《姜斋诗文集》等书，凡三百余卷。……康熙……三十一年卒，年七十四（《清史列传·儒林传·王夫之传》）。

天下师师，谁别玉珉？荏苒首解，大命以沦。于是哀其所败，原其所剧。始于嬴秦，沿于赵宋。以自毁其极，推初弱丧，具有伦脊。故哀怨繁心，于邑填膈，矫其所自失，以返轩辕之区画，延明圣明，中邦作辟，行其教，制其辟，以藩扞中区，而终远夷狄，则形质消陨，灵爽亦为之悦怿矣。岁德在丙，火运宣也。斗建维辰，春气全也。文明以应，窃承天也。太原之系，世胄绵也。为汉大行，忠效捐也。悲濍穷愁，退论旃也。明明我后，遂播迁也。俟之方将，须永年也。《黄书》之所以传也，意在斯乎（王夫之《黄书后序》）。

于《大学》补《传》，为之《衍》曰："……取《大学》之教，疾趋以附二氏之途。以其恍惚空明之见，名之曰此明德也，此知也，此致良知而明明德也。体用一，知行合，善恶泯，介然有觉，颓然任之，而德明于天下矣。乃罗织朱子之过，而以穷理格物为其大罪，天下之畏难苟安，以希冀不劳，无所忌惮，而坐致圣贤者，翕然起而从之。呜呼！彼之为师者，与其繁有之徒，其所用心，吾既知之矣。”（唐鉴《学案小识》卷三）

同时尊紫阳者，有张履祥、吕留良、陆世仪、陈瑚。朱、王并重者，有孙奇逢、李颙。

张履祥字考夫，浙江桐乡人。……年三十四，如山阴，受业刘宗周之门，归而自谓有得。年三十九，友人规之曰："欲诚其意，先致其知。"因觉《人谱》独体犹染阳明，遂一意程朱之学。与乌程凌克贞、海盐何汝霖、归安沈磊切劘讲习，专务躬行。其学大要以仁为本，以修己为务，而以《中庸》为归。穷理居敬，宗法考亭，知行并进，内外夹持，无一念非学问，无一事非学问。……康熙十三年卒，年六十四（《清史列传·儒林传·张履祥传》）。

先君讳留良……号晚村，姓吕氏。……与桐乡张考夫、盐官何商隐、吴江江佩葱诸先生，及同志数人，共力发明洛闽之学。……欲补辑朱子《近思录》。……尝谓洛闽渊源至靖难时中绝，后来月川、敬轩、康斋、敬斋诸人，颠末由蘖，仅能敷述绪论，而微言不传。白沙、阳明乘吾道无人之时，祖大慧之余智，改头换面，阳儒阴释，以聋瞽天下之耳目，而阳明之才气，尤足以钳锤驾驭。自是以后，士之卑靡者，既溺于科举词章之习，其有志于讲明此理者，伥伥然如瞽之无相，总不能脱离姚江之圈禯。若罗整庵之《困知记》、陈清澜之《学蔀通辨》，盖尝极力攻其瑕颣，而所见犹粗。至后此讲学诸儒，未尝不号宗朱，及论至精微所在，则犹然金溪黑腰也。然则此学何由而明哉。……卒康熙癸亥，享年五十有五（《晚村文集·附吕公忠先府君行述》）。

陆世仪字道威，江南太仓州人。……尝欲从刘宗周问学，不果。……

笃守程、朱，自言初有得于“心为严师、随事精乐”八字。谓心为严师即居敬，随事精察即穷理。既有得于理一分殊四字，谓圣贤工夫，随事精察是起手，一以贯之是究竟，而此四字自精察而造一贯之阶梯也。……卒年六十二（《清史列传·儒林传·陆世仪传》）。

陈瑚字言夏，亦太仓州人。……瑚之学博大精深，尤讲求经济大略。暇则横槊舞剑，弯弓注矢，其击刺妙天下。……康熙十四年卒，年六十三（《清史列传·儒林传·陈瑚传》）。

孙奇逢字启泰，直隶容城人。……顺治二年……征……以病辞。……辟兼山堂，读《易》其中，率子弟躬耕自给。……奇逢之学，原本象山、阳明，而兼采程、朱之旨，以弥阙失。其论学，以慎独为宗，以体认天理为要，以日用伦常为实际，而其大本主于穷则励行，出则经世。其治身务自刻励，而于人无町畦。有问学者，随其高下浅深，必开以性之所近，使自力于庸行。上自公卿大夫，下及野人、牧竖、武夫、悍卒，一以诚意接之。用此，名在天下而人无忌嫉。……又表周、程、张、邵、朱、陆及薛瑄、王守仁、罗洪先、顾宪成为十一子，以为直接道统之传。……康熙十四年卒，年九十二（《清史列传·儒林传·孙奇逢传》）。

（康熙）三年甲辰，八十一岁。二月，闻济上事，余具呈当事，北行（原注：顺治九年，曾奉旨详察确访明末死难之人，在廷诸臣各举所知。先生故有《甲申大难录》一编，济宁州牧李为授梓。至是严野史之禁，有老蠹见编内有野史氏字，以为此奇货可居，遂首大部，李被逮。此信初传，闻者皆为变色。先生正在水部座上，闻之，饮食谈笑自若，曰：“天下事只论有愧无愧，不论有祸无祸。八十一岁老人，得此已足矣。”遂投呈当事，自请赴部）。三月，至中途，闻简，原书特为表忠，毫无触忌，释济守归，余遂返（原注：答同人慰问云：“当此之时，谁敢自谓无过？所恃者此心无疚。祸患死生，听之而已。借鬼神之祐、同人之庇，幸不罹于法网，实出望外。从此当闭户修省，以答神人之休。默之一字，原圣人微妙

处。其默足容，此是何等功力，何等境地？愿与诸同人精思而实体之。”〔霍炳《征君孙先生年谱》卷下〕）

十辞辟召，蚤谢公车。……曲避伪檄之催选，从容就道，首认野史。……予故信其有阳明本领，而无其任用也（霍炳《征君孙先生年谱序》）。

李颙字中孚，陕西盩厔人。……其学以尊德性为本体，以道问学为工夫，以悔过自新为始基，以静坐观心为入手。……居恒教人一以反身实践为事。谓孔、曾、思、孟，立言垂训，盖欲学者体诸身，见诸行，充之为天德，达之为王道，有体有用，有补于世。否则假途干进，岂圣贤立言之初心，国家期望之本意耶？时容城孙奇逢之学盛于北，余姚黄宗羲之学盛于南，与颙鼎足，世称三大儒。惟颙起自孤根，上接关学之传，尤为难及云。……卒年七十六（《清史列传·儒林传·李颙传》）。

（戊）颜、李之学

理学专重实用者，为颜、李之学。

颜元字易直，直隶博野人。……其为学以尧舜之道，在六府三事。周公教士以三物，孔子以四教。非主静专诵读，流为禅宗俗学者所可托，乃易静坐以习恭，内而敬直，外而九容交摄。读书择经史有用者，余不尽究。严课孝弟谨信，稽礼乐兵农之允宜今古者，为倡六艺以教来学。……著《存性篇》二卷……《存学编》四卷……《存治编》一卷，大旨欲全复井田、封建、学校、征辟、肉刑，及寓兵于农之法。又《存人编》四卷，大旨戒愚民奉佛，及儒者谈禅。……康熙四十三年卒，年七十。……常语友人曰：“如天不废予，将以七字富天下：垦荒、均田、兴水利；以六字强天下：人皆兵，官皆将；以九字安天下：举人材，正大经，兴礼乐。”其自负如此（《清史列传·儒林传·颜元传》）。

李塨字刚主，直隶蠡县人。……塨弱冠，学《礼》于（颜）元，又学琴于张而素，学射于赵思光，学数于刘见田，学书于彭通，学兵法于王余祐。于田赋、禘祫、郊社、宗庙诸大典，靡不研究。捃摭史志所载经史大略，为《瘳志编》，以备用。既而深服（颜）元六艺之教，遂执贽称弟子。……《平书》者，大兴王源所著，塨订之，为分民、分土、建官、取士、制田、武备六政者也。……雍正十一年卒，年七十五（《清史列传·儒林传·李塨传》）。

（己）道光后理学复兴

乾、嘉之际，考据盛行，理学浸衰。海疆事起，说者谓由考据破碎所致，未免过甚。但学风由此遂变，为汉学者多汉宋兼包，为理学者多言排外。倭仁以诋同文馆著名，徐桐以理学自命，实兼学净土宗，又信术数之学，而赞义和团最力。

华亭倪畬香明经元坦尝刻《二曲集录要》六卷、《儒林法语要》七卷、《儒学入门》一卷，及自著书共九种，今名《读易楼合刻》。嘉庆己卯入都，因会稽莫侍郎晋，得交诸公卿，力言正人心、息邪说，莫如兴理学。当轴者信之。道光初元以后，睢州、容城、宣公、蕺山、漳浦、宁陵诸儒，先后从祀庙庑。汤文端公刻《四书反身录》、麟见亭观察刻《二曲全集》、莫侍郎刻《明儒学案》、藩文恭公刻《正学编》、程简敬刻《新吾全集》、卢容庵通参刻《为学须知》，宋学复盛，乃自一老明经开其端。乾嘉考证、校雠琐碎之焰稍息矣（平步青《霞外攟屑》卷五）。

唐鉴字镜海，善化人。……为太常寺卿。海疆事起，严劾琦善、耆英等，直声震天下。鉴潜研性道，宗尚洛、闽诸贤。著《学案小识》，推陆陇其为传道之首，以示宗旨。时蒙古倭仁，湘乡曾国藩，六安吴廷栋，昆明窦垿、何桂珍皆从鉴考问学业，陋室危坐，精思力践。年七十，斯须必敬。致仕南归，主讲金陵书院。……咸丰……十一年卒，年八十有四（《清史稿·儒林传一·唐鉴传》）。

倭仁字艮峰，乌齐格里氏，蒙古正红旗人，河南驻防。……同治元年……秋，拜文渊阁大学士。……六年，同文馆议考选正途五品以下京外官入馆肄习天文算学，聘西人为教习。倭仁谓根本之图，在人心不在技艺，尤以西人教习为不可；且谓必习天文算学，应求中国能精其法者，上疏请罢议。于是诏倭仁保荐，别设一馆，即由倭仁督率讲求。复奏意中并无其人，不敢妄保。寻命在总理各国事务衙门行走。倭仁屡疏恳辞，不允；因称疾笃，乞休，命解兼职，仍在弘德殿行走（《清史稿》列传一七八《倭仁传》）。

李棠阶字文园，河南河内人。……同治元年……命为军机大臣。……四年……军书旁午，一事稍有未安，辄忧形于色。积劳致疾，十一月，卒，年六十八。……谥文清。棠阶初入翰林，即潜心理学，尝手钞《汤斌遗书》以自勖。会通程、朱、陆、王学说，无所偏主，要以克己复礼、身体实行为归。日记自省，毕生不懈。家故贫，既贵，俭约无改。尝曰："忧患者生之门。吾终身不敢忘忍饥待米时也！"（《清史稿》列传一七八《李棠阶传》）

徐桐字荫轩，汉军正蓝旗人。……光绪……二十二年，拜体仁阁大学士。桐崇宋儒说，守旧，恶西学如雠，门人言新政者，屏不令入谒。……二十六年，义和拳起衅仇外，载漪大喜，导之入都。桐谓中国当自此强矣，至且亲迓之。……联军入……桐乃投缳死，年八十有二矣（《清史稿》列传二五二《徐桐传》）。

（2）经学

（甲）明代经学之衰

永乐中，颁行《五经大全》，类于讲章。一代学者醉心宋儒言理之书，辩朱、陆异同，浮辞相尚，其稍精者，尤多惝恍不可捉摸，治经不重训诂典制，师心自用。故《明史·儒林传》讥其疏漏，谓专门经训授受源流，则二百七十余年间，未闻以此名家者。兹略举足以参证者如下。

《周易象旨决录》七卷，明熊过撰。过字叔仁，号南沙。……明人之《易》，言数者入道家，言理者入释氏。……过作此书，虽未能全复汉学，而义必考古。……凡证字一百有一，证音三十有八，证句二十有六，证脱字七十有九，证衍文三十，证当移置者三十有二，证旧以不误为误者三。……间有未审，然皆据前文，非由臆撰（《四库全书总目》卷五）。

《周易集注》十六卷，明来知德撰。知德字矣鲜，梁山人。……居万县深山中，精思《易》理。……阅二十九年而成此书。其立说，专取《系辞》中错综其数以论《易》象，而以《杂卦》治之。……皆由冥心力索，得其端倪。因而参互旁通，自成一说，当时推为绝学（《四库全书总目》卷五）。

《尚书考异》五卷，明梅鷟撰。……是编辨正《古文尚书》，其谓二十五篇为皇甫谧所作，盖据孔颖达疏。……至谓孔安国《序》并增多之二十五篇，悉杂取传记中语以成文，则指摘皆有依据（《四库全书总目》卷十二）。

《尚书日记》十六卷，明王樵撰。……以蔡《传》为宗……采旧说补之。又取金履祥《通鉴前编》所载，凡有关当时事迹者悉为采入……引据详明。……于经旨多所发明，而亦可用于科举（《四库全书总目》卷十二）。

《诗故》十卷，明朱谋玮撰。……多以汉学为主，与朱子《集传》多所异同。其间自立新义……未免失之穿凿。然谋玮博极群书，学有根柢，要异乎剽窃陈言（《四库全书总目》卷十六）。

《诗经世本古义》二十八卷，明何楷撰。……专主孟子知人论世之旨，依时代为次……各为序目于前。又于卷末仿《序卦传》例，作《属引》一篇。……于三千年后，钩棘字句，牵合史传，以定其名姓时代。……大惑不解，楷之谓乎。然楷学问博通，引援赅洽，凡名物训诂，一一考证详明，典据精确，实非宋以来诸儒所可及（《四库全书总目》卷十六）。

《周礼传》十卷、《图说》二卷、《翼传》二卷，明王应电撰。……论说颇为醇正，虽略于考证，而义理多所发明（《四库全书总目》卷十九）。

《春王正月考》二卷，明张以宁撰。……征引《五经》，参以《史》《汉》，著为一书。决数百载之疑案，可谓卓识（《四库全书总目》卷二十八）。

《六书本义》十二卷，明赵㧑谦撰。……焦竑《笔乘》，称其字学最精。……是编……辨别六书之体，颇为详晰，其研索亦具有苦心（《四库全书总目》卷四十一）。

《俗书刊误》十二卷，明焦竑撰。……其辨最详，而又非不可施用之僻论（《四库全书总目》卷四十一）。

《春秋事义全考》十六卷，明姜宝撰。……谓孔子于周王、鲁侯事有非者，直著其非而已。后人说经，用恶字、罪字、讥贬字，皆非圣人之意。其言明白正大，为啖、赵以来所未及（《四库全书总目》卷二十八）。

《春秋亿》六卷，明徐学谟撰。……大旨以《春秋》所书，皆据旧史，旧史所阙，圣人不能增益。……一扫《公羊》《穀梁》无字非例之说……言简理明，多得经旨（《四库全书总目》卷二十八）。

《乐律全书》四十二卷，明朱载堉撰。……凡书十一种。……载堉究心律数，积毕生之力，以成是书。……所论横黍百粒当纵黍八十一粒之尺度，及半黄钟不与黄钟应而半太簇与黄钟应之说，皆精微之论（《四库全书总目》卷三十八）。

其思想奇特者，略如下。

《易学残本》十二卷，明卓尔康撰。……大旨附会《河》《洛》，推演奇、偶，纷耘轇轕，展卷如历家之数表（《四库全书总目》卷八）。

《河洛定议赞》一卷，明喻国人撰。其说以伏羲则《河图》，画乾、坎、艮、震四卦；则《洛书》，画巽、离、坤、兑四卦；由《河图》四卦，得《讼》《遁》十六阳卦；由《洛书》四卦，得《家人》《中孚》十六阴卦；合《河》《洛》迭为上下，而得《否》《姤》《履》《泰》三十二阴阳配合之卦。……自以《河》《洛》之议至此书而始定。书成，且祭河、洛之神及天地四圣，为文以告（《四库全书总目》卷八）。

《周易对卦数变合参》卷一，明喻国人撰。谓朱子不知《易》中十年、三年、七日八日之旨，及《讼》九二三百户之教，国人乃于反对两卦得之，合《屯》《蒙》二卦，以《屯》下《蒙》上谓《屯》二爻为一年，逆数之至《蒙》五爻，历十爻为十年。合《需》《讼》二卦，以《需》下《讼》上，谓《讼》二画九即九十户，《讼》初画六即六十户，《需》上画六即六十户，五画九即九十户，合之得三百户。以为此意数千年不明，真穿凿附会之说也（《四库全书总目》卷八）。

《三易大传》七十二卷，明李陈玉撰。书分二册，一曰《先天古易》，以解图画，又每篇系以赞语。其最异者，以无极、太极、无极而太极分为三图，而先天八卦配以英辅九星之名，后天八卦配以疏附先后之名，支离破碎，全无理据。一曰《后天周易》，以解经传，虽言象数而皆出臆说（《四库全书总目》卷八）。

《古书世学》六卷，明丰坊撰。……其《序》曰：正统六年，庆官京师，朝鲜使臣妫文卿、日本使臣徐睿入贡……以《尚书》质之。文卿曰："吾先王箕子所传，起神农《政典》，至《洪范》而止。"睿曰："吾先王徐市所传，起《虞书·帝典》，至《秦誓》而止。"又笑官本错误甚多……固请订其错误，仅录一典二谟……见示。……今考《明英宗实录》正统六年，无此二国使臣之名。则其为子虚乌有，已可不辨（《四库全书总目》卷十三）。

《国风尊经》一卷……明陶宗仪撰。……解"君子好逑"云：逑从求从辵，谓行而求之也。解"参差荇菜"云：荇从草从行，谓草生水中而东西行者也。解“左右芼之”云：芼从草从毛，言以菜加于食物之上，如毛之附丽于外。……穿凿不通，不可枚举（《四库全书总目》卷十七）。

《周礼述注》六卷，明金瑶撰。……谓《周礼》之文，为汉儒所窜改，其中有伪官乱句，悉为考定，别以阴文书之。……若亲得周公旧本，一一亲校而知之者（《四库全书总目》卷二十三）。

《礼记意评》四卷，明朱泰贞撰。……弃置一切，惟事推求语气，某字应某字，某句承某句，如场屋之讲试题，非说经之道也（《四库全书总目》卷二十四）。

《春秋说志》五卷，明吕柟撰。……务为新说苛论，凡所讥刺，皆假他事以发之，而所书之本事，反置不论。如以公及邾仪父盟于蔑……为平王之罪。……叔孙豹卒，经不书饿死，乃为贤者讳。……大抵褒贬迂刻，不近情理（《四库全书总目》卷三十）。

《春秋私考》三十六卷，明季本撰。……言惠公仲子非桓公之母，盗杀郑三卿，乃晋人使刺客杀之。晋文公归国，非秦伯所纳。诸如此类，皆无稽之谈。……于二千余年之后，杜撰事实，以改易旧文（《四库全书总目》卷三十）。

《春秋以俟录》一卷，明瞿九思撰。……多穿凿附会之谈。如十二公配十二月，二百四十年配二十四气之类（《四库全书总目》卷三十）。

《大学指归》二卷，附《考异》一卷，明魏校撰。……首以古篆写古本正文，奇形诡状（《四库全书总目》卷三十七）。

《四书大全辨》三十八卷，《附录》六卷，明张自烈撰。……首列揭帖序文之类，盈一巨册，而所列参订姓氏，至四百八十六人（《四库全书总目》卷三十七）。

（乙）清代经学派别

清代经学，自顾炎武开始以考据之法治《左传》，同时毛奇龄、朱鹤龄、马骕、阎若璩皆有盛名。乾嘉时，有一人而兼数经，多宗郑玄，称郑学所以别于朱，称汉学所以别于宋，多为义疏之学，直欲越六代而接两汉，故王懿荣有编《清代十三经义疏》之请。至于辨伪、辑佚，自广博而极于微细，因致琐碎之讥。经学名家源流有绪者，首推徽州，次则扬州、常州、苏州，有继其业至三、四代者，浙东西相望称盛，故清代经学跨越前代，极盛于三吴，至乾嘉而蔑以复加矣。北方学者，通州雷学淇、寿阳祁嶲藻、平定张穆、曲阜桂馥、栖霞郝懿行、武威张澍；西南学者，浪穹王崧、番禺陈澧、遵义郑珍，各有成就。光绪之末，俞樾极博，孙诒让极精，王闿运遍笺十一经，皆有足多。兹述派别及家法之显明者如次。

苏州之学

苏州惠氏之学，专经而不废词章，故惠栋为王士祯《精华录》作训纂。世传《周易》，以《易汉学》为最精。

惠周惕原名恕，字元龙，江苏吴县人。父有声……与徐枋善，周惕少从枋游，又受业于汪琬。康熙十七年，举博学鸿儒科。……三十年，成进士。……选直隶密云县知县，卒于官。周惕遂于经学，为文章，有矩度。著有《易传》二卷、《诗说》三卷、《三礼问》六卷、《春秋问》五卷，及《砚溪诗文集》。……子士奇……字天牧。康熙五十年进士。……洊任侍读学士。……乾隆……六年卒，年七十一。撰《易说》八卷……《春秋说》十五卷……《礼记说》十四卷、《大学说》一卷……《琴邃理数考》四卷，又所著诗有《红豆斋小草》《咏史乐府》及《南中》诸集。子七人，栋最知名。　栋字定宇，元和学生员。……于经史、诸子、稗官、野乘及七经毖纬之学，靡不肄业及之。小学本《尔雅》，六书本《说文》，余及《急就章》《经典释文》汉魏碑碣。……作《九经古义》二十二卷……《易汉学》（八卷）……《易例》二卷……《周易述》二十三卷……《明堂大道录》八卷、

《禘说》二卷……《古文尚书考》二卷……《后汉书补注》二十四卷、《王士祯精华录训纂》二十四卷、《九曜斋笔记》《松厓笔记》《松厓文钞》及《诸史会最》《竹南漫录》诸书。（乾隆）二十三年卒，年六十二。其弟子知名者，余萧客最为纯实。　余萧客字仲林，江苏长洲人。……撰《古经解钩沉》三十卷……《文选纪闻》三十卷、《文选音义》八卷、《文选杂题》三十卷、《选音楼诗拾》若干卷。……乾隆四十三年卒，年四十七（《清史列传·儒林传·惠周惕传》）。

沈彤字冠云，江苏吴江人。……乾隆元年，荐举博学鸿词，报罢。与修《三礼》及《一统志》，书成，授九品官，以亲老归。……撰《周官禄田考》三卷……《仪礼小疏》一卷……《果堂集》十二卷……《春秋左传小疏》《尚书小疏》《气穴考略》《内经本论》……《保甲论》。……十七年卒，年六十五（《清史列传·儒林传·沈彤传）》

钱大昕，字晓征，江苏嘉定人。乾隆十六年，召试举人，授内阁中书。十九年进士。……三十九年……提督广东学政。……嘉庆九年卒，年七十七。大昕幼慧，善读书。时元和惠栋、吴江沈彤以经术称，其学求之《十三经注疏》及唐以前子、史、小学诸书。大昕推而广之，错综贯串，发古人所未发。……始以辞章名，沈德潜《吴中七子诗选》，大昕居一。既乃研精经史，蔚为著述，于经义之聚讼难决者，皆剖析源流，文字、音韵、训诂、天算、地理、氏族、金石，以及古人爵里、事实、年齿，了如指掌。古人贤奸是非，疑似难明者，皆有确见。……尝与修《音韵述微》《续文献通考》《续通志》《一统志》《天球图》诸书。所著有《唐石经考异》一卷、《经典文字考异》三卷、《声类》四卷、《二十二史考异》一百卷、《唐书史臣表》一卷、《唐五代学士年表》二卷、《宋学士年表》一卷、《元史氏族表》三卷、《元史艺文志》四卷、《三史拾遗》五卷、《诸史拾遗》五卷、《通鉴注辨证》三卷、《四史朔闰考》四卷、《南北史隽》一卷、《三统术衍》三卷、《术钤》三卷、《风俗通义逸文》二卷、《吴兴旧德录》四卷、《先德录》四卷、《洪文惠年谱》一卷、《洪文敏年谱》一卷、《王伯厚年谱》一卷、《王弇州年谱》一卷、《疑年录》三卷、《潜研堂文集》五十卷、《诗集》二十卷、《词垣集》四卷、《潜研堂金石文跋尾》二十五卷、《金石文字目录》九卷、《天一阁碑目》二卷、《养新录》二十三卷、《恒言录》六卷、《竹汀日记钞》三卷。族子塘、坫，能传其学。　塘，字学渊。乾隆四十五年进士。改教职，选江宁府学教授。塘少大昕七岁，相与共学。又与大昕弟大昭及弟坫相切磋，为实事求是之学。于声音、文字、律吕、推步，尤有神解。著《律吕古义》六卷……《史记三书释疑》三卷……《伴官雅乐释律》四卷、《说文声系》二十卷、《淮南天文训补注》三卷。其所作古文，曰《述古编》，凡四卷。年五十六。　坫，字献之。副贡生。……以直隶州州判官于陕，与洪亮吉、孙星衍讨论训诂、舆地之学。论者谓坫沉博不及大昕，而精当过之。嘉庆二年……署华州。……仿古为合竹强弓，厚背纸为翎，二人共发之，达百五十步；又以意为发石之法。……著《史记补注》百三十卷……《诗音表》一卷、《车制考》一卷（《清史列传·儒林传·钱大昕传》）。

钱大昭字晦之，嘉定人。太学生，大昕弟也。……少于大昕二十年，事兄如严师，得其指授。……著《尔雅释文补》三卷及《广雅疏义》二十卷……《说文统释》六十卷……《两汉书辨疑》四十卷……《三国志辨疑》三卷……《后汉书补表》八卷……《诗古训》十二卷、《经说》十卷、《补续汉书艺文志》二卷、《后汉郡国令长考》一卷、《迩言》二卷、《嘉定金石文字记》四卷……嘉庆……十八年卒，年七十。子东垣、绎、侗。　东垣字既勤，嘉庆三年举人。官浙江松阳县知县，以艰归。服阕，补上虞县。东垣与弟绎、侗，皆潜研经史金石，时称三凤。……为《孟子解谊》十四卷……《小尔雅校证》二卷、《补经义考》四十卷、《列代建元表》《勤有堂文集》。　绎初名东墉，字以成。……为《十三经断句考》，又著《方言笺疏》十三卷……《说文解字读若考》三卷、《阙疑补》一卷、《释大》

《释小》各一卷、《释曲》一卷、《训诂类纂》一百六卷。 侗字同人，诸生，嘉庆……十五年举人。议叙知县。……为《释声》八卷……《群经古音钩沉》四卷、《正名录》四卷、《九经补韵考》二卷、《说文音韵表》五卷（《清史列传·儒林传·钱大昭传》）。

宝应之学

宝应诸刘，台拱、宝楠、恭冕、岳云皆各有名。

刘台拱字端临，江苏宝应人。……九岁作《颜子颂》。……及长，见同里王懋竑、朱泽沄书，遂笃志程、朱之学。乾隆三十五年举人。……与朱筠、程晋芳、戴震、邵晋涵及同郡任大椿、王念孙等游，稽经考古，旦夕讨论。……选丹徒县训导。……嘉庆十年卒，年五十五。……稿多零落，仅辑成《论语骈枝》一卷、《仪礼传注》一卷、《经传小记》三卷、《荀子补注》一卷、《汉学拾遗》一卷、《文集》一卷，及《方言补》《校淮南子补》《校国语补》诸书（《清史列传·儒林传·刘台拱传》）。

刘宝楠字楚桢，江苏宝应人。……从从父台拱请业，以学行闻乡里。为诸生时，与仪征刘文淇齐名，人称扬州二刘。道光二十年进士，授直隶文安县知县。……咸丰元年，调三河。……五年卒，年六十五。……著《论语正义》二十四卷……《释谷》四卷……《汉石例》六卷……《宝应图经》六卷、《胜朝殉扬录》三卷、《文安堤工录》六卷……《榅山楼诗文集》。子恭冕。 恭冕字叔俛，光绪五年举人。……主讲湖北经心书院。……卒年六十。著有《论语正义补》《何休论语注训述》《广经室文钞》（《清史列传·儒林传·刘宝楠传》）。

仪征三刘

仪征刘氏，三世为《左传义疏》，至襄公而止。

刘文淇字孟瞻，江苏仪征人。嘉庆二十四年优贡生。……为《左氏旧注疏证》八十卷……《左传旧疏》八卷……《楚汉诸侯疆域志》三卷……《扬州水道记》四卷，又《读书随笔》二十卷、《文集》十卷、《诗》一卷……卒年六十六。子毓崧，孙寿曾，能世其学。　毓崧字伯山，道光二十年优贡生。……成《春秋左氏传大义》二卷……《周易》《尚书》《毛诗》《礼记》旧疏考正各一卷……《史乘》《诸子通义》各四卷，又《经传通义》十卷、《王船山年谱》二卷、《彭城献征录》十卷、《旧德录》一卷、《通义堂笔记》十六卷、《文集》十六卷、《诗集》一卷，卒年五十。　寿曾字恭甫。……初，文淇为《左氏春秋长编》，晚年欲编辑成疏，甫得一卷而殁。毓崧思卒其业，未果。寿曾乃发愤，以继志述事为任。……至襄公四年而卒，年四十五。其《读左札记》《春秋五十凡例表》……亦未竟。他著有《昏礼别论对驳义》《南史校议集平》《博雅堂集》《芝云杂记》（《清史列传·儒林传·刘文淇传》）。

徽州之学

徽州之学，始于江永，得其传者，戴为最精，胡为最专。段玉裁受学于戴，而传之陈奂，以至江沅，可谓源流至远。

江永字慎修，安徽婺源人。诸生。……有《周礼疑义举要》七卷、《礼记训义择言》六卷、《深衣考误》一卷、《律吕阐微》十卷、《律吕新论》二卷、《春秋地理考实》四卷、《乡党图考》十一卷、《读书随笔》十二卷、《古韵标准》四卷、《四声切韵表》四卷、《音学辨微》一卷、《河洛精蕴》九卷、《推步法解》五卷、《七政衍》《金水二星发微》《冬至权度恒气注》《历辨》《岁实消长辨》《历学补论》《中西合法拟草》各一卷、《近思录集注》十四卷、《考订朱子世家》一卷，乾隆二十七年卒，年八十二（《清史列传·儒林传·江永传》）。

戴震字东原，安徽休宁人。……与郡人郑牧、汪肇龙、汪梧凤、方矩、程瑶田、金榜从婺源江永游。震出所学质之永，永为之骇叹。永精《礼经》及推步、钟律、音声、文字之学，惟震能得其全。……年二十八，补诸生。……与吴县惠栋、吴江沈彤为忘年友。……北方学者，如献县纪昀、大兴朱筠，南方学者，如嘉定钱大昕、王鸣盛、余姚卢文弨、青浦王昶，皆折节与交。尚书秦蕙田纂《五礼通考》……延之纂《观象授时》一门。乾隆二十七年，举乡试。……开四库馆……震充纂修。四十年特命……赴殿试，赐同进士出身，改翰林院庶吉士。……四十二年卒于官，年五十有五。……其小学书有《六书论》三卷、《声韵考》四卷、《声类表》九卷、《方言疏证》十卷。……其测算书有《原象》四篇、《迎日推策记》一篇、《勾股割圜记》三篇、《历问》一卷、《古历考》二卷、《续天文略》三卷、《策算》一卷。……有《诗经二南补注》二卷、《毛郑诗考》四卷、《尚书义考》一卷、《仪礼考正》一卷、《考工记图》二卷、《春秋即位改元考》一卷、《大学补注》一卷、《中庸补注》一卷……《水经注》四十卷……《屈原赋注》七卷。……震卒后，其小学则高邮王念孙、金坛段玉裁传之，测算之学则曲阜孔广森传之，典章制度之学则兴化任大椿传之，皆其弟子也（《清史列传·儒林传·戴震传》）

段玉裁字若膺，江苏金坛人。……年十三，补诸生。……乾隆二十五年举人。至京师，见休宁戴震，好其学，遂师事之。以教习，得贵州玉屏县知县。……著《六书音韵表》五卷……寻任巫山县……引疾归。……著《说文解字注》三十卷……《述汉读考》，先成《周礼》六卷，又撰《礼经汉读考》一卷……《古文尚书撰异》三十二卷……《春秋左氏古经》十二卷……《毛诗小学》三十卷、《汲古阁说文订》十六卷、《经韵楼集》十二卷。（嘉庆）二十年卒，年八十一。……弟子长洲陈奂……徐颋、嘉兴沈涛，及女夫仁和龚丽正，俱知名，而奂尤得其传（《清史列传·儒林传·段玉裁传》）

陈奂字硕甫，江苏长洲人。诸生。咸丰元年，举孝廉方正。……受学玉裁，刻《说文解字注》，校订之力，奂居多。……著《诗毛氏传疏》三十卷……《毛诗说》一卷……《毛诗音》四卷……《毛传……义类》十九篇一卷……《郑氏笺考征》一卷……《诗语助义》三十卷、《公羊仪礼考征》一卷、《师友渊源记》一卷。……家居授徒，从游者数十人。……同治二年卒，年七十有八（《清史列传·儒林传·陈奂传》）。

（江）沅字子兰，优贡生。金坛段玉裁侨居苏州，沅出入其门者数十年。……沅先著《说文释例》，后承玉裁属……为《说文解字音韵表》凡十七卷，沅于段纰讹处，略笺其失。……卒年七十二（《清史列传·儒林传·江声传附江沅传》）。

胡培翚，字载平，安徽绩溪人。嘉庆二十四年进士，官内阁中书、户部广东司主事。……主讲钟山、云间。……道光二十九年卒，年六十八。……著《燕寝考》三卷……《仪礼正义》……四十卷……别为《仪礼贾疏订疑》一书。……他著有《禘祫答》《研六室文钞》（《清史列传·儒林传·胡培翚传》）。

胡承珙字景孟，安徽泾县人。嘉庆十年进士。……迁御史……补台湾道。……道光十二年卒，年五十七。……键户著书，与长洲陈奂往复讨论，不绝于月。著《毛诗后笺》三十卷……《仪礼古今文疏义》十七卷……《尔雅（古义）》……二卷……《小尔雅义证》十三卷（《清史列传·儒林传·胡承珙传》）。

高邮王氏

高邮王氏父子，训诂之学，前无古人。

王念孙字怀祖，江苏高邮人。……乾隆四十年进士。……嘉庆……六年，调永定河道。……道光……十二年卒，年八十有九。……著《读书杂志》八十二卷。……初，从休宁戴震受声音、文字、训诂……撰《广雅疏证》……三十二卷。……子引之（《清史列传·儒林传·王念孙传》）。

公讳引之，字伯申。……嘉庆己未成进士。……授工部尚书。……著有《经义述闻》三十二卷，不为凿空之谈，不为墨守之见。聚讼之说，则求其是；假借之字，则正其解。又就古人名字音义之相比附，以观声音训诂之会通，作《周秦名字解诂》。又考明《汉志》太岁在子为在寅之讹，为说二十八篇以正之，名曰《太岁考》。又以小学之书皆释名物实义，若经传语辞，释之者无几，语义未明，经义反因之而晦，爰博考《九经》《三传》及周、秦、西汉之书，发明助语古训分字，编次为《经传释辞》十卷，以补《尔雅》《说文》《方言》之缺。……享年六十有九（《续碑传集》汤金钊《伯申王公墓志铭》）。

常州之学

常州之学，皆有文采，通经多传绝学。张惠言而外，庄存与、刘逢禄、宋翔凤，皆传《公羊》之学，遂开后来维新一派。

庄……存与（江苏武进人）。官礼部侍郎。幼传太原阎若璩之学，博通六艺而善于别择。……为《尚书既见》三卷、《说》二卷……《象传论》一卷、《彖象论》一卷、《系辞传论》二卷附《序卦传论》《八卦观象解》二卷、《卦气论》一卷、《毛诗说》二卷、《补》一卷、《附》一卷、《周官记》五卷、《说》二卷、《春秋正辞》十二卷附《举例》一卷、《要指》一卷、《四书说》二卷（《清史列传·儒林传·庄述祖传》）。

刘逢禄字申受，江苏武进人。……外祖庄存与与舅庄述祖并以经术名，逢禄尽传其学。嘉庆十九年进士。……道光四年，补仪制司主事。……为《公羊春秋何氏释例》三十篇……《笺》一卷、《答难》二卷、《申何难郑》四卷……《议礼决狱》四卷……《论语述何》《夏时经传笺》《中庸崇礼论》《汉纪述例》各一卷……《纬略》二卷、《春秋赏罚》一卷……《春秋论》上下篇……《左氏春秋考证》二卷……《易虞氏变动表》……一卷……《尚书今古文集解》三十卷、《书序述闻》一卷、《诗声演》二十七卷。……道光九年卒，年五十六（《清史列传·儒林传·刘逢禄传》）。

宋翔凤字于庭，江苏长洲人。嘉庆五年举人，湖南新宁县知县。亦庄述祖之甥……得庄氏之真传。著《论语说义》十卷……《论语郑注》十卷、《大学古义说》二卷、《孟子赵注补正》六卷……《过庭录》十六卷。……卒年八十二（《清史列传·儒林传·刘逢禄传附宋翔凤传》）。

（丙）清代经学名著

清代说经之书，浩如烟海，阮《经解》一百八十种、《续经解》二百十种，尚不能尽，兹举其不朽者。

凌廷堪……著《礼经释例》十三卷，谓："《仪礼》委曲繁重，必须会通其例。如乡饮酒、乡射、燕礼、大射不同，而其为献酢酬、旅酬无算爵之例则同；聘礼、觐礼不同，而其为郊劳执玉、行享庭实之例则同；特牲馈食、少牢馈食不同，而其为尸饭主人初献、主妇亚献、宾长三献、祭毕饮酒之例则同。"乃区为八例，以明同中之异，异中之同：曰通例，曰饮食例，曰宾客例，曰射例，曰变例，曰祭例，曰器服例，曰杂例。《礼经》第十一篇，自汉以来说者虽多，由不明尊尊之旨，故罕得经意，乃为《封封尊尊服制考》一篇，附于变例之后。大兴朱珪读其书，赠诗推重之。廷堪《礼经》而外，复潜心于乐，谓今世俗乐与古雅乐中隔唐人燕乐一关，蔡季通、郑世子辈俱未之知。因以隋沛公郑译五旦、七调之说为燕乐之本，又参考段安节《琵琶录》、张叔夏《词原》《辽史乐志》诸书，著《燕乐考原》六卷。江都江藩叹以为"思通鬼神"（《清史稿》列传二百六十八《儒林传·凌廷堪传》）。

程瑶田字易畴，安徽歙县人。……与戴震、金榜同学于江永。笃志治经，震自言逊其精密。其学长于涵泳经文，得其真解，不屑屑依傍传注。以《丧服》缌麻章末，长殇、中殇降一等四句，郑氏误以为传文，故触处难通。又不杖期章，惟子不报传文，公妾以及士妾为其父母传文，郑氏以为失误。大功章大夫之妾为君之庶子女子已嫁者未嫁者，为世父母叔父母姑姊妹，旧读以大夫之妾为建首下二为字贯之。郑氏谓女子别起贯下，斥传文为不辞。皆援据经史，疏通证明，以规郑失，著《仪礼丧服文足征记》十卷。又以《考工记》诸言磬句磬折，郑氏度直矩解之，致与前后经文不合，谓磬折不明，由于倨句不明，欲明倨句，先辨矩字。矩有直有曲，倨句之云折，其直矩而为曲矩，即今木石工所用之曲尺，著

《磬折古义》一卷。又以郑《注》太宰九谷，稷、粱二者言人人殊，因询考农家，据《说文》释之，谓粱为粟，以稷为秫，今高粱也，著《九谷考》四卷。又《宗法小记》《释宫小记》《考工创物小记》《沟洫疆理小记》《水地小记》《解字小记》《声律小记》《释草小记》《释虫小记》各一卷，皆考证精确，为学者所宗。又《论学小记》一卷、《外篇》一卷。……又有《禹贡三江考》《读书求解》《数度小记》《九势碎事》《修辞余钞》各一卷，统名《通艺录》（《清史列传·儒林传·程瑶田传》）。

惟聂崇义《三礼图》二十卷见于世，于《考工》诸器物尤疏舛。同学治古文辞，有苦《考工记》难读者，余语以诸工之事非精究少广旁要固不能推其制，以尽文之奥曲。郑氏《注》善矣，兹为《图》翼赞郑学，择其正论，补其未逮，《图》傅某工之下，俾学士显白观之，因一卷书，当知古六书九数等，儒者结发从事，今或皓首未之闻，何也？休宁戴震（戴震《考工记图自序》）。

孙诒让字仲容，浙江瑞安人也。……德清戴望、海宁唐仁寿、仪征刘寿曾，皆治朴学，诒让与游，学益进。以为典莫备于六官，故疏《周礼》。……初，贾公彦《周礼疏》多隐略，世儒各往往傅以今文师说，而拘牵后郑《义》者，皆仇王肃，又糅杂齐鲁间学。诒让一切依古文弹正，郊社禘祫则从郑，庙制昏期则从王，益宣究子春、少赣、仲师之学，发正郑、贾凡百余事，古今言《周礼》者莫能先也（《太炎文集》卷二《孙诒让传》）。

张尔岐字稷若。……读《仪礼》。……因郑康成注文古质，贾公彦释义曼衍，学者不能寻其端绪，乃取经与注章分之，定其句读，疏其节，录其要，取其明注而止，有疑义则以意断之，亦附于末，始名《仪礼郑注节释》，后改名《仪礼郑注句读》。又参定监本脱误凡二百余字，并考石经脱误凡五十余字，作《正误》二篇附于后（江藩《汉学师承记》卷一《张尔岐传》）。

阎若璩字百诗，山西太原人。……年二十，读《尚书》，至古文二十五篇，即疑其伪，沉潜三十余年，乃尽得其症结所在，作《古文尚书疏证》八卷，引经据古，一一陈其矛盾之故，古文之伪大明。所列一百二十八条，毛奇龄《尚书古文冤词》，百计相轧，终不能以强辞夺正理。则有据之言，先立于不可败也（《清史列传·儒林传·阎若璩传》）。

王鸣盛字凤喈，江苏嘉定人。……著《尚书后案》三十卷，专述郑康成之学。若郑《注》亡逸，采马、王《注》补之。孔《传》虽出东晋，其训诂犹有传授，间一取焉。又谓东晋所献之《太誓》伪，而唐人所斥之《太誓》实非伪，故附书今文《太誓》一篇。存古之功，自谓不减惠氏《周易述》也（《清史列传·儒林传·王鸣盛传》）。

段玉裁……以诸经惟《尚书》离厄最甚，古文几亡，贾逵分别古今，刘陶是正文字，其书皆不存。乃广搜补阙，正晋、唐之妄改，存周、汉之驳文，著《古文尚书撰异》三十二卷（《清史列传·儒林传·段玉裁传》）。

惠栋……《古文尚书考》二卷，辨郑康成所传之二十四篇为孔壁真古文，东晋晚出之二十五篇为伪（《清史列传·儒林传·惠周惕传附惠栋传》）。

孙星衍字渊如，江苏阳湖人。……为《尚书今古文注疏》三十九卷。……其书意在网罗放失旧闻，故录汉、魏人佚说为多。又兼采近代王鸣盛、江都段玉裁诸人《书》说，惟不取赵宋以来诸人注，以其时文籍散亡，较今代无异闻，又无师传，恐滋异说也，凡积二十二年而后成，论者以为胜王鸣盛书（《清史列传·儒林传·孙星衍传》）。

陈奂于《诗》，谨守家法，精深为一代之冠。

（陈）奂尝言，大毛公《诂训传》，言简意该，汉儒不遵行，锢蔽久矣。遂殚精竭虑，专攻毛《传》，以毛《传》一切礼数名物，自汉以来无人称引，韬晦不彰。乃博征古书，发明其义，大抵用西汉以前旧说，而与东汉人说《诗》者不苟同。又以毛氏之学，源出荀子，而善承毛氏者，惟郑仲师、许叔重两家，故于《周礼注》《说文解字》多所取说，著《诗毛氏传疏》三十卷（《清史列传·儒林传·陈奂传》）。

顾栋高《春秋大事表》，以表类事，足为读史之法。

顾栋高字复初，江苏无锡人。……精心经术，尤嗜《左氏传》。……著《春秋大事表》五十卷、《舆图》一卷、《附录》一卷，以春秋列国诸事比而为表，又为《辨论》以订旧说之讹，凡百三十一篇，条理详明，议论精核，多发前人所未发（《清史列传·儒林传·顾栋高传》）。

张惠言通《虞氏易》《荀氏九家易》，真千古绝学也。

张惠言字皋闻，江苏武进人。……尝从歙金榜问故，其学要归《六经》，而尤深《易》《礼》。著有《周易虞氏义》九卷、《虞氏消息》二卷。尝谓："……（虞）翻之学既邃，又具见马、郑、荀、宋氏书，考其是否，故其义为精。又古书亡，而汉魏师说可见者十余家，然惟郑、荀、虞三家略有梗概可指说，而虞又较备然。则求七十子之微言，田何、杨叔、丁将军之所传者，舍虞氏之《注》，其何所自焉？故求其条贯，明其统例，释其疑滞，信其亡阙，庶以探赜索隐，存一家之学。其所未寤，俟有道正焉耳。"（《清史列传·儒林传·张惠言传》）

清代小学，跨越前代，《音学五书》实为开山之祖。

顾炎武……尤精韵学，撰《音论》三卷，言古韵者始自明陈第，然创辟榛芜，犹未邃密。炎武乃推寻经传，探讨本原。又《诗本音》十卷，其书主陈第诗无协韵之说，不与吴棫本音争，亦不用棫之例，但即本经之韵互考，且证以他书，明古音原作是读，非由迁就，故曰本音。又《易音》三卷，即《周易》以求古音，考证精确。又《唐韵正》二十卷、《古音表》二卷、《韵补正》一卷，皆能追复三代以来之音，分部正帙而知其变（《清史列传·儒林传·顾炎武传》）。

段玉裁……著《说文解字注》三十卷，谓："《尔雅》以下，义书也；《声类》以下，音书也；《说文》，形书也。凡篆一字，先训其义，次释其形，次释其音，合三者以完一篆，故曰形书。"又谓："许以形为主，因形以说音说义，其所说义与他书绝不同者，他书多假借，则字多非本义，许惟就字说其本义，知何者为本义，乃知何者为假借，则本义乃假借之权衡也。《说文》《尔雅》相为表里，治《说文》而后《尔雅》及传、注明。”又谓：“自仓颉造字时，至唐、虞、三代、秦、汉以及许叔重造《说文》，曰某声曰读若某者，皆条理合一不紊，故既用徐铉切音，又某字志之曰古音第几部，后附《六书音韵表》，俾形声相为表里。”始为长编，名《说文解字读》，凡五百四十卷，既乃隐括之，成此《注》。……高邮王念孙序之曰：“千七百年无此作矣。”（《清史列传·儒林传·段玉裁传》）

桂馥字东卉，山东曲阜人。……为《说文义证》五十卷。……其书荟萃群书，力穷根柢，为一生精力所在。馥与段玉裁生同时，同治《说文》，学者以桂、段并称，而两人两不相见，书亦未见。段氏之书声义兼明，而尤邃于声。桂氏之书，声义并及，而尤博于义。段氏钩索比傅，自以为能冥合许旨，勇于自信，自成一家之言，故破字创义为多。桂氏敷佐许说，发挥旁通，令学者引申贯注，自得其义之所归。故段书约而猝难通辟，桂书繁而寻省易了，其专胪古籍，不下己意，则以意在博证求通，辗转孳乳，触长无方，亦如王氏《广雅疏证》、阮氏《经籍纂诂》之类，非可以己意为独断者也（《清史列传·儒林传·桂馥传》）。

（3）史学

明人喜纪载而乏史裁，《元史》之修仓卒成书，缺而不备者有之，重复者有之，以畏忌之故，至不具论赞，为前史所无。有明一代，未修国史，通行者陈建《通纪》而已。而陈建本无其人，万斯同谓为梁亿所托。王世贞留心史事，辑录甚备，仅成《弇州山人别集》一书。或谓钱谦益修史，取世贞所辑《琬琰集》为蓝本，非也。谦益所采，名为《史略》，盖本于李焘《长编》，搜集甚广，绝不限于世贞之书。清初潘柽章、吴炎《明史记》，体例谨严，惜未成书。柽章别撰《国史考异》六卷，精确无比，明、清两代未尝有第二人也。明代政书，两京部院多有之，私人所辑如徐学聚《国朝典汇》二百卷、冯用孚《皇朝经世实用编》二十八卷、陈仁锡《皇明世法录》九十二卷、黄溥《皇明经济录》五十二卷、陈九德删次《名臣经济录》十八卷、邓球泳《化续编》十七卷，皆原原本本，言之有物，盖练习当代掌故，为其时风气使然，非清代所能及也。

（甲）明代官修之史

实录

《太祖实录》曾经三修，睿宗未登帝位而有《实录》，《熹宗实录》崇祯时改修未成，崇祯无《实录》，今所传者康熙修《明史》时补辑之本。明代《实录》之修，虽无史法，当时颇重其事。总裁之任，必择有文望者。自万历中，始有人钞以流传，然多脱落颠倒。顾炎武、万斯同皆信《实录》，以为胜于野史谬悠之谈。《实录》编年，《宝训》类事，今《宝训》更难睹其全矣。

《太祖高皇帝实录》，二百五十七卷（建文元年正月修，三年十二月成。靖难后重修，永乐元年六月成。九年三修，十六年五月成）。《太宗文皇帝实录》，一百三十卷（洪熙元年修，宣德五年成）。《仁宗昭皇帝实录》，十卷（洪熙元年闰七月修，宣德五年五月成）。《宣宗章皇帝实录》，一百十五卷（宣德十年七月修，正统三年四月成）。《英宗睿皇帝实录》，三百六十一卷（天顺八年修，成化三年八月成，附景泰帝事实于中，称《废帝郕戾王附录》，凡八十七卷）。《宪宗纯皇帝实录》，二百九十三卷（弘治元年闰正月修，四年八月成）。《孝宗敬皇帝实录》，二百二十四卷（正德元年十二月修，四年五月成）。《武宗毅皇帝实录》，一百九十七卷（正德十六年六月修，嘉靖四年六月成）。《世宗肃皇帝实录》，五百六十六卷（隆庆元年五月修，五年八月成）。《穆宗庄皇帝实录》，七十卷（隆庆六年十月修，万历二年七月成）。《神宗显皇帝实录》，五百九十四卷（天启中修）。《光宗真皇帝实录》，八卷（天启三年七月成，重修，崇祯元年二月成）。《熹宗哲皇帝实录》，八十四卷（缺天启四年　月及七年　月。〔《千顷堂书目》卷四〕）。

宝训

《大明宝训》五卷、《皇明宝训》十五卷、《太宗文皇帝宝训》十五卷（宣德五年修）、《仁宗皇帝宝训》六卷（宣德五年修）、《宣宗皇帝宝训》十五卷（正统三年修）、《英宗皇帝宝训》十五卷（成化三年修）、《宪宗皇帝宝训》十卷（弘治四年修）、《孝宗皇帝宝训》十卷（正德四年修）、《武宗皇帝宝训》十卷（嘉靖四年修）、《世宗皇帝宝训》二十四卷（万历五年修）、《穆宗皇帝宝训》八卷、《神宗皇帝宝训》□卷、《光宗皇帝宝训》四卷（《千顷堂书目》卷四）。

《元史》

宋濂等修《元史》二百十二卷。洪武二年二月丙寅，诏修《元史》，上谓廷臣曰："近克元都，得元十三朝《实录》，元虽亡国，事当纪载。况史记成败示劝惩，不可废也。"乃诏中书左丞相、宣国公李善长为监修，前起居注宋濂、漳府通判王袆为总裁，征山林遗逸之士汪克宽、胡翰、宋禧、陶凯、陈基、赵勋、曾鲁、高启、赵汸、张文海、徐尊生、黄箎、傅恕、王琦、傅著、谢徽十六人，同为纂修，开局天界寺，取《元经世大典》诸书以资参考。至八月癸酉，书成，善长表进，凡为《纪》三十七卷、《志》五十二卷、《表》六卷、《传》六十三卷，通一百六十九卷。至三年二月乙丑，儒士欧阳和等采摭元统以后事实还朝，仍命翰林学士宋濂、待制王袆为总裁，赵壎、朱右、贝琼、朱世濂、王彝、张孟兼、高巽志、李懋、李汝、张宣、张简、杜寅、殷弼、俞同十四人续修。七月丁亥朔书成，计五十有三卷，《纪》十、《志》五、《表》二、《传》三十六，凡前书未备者悉补完之。通二百十二卷，学士宋濂表进，诏刊行之。人赐白金二十两，文绮帛各二，授儒士张宣等官，惟赵壎、朱右、朱世濂乞还，从之（《千顷堂书目》卷四）。

政书

《大明会要》八十卷。不知何人编，太祖开国时事，三十九则：曰帝系，曰仁政，曰后妃，曰封建，曰职官，曰官制，曰内职，曰版籍，曰方域，曰蠲放，曰礼乐，曰祭祀，曰赏赐，曰祥异，曰学校，曰建言，曰兵政，曰除寇，曰僧道，曰开基议泗，曰定策渡江，曰定鼎金陵，曰定北平，曰降西蜀，曰平云南，曰克张士诚，曰取关陇，曰取山西，曰平广海，曰来方国珍，曰下八闽，曰平溪洞，曰定塞北，曰服荆楚，曰降辽东，曰奠西域，曰来哈出，曰定四彝（《千顷堂书目》卷九）。

《大明会典》一百八十卷。弘治十年十一月，上以累朝典制，散见叠出，未会于一，敕大学士徐溥等，仿《唐会要》《元经世大典》《大元通制》为书。十五年正月书成，未及颁行。正德四年，复命大学士李东阳、焦芳、杨廷和等，勘定补正遗缺，成书刊布，两朝皆有御制《序》。其书止于弘治十五年。至嘉靖八年，复命阁臣纂修十六年以后，迄于嘉靖九年以前事例续之（《千顷堂书目》卷九）。

《重修大明会典》二百二十八卷。万历四年，阁臣续修嘉靖以来事例，迄万历十四年成书（《千顷堂书目》卷九）。

《大明官制》二十八卷（《千顷堂书目》卷九）。

《诸司职掌》十卷。洪武二十六年三月，吏部署部事侍郎翟善，同翰林儒臣编。先是，帝以诸司秩有崇卑、政有大小，无方册以著成法，恐莅官者罔知职任政事设施之详，乃命依《唐六典》制，自五府至六部、都察院以下诸司，凡设官分职之务，类编为书。及是成，诏刊行颁布中外（《千顷堂书目》卷九）。

《宪纲》一卷。洪武四年五月御史台进，凡四十条，上亲加删定刊行矣。后诸臣有任情增改者，宣宗再令考旧文而申明之，益入后定风宪事宜。正统四年十月颁布（《千顷堂书目》卷九）。

（乙）明代私人撰述

明代学者知今而不知古，其所撰关于史事之书，能考前代得失，通知类例者甚少。且持迂腐之见，评量史实，不脱学究习气。如：

《宋史质》，明王洙撰。洙字一江，临海人。正德辛巳进士，其仕履未详。是编因《宋史》而重修之，自以臆见，别释义例。大旨欲以明继宋，非惟辽、金两朝皆列于外国，即元一代年号，亦尽削之。而于宋益王之末，即以明太祖之高祖、追称德祖元皇帝者，承宋统。大德三年，以太祖之曾祖、追称懿祖恒皇帝者继之。延祐四年，以太祖之祖、追称熙祖裕皇帝者继之。后至元五年，以太祖之父、追称仁祖淳皇帝者继之。至正十一年，即以为明之元年，且于瀛国公降元以后，岁岁书帝在某地云云，仿《春秋》书公在乾侯、《纲目》书帝在房州之例，荒唐悖谬，偻指难穷，自有史籍以来，未有病狂丧心如此人者。其书可焚，其版可斧，其目本不宜存，然自明以来，印本已多，恐其或存于世，荧无识者之听，为世道人心之害，故辞而辟之，俾人人知此书为狂吠，庶邪说不至于诬民焉（《四库全书总目》卷五十）。

柯维骐《宋史新编》二百卷，会宋、辽、金三史为一，以宋为正统，辽、金列于《外国传》，瀛国二王升于《帝纪》以存宋统。正亡国诸叛臣之名以明伦，升《道学》于《循吏》之前以重道，厘复补漏，击异订讹，阅二十寒暑始成。其后祥符王惟俭、吉水刘同升，皆以删定《宋史》，咸未行世（《千顷堂书目》卷四）。

《季汉书》五十六卷，明谢陛撰。陛字少连，歙县人。其书遵朱子《纲目》义例，尊汉昭烈为正统，自献帝迄少帝为《本纪》三卷，附以诸臣为《内传》；吴、魏之君则别为《世家》，而以其臣为《外传》；复以董卓、袁绍、袁术、公孙瓒、公孙度及吕布、张邈、陶谦诸人为《载记》；凡更事数姓，与依附董、袁诸人者，则为《杂传》；又别作《兵戎始末》《人物生殁》二表，以括一书之经纬；卷首冠《正论》五条、《答问》二十二条、《凡例》四十四条，以揭一书之宗旨（《四库全书总目》卷五十）

《南宋书》六十卷，明钱士升撰。……是编以《宋史》繁冗，故为删薙。然所刊削者，不过奏疏及所历官阶而已，别无事增文省之处，亦不见翦裁镕铸之功。又去奸臣、叛臣之例，仍列于众人之中。案《隋书》以前，奸臣、叛臣本不别传。《新唐书》始另列之，后来作者多依其例，亦足见彰瘅之公。今并而一之，殊失示戒之意，未足以言复古。至所增郑思肖数人列传，亦疏略不详。惟遵循古例，不以道学、儒林分传，能扫除门户之见，为短中之一长耳（《四库全书总目》卷五十）。

明人喜记当代之事，万历以后，《实录》既出，乃有根据《实录》兼采邸报以成书者，虽不免舛讹，而载笔甚勤。兹举其著者。

向尝流览前代，粗记其姓氏，因欲遍观有明一代之书，以为既生有明之后，安可不知有明之事？故尝集诸家记事之书读之，见其抵牾疏漏，无一得满人意者。如郑端简之《吾学编》、邓潜谷之《皇明书》，皆仿纪传之体，而事迹颇失之略。陈东莞之《通纪》、雷古和之《大政记》，皆仿编年之体，而褒贬间失之诬。袁永之之《献实》，犹之《皇明书》也。李宏甫之《续藏书》，犹之《吾学编》也。沈国元之《从信录》，犹之《通纪》也。薛方山之《献章录》，犹之《大政记》也。其他若《典汇》《史料》《史概》《国榷》《世法录》《昭代典则》《名山藏》《颂天胪笔》，同时尚论录之类，要皆可以参考，而不可以为典要。唯焦氏《献征录》一书，搜辑最广，自大臣以至郡邑吏，莫不有传。虽妍媸备载，而识者自能别之，可备国史之采择者，唯此而已（万斯同《石园文集》卷七《寄范笔山书》）。

郑晓《吾学编》六十九卷、《大政记》一卷、《逊国记》一卷、《同姓诸王表》二卷、《传》三卷、《异姓诸侯表》一卷、《传》二卷、《直文渊阁诸臣表》一卷、《两京典铨表》一卷、《名臣记》三十卷、《逊国臣记》八卷、《天文述》一卷、《地理述》一卷、《三礼述》二卷、《百官述》二卷、《四裔考》二卷、《北卤考》一卷、《外吾学编余》一卷，余无（《千顷堂书目》卷四）。

何乔远《名山藏》一百卷，分三十七类，曰典谟记，曰坤则记，曰开圣记，曰继体记，曰分藩记，曰勋封记，曰天因记，曰天欧记，曰舆地记，未全，曰典体记，曰乐舞记，皆缺，曰刑法记，曰河漕记，曰漕运记，曰钱法记，曰兵制记，曰马政记，曰茶马记，曰盐法记，曰臣林记，曰臣林外记，曰关柝记，曰儒林记，曰文苑记，曰俘贤记，曰宦者记，曰列女记，曰臣林杂记，曰高道记，曰本士记，曰本行记，曰艺妙记，曰货殖记，曰方伎记，曰方外记，曰王享记，始于洪武，终于隆庆（《千顷堂书目》卷四）。

朱国祯《皇明史概》一百二十卷，其目：曰大政，曰大训，曰大因，曰大志，曰大事。大因、大志皆缺。列传曰开国，曰逊国，曰历朝，曰外，曰内，亦惟开国、逊国二传，余并缺（《千顷堂书目》卷四）。

尹守衡《皇明史窃》一百七卷。字用平，东莞举人。新昌知县，左迁赵府审理正。书为《帝纪》八卷、《志》六卷、《世家》十卷、《列传》八十三卷，《高后纪》《百官志》《田赋志》《河漕志》四卷俱缺（《千顷堂书目》卷四）。

《龙飞纪略》八卷，明吴朴撰。……是编仿《纲目》体例，纪明太祖事迹。初名《征伐礼乐书》，后改今名。自壬辰至壬午共五十一年。盖据《元史》，及明初武胄贴黄列传、则例纪载，旁搜博探而成（《四库全书总目》卷四十八）。

《明大政记》二十五卷，明雷礼撰。……所辑者至武宗而止，仅二十卷。其《世宗》四卷，即范守已之《肃皇外史》；《穆宗》一卷，则谭希思所续编（《四库全书总目》卷四十八）。

《昭代典则》二十八卷，明黄光升撰。……起元至正壬辰明太祖起兵，至穆宗隆庆二年而止，编年纪事，每条皆提纲列目（《四库全书总目》卷四十八）。

《宪章录》四十七卷，明薛应旂撰。所截上起洪武，下迄正德，用编年之体（《四库全书总目》卷四十八）。

《嘉隆两朝闻见纪》十二卷，明沈越撰。……取世、穆两朝政绩，汇次成编。起正德十六年世宗即位，止于隆庆六年（《四库全书总目》卷四十八）。

《两朝宪章录》二十卷，明吴瑞登撰。……辑嘉靖、隆庆两朝，以续（薛）应旂之书。大抵钞撮邸报而成（《四库全书总目》卷四十八）。

陈建明《通纪》四十卷，又《续通纪》十卷（《千顷堂书目》卷四）。

《肃皇外史》四十六卷，明范守己撰。……记明世宗一代朝政，编年系月，立纲分目，颇见详备（《四库全书总目》卷五十四）。

《世穆两朝编年史》六卷，明支大纶撰。……所载自嘉靖元年至四十五年，凡四卷。自隆庆元年至六年，凡二卷（《四库全书总目》卷四十八）。

《国史纪闻》十二卷，明张铨撰（《四库全书总目》卷四十八）。

此外沈国元《从信录》四十卷、《两朝从信录》三十五卷，许重熙《五陵注略》十四卷，乾隆时俱列入禁书。文秉《定陵注略》十卷、谈迁《国榷》一百卷，取材甚备，惜至今无刻本。其纪见闻者，以黄瑜《双槐岁抄》、李默《孤树裒谈》为较翔实，而以沈德符《万历野获编》为既精且博，多能考正前人之失。

（丙）清代官修之史

实录

清初修《太祖武皇帝实录》十卷，出自译文，不免鄙俚，故康熙时改修《三朝实录》，乾隆中复一再修改，而忌讳多矣。《实录》有满、蒙、汉三种文字，今尚能从满、蒙文《实录》中寻求未改之迹。有清《实录》之修，但录上谕而无纪事，且多首尾不备。《德宗实录》成于民国十年，尤为草率。自王先谦私钞《实录》刻为《东华录》一书，学者始略知一代之事。朱寿朋《光绪朝东华录》成书，则在《德宗实录》之前。《实录》与《圣训》同修，互有详略，唯《圣训》梓行。尚有历朝起居注及国史馆所修国史，分纪、表、志、传，而传分大臣、昭忠、忠义、孝义、循吏、儒林、文苑、贰臣、逆臣、宗室王公表传、蒙古王公表传，史材之备，视明代有加焉。

《太祖实录》，十三卷（崇德元年敕纂，康熙二十一年重修，雍正十二年敕加校订）。《太宗实录》，六十八卷（顺治九年敕纂，康熙十二年重修，雍正十二年敕加校订）。《世祖实录》，一百四十七卷（康熙六年敕纂，雍正十二年敕加校订）。《圣祖实录》，三百三卷（康熙六十一年敕撰）。《世宗实录》，一百五十九卷（雍正十三年敕纂）。《高宗实录》，一千五百卷（嘉庆四年敕纂）。《仁宗实录》，三百七十四卷（道光四年敕纂）。《宣宗实录》，四百七十六卷（咸丰二年敕纂）。《文宗实录》，三百五十六卷（同治元年敕纂）。《穆宗实录》，三百七十四卷（光绪五年敕纂）。《德宗实录》，五百六十一卷（宣统时敕纂）（《清史稿·艺文志二》）。

圣训

《太祖高皇帝圣训》，四卷（康熙二十五年敕编）。《太宗文皇帝圣训》，六卷（顺治时敕编，康熙二十六年告成）。《世祖章皇帝圣训》，六卷（康熙二十六年敕编）。《圣祖仁皇帝圣训》，六十卷（雍正九年敕编）。《世宗宪皇帝圣训》，三十六卷（乾隆五年敕编）。《高宗纯皇帝圣训》，三百卷（嘉庆十二年敕编）。《仁宗睿皇帝圣训》，一百十卷（道光四年敕编）。《宣宗成皇帝圣训》，一百三十卷（咸丰六年敕编）。《文宗显皇帝圣训》，一百十卷（同治五年敕编）。《穆宗毅皇帝圣训》，一百六十卷（光绪五年敕编。《清史稿·艺文志二》）。

方略

有清军事，与一代相终始。官书纪其事者，曰方略，曰纪略，书成颁布，以纪武功。亦有未刊行者，如台湾郑氏之类。方略之修，始于三藩。乾隆时，始设方略馆，与国史馆并立。平时以军机章京兼任提调，以其典掌军机处档案也。每一军事告终，必撰方略，多以军机大臣总其事。先后所修，无虑数十种。

《平定三逆方略》，六十卷（康熙二十一年，勒德洪等奉敕撰）。《亲征平定朔漠方略》，四十八卷（康熙四十七年，温达等奉敕撰）。《平定金川方略》，三十二卷（乾隆十三年，来保等奉敕撰）。《平定准噶尔方略前编》，五十四卷；《正编》，八十五卷；《续编》，三十三卷（乾隆三十七年，傅恒等奉敕撰）。《临清纪略》，十六卷（乾隆四十二年，于敏中等奉敕撰）。《平定两金川方略》，一百五十二卷（乾隆四十六年，阿桂等奉敕撰）。《兰州纪略》，二十卷（乾隆四十六年敕撰）。《石峰堡纪略》，二十卷（乾隆四十九年敕撰）。《台湾纪略》，七十卷（乾隆五十三年敕撰）。《安南纪略》，三十二卷（乾隆五十六年敕撰）。《廓尔喀纪略》，五十四卷（乾隆六十年敕撰）。《巴布勒纪略》，二十六卷（乾隆时敕撰）。《平定苗匪纪略》，五十二卷（嘉庆二年，鄂辉等奉敕撰）。《剿平三省邪匪方略前编》，三百六十一卷；《续编》，三十六卷；《附编》，十二卷（嘉庆十五年，庆桂等奉敕撰）。《平定教匪纪略》，四十二卷（嘉庆二十一年，托津等奉敕撰）。《平定回疆剿擒逆裔方略》，八十卷（道光九年，曹振镛等奉敕撰）。《剿平粤匪方略》，四百二十卷（同治十一年敕撰）。《剿平捻匪方略》，三百二十卷（同治十一年敕撰）。《平定陕甘新疆回匪方略》，三百二十卷（光绪二十二年敕撰）。《平定云南回匪方略》，五十卷（光绪二十二年敕撰）。《平定贵州苗匪纪略》，四十卷（光绪二十二年敕撰。（《清史稿·艺文志二》）。

方略之外，有道光、咸丰、同治《三朝夷务始末》之修。凡《实录》不便纪载者，皆备于此书。由史官纂修，其体裁在《实录》与《方略》之间，为备省览，故不颁行。

《明史》

顺治初，诏修《明史》，久而未成。康熙十八年，特设博学鸿儒科，中式者五十人，多山林隐逸之士，极一时人才之选，就东厂旧址设局纂修。四、五年间，与修者或以事黜，或请假归。其时党见未除，是非未明，兴革之际，甚难著笔。故顾炎武力拒熊赐履修史之约，鸿博诸君所撰，未见采用，后多刻入私人文集。先后总裁《明史》者，叶方蔼、徐元文、张玉书、陈廷敬、王鸿绪诸人，乃招万斯同入都，委以考订之事，先后二十四年，辑成《明史稿》，属笔者钱名世也。别为鸿绪撰《横云山人明史稿》三百十卷，雍正元年上之。再命史臣纂修，即就鸿绪所撰加以增省，帝纪兼及南渡三王。任其事者杨椿为有名，至乾隆四年始克告成。凡《本纪》二十四卷、《志》七十五卷、《表》十三卷、《列传》二百三十卷、《目录》四卷，共三百三十六卷，盖前后五、六修，历时几及百年。秉笔者多属名流，故体例详明，执笔不苟，推为唐以后良史，实惟斯同之功。然尚不无舛误，犹有明季门户之见，为清讳，不敢述建州事，则修史之难也。

近代诸史，自欧阳公《五代史》外，《辽史》简略，《宋史》繁芜，《元史》草率，惟《金史》行文雅洁，叙事简括，稍为可观，然未有如《明史》之完善者。盖自康熙十七年，用博学宏词诸臣分纂《明史》，叶方蔼、张玉书总裁其事，继又以汤斌、徐乾学、王鸿绪、陈廷敬、张英先后为总裁官，而诸纂修皆博学能文，论古有识。后玉书任志书，廷敬任本纪，鸿绪任列传。至五十三年，鸿绪传稿成，表上之，而本纪、志、表尚未就，鸿绪又加纂辑，雍正元年再表上。世宗宪皇帝命张廷玉等为总裁，即鸿绪本，选词臣再加订正，乾隆初始进呈，盖阅六十年而后讫事，古来修史未有如此之日久而功深者也。惟其修于康熙时，去前朝未远，见闻尚接，故事迹原委多得其真，非同《后汉书》之修于宋，《晋书》之修于唐，徒据旧人记载而整齐其文也。又经数十年参考订正，或增或删，或离或合，故事益详而文益简。且是非久而后定，执笔者无所徇隐于其间，益可征信，非如元末之修宋、辽、金三史，明初之修《元史》，时日迫促，不暇致详，而潦草完事也。……执笔者不知几经审订而后成篇。此《明史》一书实为近代诸史所不及，非细心默观，不知其精审也（赵翼《廿二史札记》卷三十一）。

政书

清以例治天下，一岁汇所治事为四季条例，采条例而为各部署则例。新例行，旧例即废，故则例必五年一小修，十年一大修。采则例以入会典，名为会典则例、或事例。

《大清会典》，二百五十卷（起崇德元年，迄康熙二十五年，圣祖敕撰。自康熙二十六年，至雍正五年，世宗敕撰。雍正十年刊）。《大清会典》，一百卷；《会典则例》，一百八十卷（乾隆二十六年，履亲王允祹奉敕撰）。《大清会典》，八十卷；《图》，一百三十二卷；《事例》九百二十卷（嘉庆二十三年敕撰）。《大清会典》，一百卷；《图》，二百七十卷；《事例》，一千二百二十卷（光绪二十五年敕撰。〔《清史稿·艺文志二》〕）。

世以杜佑《通典》、郑樵《通志》、马端临《文献通考》为“三通”。明王圻尝撰《续文献通考》二百五十四卷，乾隆中遂设三通馆，依三通例而稍变通之，先后修“续三通”“皇朝三通”合为“九通”。光绪末，刘锦藻倩人撰《皇朝续文献通考》三百二十卷，非其伦也。

《续通典》，一百四十四卷（乾隆三十二年敕撰）。《续文献通考》，二百五十二卷（乾隆十二年敕撰）。《皇朝通典》，一百卷（乾隆三十二年敕撰）。《皇朝通志》，二百卷（乾隆三十二年敕撰）。《皇朝文献通考》，二百六十六卷（乾隆十二年敕撰。〔《清史稿·艺文志二》〕）。

《续通志》，五百二十七卷（乾隆三十二年敕撰。〔《清史稿·艺文志二》〕）。

（丁）清代私人撰述

清代史家林立，其著述不外考、补。考以辨诸史之义，补以补修前代之史。而于当代史事，述者寥寥。盖清初庄史之狱株连至广，乾隆中复有禁书之厄，学者怵目惊心，群趋考据，以避罗织，而纪载遂视为畏途矣。

谢启昆《西魏书》二十一卷。观察谢蕴山先生，曩在史局，编纂之暇，与阁学翁公议补是书。洎宛陵奉讳家居，乃斟酌义例，排次成编，为《本纪》一、《表》三、《考》四、《列传》十二、《载记》一。既蒇事，介翁公属序于予，读其《凡例》，谨严有法，洵足夺伯起之席，而张涑水、考亭之帜矣。昔平绘撰《中兴书》，其体例当类此，而《隋志》不著于录，则唐初已无传。观察之书，不独为前哲补亡，而封爵、大事诸表精核贯串，又补前史所未备（钱大昕《潜研堂文集》卷二十四《西魏书序》）。

陈鳣《续唐书》七十卷。唐受命二百九十年而后唐兴，历三十年，后唐废而南唐兴，又历三十年而亡，此六十九年，唐之统固未绝也。……窃不自揆，更审其顺逆，著其正偏，上黜朱梁，下摈石晋及汉、周，而以宋继唐，庶几复唐六十九年之祚，为《帝纪》七、《表》四、《志》十、《世家》十三、《列传》三十六，凡七十卷。纠薛、欧之体例，正马、陆之乖违，广考群编，兼征《实录》，以上续刘昫《唐书》。续之名仿乎司马彪《续汉书》，而此更参用萧常、郝经等《续后汉书》例也。其十《志》则于经籍一类，多所收罗。各传则于忠义诸臣，尤深致意。《经籍志》以补薛、欧之缺。

而忠佞不别列传者，人以类从，贤否自见也。纪、传之后，略缀断辞，不曰论而曰述者，从何法盛《中兴书》例也。凡后述者，多旁采坠典遗闻，补本篇未备，所谓事无重出、文省可知也。参用史文，倘义可从、事可据者，即仍其旧，所谓不以下愚自申管见也（陈鳣《续唐书自叙》）。

魏源著《圣武记》，取材多本官书，年月不甚具备，时有舛误。而笔势浩瀚，足以发挥所蕴。《武事余记》，尤有见地。书经数改，足见其慎。排本出，始有《道光洋艘征抚记》，叙次不清，题为洋艘，疑坊肆取失名《夷舶入寇记》，托为源所作也。

魏源《圣武记》十四卷。荆楚以南，有积感之民焉。生于乾隆征楚苗之前一岁，中更嘉庆征教匪、征海寇之岁，迄十八载，畿辅靖贼之岁，始贡京师，又迄道光征回疆之岁，始筮仕京师。京师，掌故海也。得借观史馆秘阁官书，及士大夫私家著述、故老传说。于是我生以后数大事，及我生以前上讫国初数十大事，磊落乎耳目，旁薄乎胸臆。或涉兵事，或不尽涉兵事，有得即书，未遑述作。晚寓江、淮，海警沓至，忽然触其中之所积，乃尽发其椟，排比经纬，切劘紬绎，先取其专涉兵事者四十有七篇，及尝所论议若干篇，为十有四卷，统三十余万言，告成于海夷就款江宁之月（魏源《圣武记自叙》）。

是记当海疆不靖时，索观者众，随作随刊，未遑精审。阅二载，重订于苏州。又二载，复重订于扬州。如征苗、征缅甸及道光回疆，向止一篇者，今皆增为上、下篇。其全改者，如廓尔喀、俄罗斯等篇。其半改者，如雍正征厄鲁特篇。其余诸记，亦各有损益。至《武事余记》第十二、十三卷，旧多冗复，今移其琐事，散附各记之末，而更正其体例。是为《圣武记》第三次重订本。道光二十有六载，魏源识于扬州旅次（魏源《圣武记后记》）。

光绪初元，曾纪泽以王闿运善属文，熟知湘军事，因属之撰《湘军志》。闿运奋笔纪载，适入蜀，长教尊经书院，遂刻于蜀中，携书板还湘。闿运叙事，用史迁法，能尽人情状。其书盛行，誉者以为唐以后所无，然与官书颇抵牾，而抑扬稍过，予人以难堪。又事不甚备，或有罅漏，遽为曾国荃所恶，谓其颠倒是非，几成大衅。郭嵩焘调停其间，以书板畀国荃焚毁。闿运再入蜀，蜀中复刻之，后闿运刻入《湘绮楼全书》。海上书估射利者，易为巾箱小册，题名《湘军水陆战纪》，愈益风行。嵩焘兄弟皆恶《军志》，各有批本，昆焘孙振镛辑为《湘军志平议》。嵩焘与闿运之交未绝，虽诋闿运弄笔，失序江忠源诸事，辞尚和缓。昆焘欲挑众人之怒，竟谓闿运有意屈抑湘人，谩骂不已，安得谓之平乎。

是篇为湘潭王湘绮先生所著，初梫板于川蜀，原印不过数十本，衡阳唯程常有藏书，不轻得见。坊间翻刻，错讹为多，读者艰之。同学屡谋重刊，皆为先生所阻止。盖是书初出，曾伯见之，若有不释然者，故先生绝口不言。然海外流传已数万本，非仅钦其文章经济足备一朝掌故，其于将才之贤否、军谋之得失，与夫始终艰难胜败之数，莫不言之亲切，无所忌讳，实中国近今之信史也。顾蒙读《盾鼻余沈》，载大埔之役，刘军由间道取道会宁、上杭，独先期至，相与画合围之策，败贼塔子岙，殪逆渠汪海洋，与《志》言典军未阵而败者不合。间举所疑质之先生，先生喟然曰："吁！左文襄之送克蓊南归养亲也，敷张勋烈，以为闾里光宠，故夸大其词。吾闻于邓宝之亲历行阵，不可易也。"又松潘之役，《志》言周达武所部八千人惊几溃，莫测所由。及读宁乡廖先生荪畡所辑《武军纪略》，言军中悬釜待爨，朝夕不保，用罗公亨奎计，会全部所赍粮，尚支半月，各军匀济，檄近属供军，不十日粮刍填委，军之免于哗溃者一间耳。得此二者参观互证，然后知曾伯之隘、左侯之夸，而儒素之相契，自有真也。庶几问一得三者乎（喻谦《湘军志跋》）。

清代史学，共推钱大昕、王鸣盛，称为"钱王"。

予弱冠时，好读乙部书，通籍以后，尤专斯业，自《史》《汉》迄《金》《元》，作者廿有二家，反复校勘，虽寒暑疾疢，未尝少辍。偶有所得，写于别纸。丁亥岁，乞假归里，稍编次之。岁有增益，卷帙滋多。戊戌，设教钟山，讲肄之暇，复加讨论，间与前人暗合者，削而去之。或得于同学启示，亦必标其姓名，郭象、何法盛之事，盖深耻之也。夫史之难读久矣，司马温公撰《资治通鉴》成，惟王胜之借一读，它人读未尽十纸，已欠伸思睡矣。况廿二家之书，文字烦多，义例纷纠，舆地则今昔异名，侨置殊所；职官则沿革迭代，冗要逐时，欲其条理贯串，了如指掌，良非易事。以予伫劣，敢云有得？但涉猎既久，启悟遂多，著之铅椠，贤于博弈云尔。且夫史非一家之书，实千载之书，祛其疑乃能坚其信，指其瑕益以见其美，拾遗规过，匪为齮龁前人，实以开导后学。而世之考古者，拾班、范之一言，擿沈、萧之数简，兼有竹素烂脱，豕虎传讹，易“斗分”作“升分”，更“子琳”为“惠琳”，乃出校书之陋，本非作者之譌，而皆文致小疵，目为大创，驰骋笔墨，夸曜凡庸，予所不能效也。更有空疏措大，辄以褒贬自任，强作聪明，妄生瘢痏，不叶年代，不揆时势，强人以所难行，责人以所难受，陈义甚高，居心过刻，予尤不敢效也（钱大昕《廿二史考异自序》）。

国初以来，诸儒或言道德，或言经术，或言史学，或言天学，或言地理，或言文字、音韵，或言金石、诗文，专精者固多，兼擅者尚少，惟嘉钱辛楣先生能兼其成。……先生于正史、杂史无不讨寻，订千年未正之讹，此人所难能四也。……别有《十驾斋养新录》廿卷，乃随笔札记经史诸义之书，学者必欲得而读之，乞刻于版。凡此所著，皆精确中正之论，即琐言剩义，非贯通原本者不能。譬之析枝一枝，非邓林之大，不能有也（阮元《十驾斋养新录序》）。

王鸣盛字凤喈，江苏嘉定人。……乾隆十九年一甲二名进士。授翰林院编修。……擢内阁学士、兼礼部侍郎衔。坐滥支驿马，左迁光禄寺卿。丁内艰，遂不复出。……又《十七史商榷》一百卷，于一史中纪、志、表、传互相稽考，因而得其异同；又取稗史丛说，以证其舛误，于舆地、职官、典章、名物，每致详焉。别撰《蛾术编》一百卷，其为目十：说录、说字、说地、说制、说人、说物、说集、说刻、说通、说系，盖仿王应麟、顾炎武之意，而援引尤博。……嘉庆二年卒，年七十六（《清史列传·儒林传·王鸣盛传》）。

二纪以来，恒独处一室，覃思史事，既校始读，亦随读随校，购借善本，再三雠勘，又搜罗偏霸杂史、稗官野乘、山经地志、谱牒簿录，以暨诸子百家、小说笔记、诗文别集、释老异教，旁及于钟鼎尊彝之款识，山林冢墓、祠庙伽蓝、碑碣断阙之文，尽取以供佐证，参伍错综，比物连类，以互相检照，所谓考其典制事迹之实也。……学者每苦正史繁塞难读，或遇典制茫昧，事迹樛葛，地理、职官眼眯心瞀，试以予书为孤竹之老马，置于其旁而参阅之，疏通而证明之，不觉如关开节解，筋转脉摇，殆或不无小助也与（王鸣盛《十七史商榷自序》）。

西庄先生著述富有，同时后进，称其远侪伯厚，近匹弇州。而先生自任，亦曰："我于经有《尚书后案》，于史有《十七史商榷》，于子有《蛾术编》，于集有诗文，以敌弇州《四部》，其庶几乎！"然诸书皆已风行，而《蛾术编》则向未窥全豹也。己亥春，余从其乡张吟楼司马（鉴）处见之，乃先生外孙姚八愚茂才（承绪）藏本，凡九十三卷，假归尽读，如获拱璧，即欲付剞劂氏，会同邑迮青厓进士（鹤寿）见过，忻任勘校。以编中《说刻》《说系》二门，已见《金石萃编》及《王氏家乘》，因钞《说录》至《说通》八门，为八十二卷，而每卷之中间加案语。先生于前代诸儒，及近时亭林顾氏、东原戴氏多所辨驳，而青厓所见，又与先生异同。予惟考据之学，言人人殊，要之是非不谬，俟诸后之论定。而各衷一说，亦足广学者见闻焉。爰并付梓，而为志其颠末云（沈楙惪《蛾术编序》）。

章学诚著《文史通义》，倡六经皆史之说。重史德、史意，不重史法。论方、圆二体，而重纪事本末。毕生精力萃于修志，盖视志即史也。

章学诚，字实斋，浙江会稽人。乾隆四十三年进士，官国子监典籍。性耽坟籍，不甘为章句之学。从山阴刘文蔚、童钰游，习闻蕺山、南雷之说，言明季党祸缘起、奄寺乱政，及唐、鲁二王本末，往往出于正史之外。秀水郑炳文称其有良史才。自游朱筠之门，筠藏书甚富，因得遍览群书，日与名流讨论讲贯。尝与休宁戴震、江都汪中，同客宁绍台道冯廷丞署，廷丞甚敬礼之。震论修志，谓悉心于地理沿革，则志事以竟；侈言文献，非所急务。阳湖洪亮吉尝撰辑《乾隆府厅州县志》，其分部乃以布政司分隶厅、州、县，学诚均著论相诤。所修和州、亳州、永清县诸志，论者谓是非斟酌，非兼才、学、识之长者，不能作云。所自著有《文史通义》八卷、《校雠通义》三卷，其中倡言立论，多前人所未发，大抵推原官礼，而有得于向、歆父子之传，故于古今学术之原，辄能条别而得其宗旨。自谓卑论仲任，俯视子玄，未免过诩，然亦夹漈之伯仲也。又著有《实斋文集》（清史列传·文苑传·章学诚传）。

（4）文学

（甲）古文

明初宋王

明初，宋濂、王祎并称大家。濂弟子方孝孺，能得濂之笔。

宋濂字景濂……金华……潜溪人。……除江南儒学提举，命授太子经。……进学士承旨知制诰。……（洪武）十三年，安置茂州。濂状貌丰伟，美须髯，视近而明，一黍上能作数字。自少至老，未尝一日去书卷，于学无所不通。为文醇深演迤，与古作者并。在朝，郊社、宗庙、山川、百神之典，朝会、宴享、律历、衣冠之制，四裔贡赋、赏劳之仪，旁及元勋巨卿碑记刻石之辞，咸以委濂，屡推为开国文臣之首。士大夫造门乞文者,后先相踵。外国贡使亦知其名,数问宋先生起居无恙否。高丽、安南、日本至出兼金购文集。四方学者悉称为"太史公",不以姓氏。虽白首侍从……而一代礼乐制作,濂所裁定者居多。其明年,卒于夔,年七十二(《明史》卷一二八《宋濂传》)。

王袆字子充,义乌人。……太祖……用为中书省掾史。……修《元史》,命袆与(宋)濂为总裁。袆史事擅长,裁烦剔秽,力任笔削。书成,擢翰林待制、同知制诰。……(洪武)五年正月,议招谕云南,命袆赍诏往……遇害(《明史》卷二八九《王袆传》)。

方孝孺字希直,一字希古,宁海人。……从宋濂学。……惠帝即位,召为翰林侍讲。明年,迁侍讲学士。……燕兵入……欲使草诏……孝孺投笔于地,且哭且骂。……成祖怒,命磔诸市。……孝孺工文章,醇深雄迈,每一篇出,海内争相传诵。永乐中,藏孝孺文者罪至死。门人王稌潜录为《侯城集》,故后得行于世(《明史》卷一四一《方孝孺传》)。

复古之文

李、何倡言复古,文宗西京,诗自中唐以下一切吐弃。自李攀龙、王世贞起,文主秦汉,诗规盛唐,以与李、何相倡和,学者并称为何、李、王、李。明季陈子龙,犹遵王、李之教。

李梦阳字献吉,庆阳人。……弘治六年,举陕西乡试第一。明年,成进士。……迁江西提学副使。……削籍,顷之,卒。……梦阳才思雄鸷,卓然以复古自命。……倡言"文必秦汉,诗必盛唐",非是者弗道。……嘉靖朝,李攀龙、王世贞出,复奉以为宗,天下推李、何、王、李为四大家,无不争效其体。……讥梦阳诗文者,则谓其模拟剽窃,得史迁、少陵之似,而失其真(《明史》卷二八六《李梦阳传》)。

何景明字仲默,信阳人。八岁能诗古文。弘治……十五年,第进士。……擢陕西提学副使。……卒年三十有九。……梦阳主摹仿,景明则主创造,各树坚垒不相下(《明史》卷二八六《何景明传》)。

李攀龙字于鳞，历城人。……举嘉靖二十三年进士。……擢河南按察使。……其持论，谓文自西京、诗自天宝而下，俱无足观。于本朝独推李梦阳，诸子翕然和之，非是则诋为宋学。攀龙才思劲鸷，名最高。……作文则聱牙戟口，读者至不能终篇。好之者推为一代宗匠，亦多受世抉摘云（《明史》卷二八七《李攀龙传》）。

王世贞字元美，太仓人。……嘉靖二十六年进士。……擢南京刑部尚书。……（万历）二十一年卒于家。世贞始与李攀龙狎主文盟，攀龙殁，独操柄二十年。才最高，地望最显，声华意气，笼盖海内，一时士大夫及山人、词客、衲子、羽流，莫不奔走门下，片言褒赏，声价骤起。其持论"文必西汉，诗必盛唐"，大历以后书勿读，而藻饰太甚。晚年攻者渐起，世贞顾渐造平淡（《明史》卷二八七《王世贞传》）。

王、李之笔，古奥至不可句读。而后公安、竟陵冷峭之作，亦盛行于时。

袁宏道字中郎，公安人。与兄宗道、弟中道，并有才名，时称"三袁"。……宏道……举万历二十年进士。……天启四年，进南京吏部郎中，卒于官。先是，王、李之学盛行，袁氏兄弟……矫以清新轻俊，学者多舍王、李从之，目为公安体。……钟、谭者，钟惺、谭元春也。……名满天下，谓之竟陵体（《明史》卷二八八《文苑传·袁宏道钟惺谭元春传》）。

八家文之复兴

自王慎中、唐顺之倡为八家之文，专宗欧、曾，至归有光而言义法，其体益醇，力诋王、李。钱谦益取法有光，并力诋袁、钟。艾南英工为时文，亦标欧、曾之帜。

归有光字熙甫，昆山人。……人称为震川先生。（嘉靖）四十四年始成进士。……为南京太仆丞，留掌内阁制敕房，修《世宗实录》，卒官。有光为古文，原本经术。好《太史公书》，得其神理。时王世贞主盟文坛，有光力相觝排，目为妄庸巨子。世贞大憾，其后亦心折有光，为之赞曰：

“千载有公，继韩、欧阳，余岂异趋，久而自伤。”其推重如此（《明史》卷二八七《文苑传·归有光传》）。

钱谦益字受之，号牧斋，一号蒙叟，晚自称东涧遗老，江南常熟人。万历庚戌进士及第，官礼部尚书。有《初学》《有学》等集（卢见曾《渔洋感旧集小传》卷一）。

观先生之文，初变于历、启之交，规摹经营，不失累黍，其规矩绳尺，犹可寻也。已而学益博，思益深，气益厚，自唐、宋以迄金、元，精菑营魄摄合于尺幅之上，方轨横骛而未知孰为后先。修词持论，崇尚体要，金科玉条，凛不可易。至于讽谕时政，磨切当世，或正而若反，或戒而若颂，微词谲谏，层见侧出，拟讥变化，虽作者亦或不知其所以然，此亦古人所未有也（瞿式耜《初学集目录后序》）。

艾南英字千子，东乡人。……以兴起斯文为任。……不第而文日有名，负气陵物，人多惮其口。始王、李之学大行，天下谈古文者悉宗之。后钟（惺）、谭（春元）出而一变。至是，钱谦益负重名于词林，痛相纠驳，南英和之，排诋王、李，不遗余力。……入闽，唐王……授兵部主事，寻改御史。……卒于延平。章世纯字大力，临川人。……官柳州知府，年已七十。……悲愤，遘疾卒。罗万藻字文止，世纯同县人。……唐王……擢礼部主事。南英卒。……数月亦卒。陈际泰字大士，亦临川人。……以时文名天下。其为文敏甚，一日可二三十首。……成进士，年六十有八矣。……南行，卒于道（《明史》卷二八八《文苑传·艾南英传》）。

清初三家

三家之文，侯之文雄而俚，汪之文高而近于疏，皆不如魏之文醇肆得中。同时姜宸英则较雅而笔弱。黄宗羲为传状之文，记明末忠烈事。后来全祖望继之有作，皆关史事，不当以文论，而文亦奇恣可喜。

魏禧字冰叔，江西宁都人。……其为文凌厉雄杰，遇忠孝节烈事，则益感激，摹画淋漓。……康熙十七年，诏举博学鸿儒，禧以疾辞。……后二年，卒于仪征，年五十七（《清史列传·文苑传·魏禧传》）。

侯方域字朝宗，河南商丘人。……顺治八年，中式副榜。……为诗古文，倡韩、欧学于举世不为之日。尝游吴下，将刻集，集中文未脱稿者，一夕补缀立就，人益奇之。顺治十一年，卒，年三十七。……所著有《壮悔堂文集》（《清史列传·文苑传·侯方域传》）。

汪琬字苕文，江苏长洲人。顺治十二年进士。……试博学鸿儒，列一等。授翰林院编修，纂修《明史》。……以病乞归。……卒年六十七。……琬少孤，自奋于学，锐意为古文辞。古文自明代肤滥于七子，纤佻于三袁，至启、祯而敝极。国初风气还醇，一时学者始复唐、宋以来之矩矱。琬学术既深，轨辙复正，其言大抵原本于六经，灏瀚疏畅，颇近南宋诸家，庐陵、南丰，固未易言；接迹唐（顺之）、归（有光），无愧色也。其叙事尤善，一时公卿志铭表传，必以琬为重（《清史列传·文苑传·汪琬传》）。

桐城派

乾隆以后，盛行桐城方苞、姚鼐之文，辞务修洁，力避经史词赋语，善于抑扬顿挫，至梅曾亮而法度愈备，世人尊为桐城派。咸、同之际，其风尤盛。光绪之末，吴汝纶犹以之为教，而能工者鲜矣。

桐城方公……（雍正）九年……为中允。……迁为侍读学士。……寻迁礼部侍郎。……乾隆十有四年八月十有八日卒，春秋八十有二。公讳苞，字灵皋，学者称为望溪先生，江南安庆之桐城人。……公少而读书，能见其大。及游京师，吾乡万征君季野最奇之，因告之曰："勿读无益之书，勿为无益之文。"公终身诵以为名言。自是一意穷经。……其文尤峻洁。未第时，吾乡姜编修湛园见之，曰："此人吾辈当让之出一头地者也。"然公论文，最不喜班史、柳集，尝条举其所短而力诋之。世之人或以为过，而公守其说弥笃（全祖望《鲒埼亭集》卷十七《前侍郎桐城方公神道碑铭》）。

姚鼐字姬传，安徽桐城人。乾隆二十八年进士。……累迁至刑部郎中，记名御史。……乞病归。……时侍郎方苞以古文鸣当世，上接震川，同邑刘大櫆继之。鼐世父范与大櫆友善，范尝问鼐志，曰："义理、考证、文章，阙一不可。"范乃以经学授鼐，而命鼐受古文法于大櫆。然鼐本所闻于家庭师友间者，益以自得，不尽用大櫆法也。所为文高简深古，尤近司马迁、韩愈。其论文，根极于性命，而探原于经训。至其浅深之际，有古人所未尝言，鼐独抉其微而发其蕴。论者以为辞迈于方氏，而理深于刘氏焉（《清史列传·文苑传·姚鼐传》）。

梅曾亮字伯言，江苏上元人。道光三年进士。用知县，援例改户部郎中。少时，文喜骈俪。既游姚鼐门，与管同友善，同辄规之，始颇持所业相抗。已乃一变为古文辞，义法一本桐城，稍参以归震川。居京师二十余年，笃老嗜学，与宗稷辰、朱琦、龙启瑞、王拯辈游处，咸啧啧称赏其才。一时碑版记叙，率其手笔。……咸丰六年卒，年七十一（《清史列传·文苑传·梅曾亮传》）。

与桐城途辙稍异者，有张惠言、恽敬，其辞宏深，大要出周秦诸子，非有学者不能，世称为阳湖派。

张惠言字皋闻，江苏武进人。……嘉庆四年进士。……授翰林院编修。七年卒，年四十二。……少为辞赋，拟司马相如、扬雄之文。及壮，又学韩愈、欧阳修（《清史列传·儒林传·张惠言传》）。

恽敬字子居，江苏阳湖人。乾隆四十八年举人。……同郡庄述祖、庄献可、张惠言、海盐陈石麟、桐城王灼，先后集京师，敬与之为友，商榷经义古文，而尤所爱重者，惠言也。……署吴城同知。……嘉庆二十六年，卒，年六十一。敬少好为齐、梁骈俪之作，稍长，弃去，治古文。四十后，益研精经训，深求史传兴衰治乱得失之故，旁览纵横、名、法、兵、农、阴阳家言，较其醇驳而折衷于儒术，将以博其识而昌其词，以期至于可用而无弊。会张惠言殁，敬闻之，慨然曰："古文自元明以来，渐失其传，吾向所以不多作古文者，有惠言在也。今惠言死，吾当并力为之。"……其文得力于韩非、李斯，与苏洵相上下，近法家言，叙事似班固、陈寿，而敬自谓其文自司马迁而下无北面。其论文曰典，曰自己出，曰审势，曰不过乎物。论者谓国朝文气之奇推魏禧，文体之正推方苞，而介乎奇、正之间者惟敬。苞之文，学者尊为桐城派，至敬出，学者乃别称为阳湖派云（《清史列传·文苑传·恽敬传》）。

其不依桐城法者，有龚自珍、魏源，力摹高古奇诡之文。维新以后，世争效之。

龚自珍字瑟人，浙江仁和人。道光九年进士。授内阁中书，升宗人府主事。十七年改礼部，寻告归。……生平著作等身，出入于《九经》《七纬》、诸子百家，自成一家言。……所为文，独造深峻，论者谓桐城之文如泰山主峰，不可亵视；自珍文如徂徕新甫，相与揖让俯仰于百里之间，不自屈抑，盖一代文字之雄云（《清史列传》卷七十三《文苑传·龚自珍传》）。

魏源字默深，湖南邵阳人。道光二年顺天举人。……二十四年成进士。……补高邮州。……咸丰六年卒，年六十三（《清史列传》卷六十九《儒林传·魏源传》）。

（乙）骈体文

明代工骈体文者甚鲜，明季陈子龙、李舒章、张宸始有佳制。清初陈维崧开其端。吴绮、陆繁弨、章藻功皆工斯体。自后台阁、签表、册立、祝祭之文竞尚之，称为一代典制。

陈维崧字其年，江苏宜兴人。……补诸生。……开博学鸿儒科……列一等。授翰林院检讨，与修《明史》。……卒年五十八，时康熙二十一年也。……所著……《迦陵文集》。……骈体自喜特甚。长洲汪琬谓："唐以前不敢知，自开宝后七百年，无此等作矣！"……国初以骈俪文擅长者，推维崧及吴绮。绮才地视维崧稍弱，维崧导源庾信，泛滥于初唐四杰，故气脉雄厚；绮则追步李商隐，以秀逸胜，盖异曲同工云（《清史列传》卷七十一《文苑传·陈维崧传》）。

吴绮字薗次，江苏江都人。五岁能诗，长益淹贯。顺治十一年，拔贡生。……授浙江湖州府知府。……所作诗词骈体，合编为《林蕙堂集》（《清史列传》卷七十一《文苑传·吴绮传》）。

（陆）繁弨字拒石（浙江钱塘人）。……工骈体文，年十五，作《春郊赋》，辞藻流美，笔不停挥。伯父圻以为王筠《芍药》逊其敏，正平《鹦鹉》让其工。时陈维崧、吴绮皆下世，繁弨自许俪语为海内无双。弟子章藻功等得其讲画，多足名家。……著有《善卷堂诗文集》（《清史列传》卷七十《文苑传·陆繁弨传》）。

章藻功字岂绩，浙江钱塘人。康熙四十二年进士。改翰林院庶吉士。……国初以骈体名者，推陈维崧、吴绮。藻功欲以新巧胜二家，然遁为别调。著有《思绮堂集》（《清史列传》卷七十一《文苑传·章藻功传》）。

乾、嘉中，孔广森、洪亮吉最善骈俪之作，皆学人也。

孔广森字㧑轩，山东曲阜人。……乾隆三十六年进士。改翰林院庶吉士，散馆授检讨。……卒时乾隆五十一年，年三十五。……骈体兼有汉魏六朝初唐之胜，江都汪中读之，叹为绝手（《清史列传》卷六十八《儒林传·孔广森传》）。

洪亮吉字君直，江苏阳湖人。……乾隆五十五年一甲二名进士。授翰林院编修。……贵州学政。……嘉庆二年，命在上书房行走。……十四年卒，年六十四（《清史列传》卷六十九《儒林传·洪亮吉传》）。

君（洪亮吉）善于汉魏六朝之文，每一篇出，世争传之。以倦于钞写，兹友人为刊其《乙集》四卷（袁枚《卷施阁文乙集序》）。

能摹晋、宋者有汪中，所谓惊心动魄之文。同、光时，共推王闿运，才大思精，格高韵古，然闿运不自贵其文也。

汪中字容甫，江苏江都人。……乾隆四十二年拔贡。……生平于诗文书翰，无所不工。所作《广陵对》《黄鹤楼铭》《汉上琴台铭》，皆见称于时。……五十九年卒，年五十一（《清史列传》卷六十八《汪中传》）。

余少学为文，思兼单复。及作《桂阳图志》，下笔自欲陵子长，读之乃顾似《明史》，意甚恶焉。比作《湘军志》，庶乎轶承祚睨蔚宗矣。志、铭、小记、叙，则置于晋、宋之间，可以乱真。然尝自贵其有韵之文，以其本从诗出，如欲标榜吾文，非知己也（陈兆奎《王志》卷二《论文答陈深之》）。

（丙）制义文

八股

八股文亦随时而变，明之天、崇，清之同、光，皆尚墨卷，滥恶极矣。每艺初不过三、四百字。至于末世，乃务冗长，故场中限字七百，过此者为逾幅，不收。

经义之文，流俗谓之八股，盖始于成化以后。股者对偶之名也，天顺以前，经义之文，不过敷衍传注，或对或散，初无定式，其单句题亦甚少。成化二十三年会试，乐天者保天下文，起讲先提三句，即讲乐天四股；中间过接四句，复讲保天下四股；复收四句，再作大结。……每四股之中，一反一正，一虚一实，一浅一深。其两扇立格，则每扇之中各有四股，其次第之法，亦复如之。故今人相传，谓之八股（顾炎武《日知录》卷十六）。

其格律有破题、接题、小讲，谓之冒子。冒子后入官题，下有原题，有大讲，有余意，亦曰从讲，又有原讲，亦曰考经，有结尾。承袭既久，以冗长繁复为可厌，或稍稍变通之，而大要有冒题、原题、讲题、结题，则一字不可易（梁章钜《制义丛话》卷一）。

名家

名家多以古文之法为时文，最著者方舟也。其以时文之法为古文，最著者张溥、陈际泰也。

今天下言举业，断自成化。至嘉靖，以守溪、荆川、昆湖、方山为四大家（艾南英《天佣子集·今文定序篇下》）。

王鏊字济之，又字守溪，吴县人。成化甲午解元，乙未会元、探花。武英殿大学士。谥文恪。《明史》有传，有《王守溪文稿》（梁章钜《制义丛话·题名》）。

唐顺之字应德，又字义修，又称荆川，武进人。嘉靖己丑会元。佥都御史，巡抚淮阳。谥襄文。《明史》有传（梁章钜《制义丛话·题名》）。

瞿景淳字师道，又字昆湖，常熟人。嘉靖癸卯举人，甲辰会元。南京吏部侍郎。谥文懿。《明史》有传（梁章钜《制义丛话·题名》）。

薛应旂字仲常，又字方山，武进人。嘉靖甲午举人，乙未会元。陕西提学副使（梁章钜《制义丛话·题名》）。

（归）有光制举业，湛深经术，卓然成大家。后德清胡友信与齐名，世并称"归胡"。友信博通经史，学有根柢。明代举子业最擅名者，前则王鏊、唐顺之，后则震川，思泉。思泉，友信别号也（梁章钜《制义丛话》卷五）。

艾南英……万历末，场屋文腐烂，南英深疾之，与同郡章世纯、罗万藻、陈际泰，以兴起斯文为任，乃刻四人所作，行之世，世人翕然归之，称为"章罗陈艾"（《明史》卷二八八《文苑传·艾南英传》）。

纪文达师曰："国朝制义，自以刘黄冈、熊汉阳、李文贞、韩文懿为四大家。其继起足称后劲者，断推桐城方望溪。"（梁章钜《制义丛话》卷八）

刘子壮字克猷，黄冈人。顺治己丑进士，状元。翰林修撰。有《刘克猷稿》。熊伯龙字次侯，又字钟陵，汉阳人。顺治己丑进士，榜眼。翰林侍读学士。有《熊钟陵稿》（梁章钜《制义丛话·题名》）。

李光地字晋卿，又字厚菴，又称榕村，安溪人。康熙庚戌进士。文渊阁大学士。谥文贞。有《榕村制义》（梁章钜《制义丛话·题名》）。

韩菼字元少，又字慕庐，长洲人。康熙壬子顺天举人，癸丑会元、状元。礼部尚书。谥文懿。有《有怀堂制义》（梁章钜《制义丛话·题名》）。

方舟字百川，桐城人。康熙初诸生。有《自知集》。方苞字灵皋，又字望溪，桐城人。舟弟，康熙已卯解元，丙戌进士。内阁学士，兼礼部侍郎。有《抗希堂稿》（梁章钜《制义丛话·题名》）。

王步青字已山，又字汉阶，又称罕皆，金坛人。康熙甲午举人，雍正癸卯进士。翰林检讨。有《敦复堂稿》《制义所见集》《程墨所见集》《考卷所见集》《八法集》（梁章钜《制义丛话·题名》）。

陈兆仑字句山，又字星斋，仁和人。雍正庚戌进士。太仆寺卿。有《紫竹山房制义》（梁章钜《制义丛话·题名》）。

管世铭字韫山，又字缄若，阳湖人。乾隆甲午举人，戊戌进士。有《韫山制义》（梁章钜《制义丛话·题名》）。

选家

选家重名，何焯学人，乃欲与天盖楼争得失，且谓八股为先朝未变之制，其重之若此。故康熙之初废止八股，未久即复。

昔有明之季，时文古文，俱日趋于弊。艾千子先生起而维且挽之，其所选评《今文定》《待二集》，以遵传注、返醇朴为主，一时学者翕然从之，而文体为之一变（高晙《天佣子集序》）。

戊辰……天如（张溥）、介生（周钟），有复社《国表》之刻。……先君子（杜麟征）与彝仲（夏允彝），有几社《六子会义》之刻。……六子者何？先君子与彝仲……周勒卣先生立勋、徐阇公先生孚远、彭燕又先生宾、陈卧子先生子龙是也。……金沙（周钟）《名山业》一选，脍炙人口。……己卯……阇公……《秉文》一选，为天下第一部书。盖吴下选手，亦虚无人。唯艾千子有《艾选》，溧阳陈百史先生名夏有《五十大家》之刻，他房行《社稿》《试牍统》于《秉文》，莫敢与之争衡者。……复社之大局虽少衰，而吾松几社之文会则日以振。……壬申《文选》之刻。……另刻几社《会义初集》……至丙子刻《二集》，戊寅刻《三集》，己卯刻《四集》……至庚辰、辛巳间刻《五集》……壬午……《六集》之刻。……于是……有求社《会义》之刻。……有几社《景风》之刻。……有《雅似堂》之刻。……赠言社亦有《初集》之刻。……何我抑率其徒，有《昭能社》之刻。盛邻汝先生率徒为《野腴楼小题》之刻。王玠右先生率其徒……有《小题东华集》之刻。……《七集》之刻，委于徐子丽、冲允贞。……诗义之选则委之王子胜。……庚寅……刻原社《初集》一部。……甲子春，原社有《二集》之刻（杜登春《社事始末》）。

议论无所发泄，一寄之于时文评语，大声疾呼，不顾世所顾忌。……欲补辑朱子《近思录》及三百年制义名《知言集》二书。……晚年点勘八股文字，精详反复，穷极根柢，每发前人之所未及，乐不为疲也。有疑时文恐不足以讲学者，先君曰："事理无大小，文义无精粗，莫不有圣人之道焉。但能笃信深思，不失圣人本领，即择之狂夫，察之迩言，皆能有得。况圣贤经义乎？"（《吕晚村文集·附录吕公忠晚村行略》）

弟小题选，岁内仅可刻成二百余首，必至来春始竣。即使刻完，亦必待老师（李光地）诸文，以为一集之心官元首，庶几使初学小生，即窥寻六经风味也（何焯《义门先生集》卷四《与人书》）。

近来时文，内中皆买入。前此刻诗文者皆受累，不无过虑耳。试质之老师，如不妨，则会场商之未晚。阊门近日火灾，宝翰楼书铺又烧去，坊间聘选，绝无其事，即无此亦萧索不堪，聘书事绝响矣（何焯《义门先生集》卷四《与人书》)。

忠文仲子易亭先生，痛心家国之故，不应有司课试。今且老矣，而顾好为经义，积成巨编。噫！岂非先代典章损益几尽，而此犹为未变之制乎(何焯《义门先生集》卷一《杨易亭制艺序》)。

坊刻时文，兴于隆、万间。房书始于李衷。……一十八房之刻，自万历壬辰《钩元录》始。旁有批点，自王房仲选《程墨》始。厥后坊刻乃有四种：曰《程墨》，则三场主司及士子之文；曰《房稿》，则十八房进士平日之作；曰《行卷》，举人平日之作；曰《社稿》，诸生会课之作(阮葵生《茶余客话》卷十六)。

(丁)诗

明初四家

明初四家，惩元诗惟求清新，不重体格，故力摹唐、宋诸大家。

高启字季迪，长洲人。……居吴淞江之青丘。……洪武初……召修《元史》，授翰林院国史编修官。……放还……腰斩于市，年三十九。初，吴下多诗人，启与杨基、张羽、徐贲称"四杰"，以配唐王、杨、卢、骆云。基字孟载，其先蜀嘉州人。……迁山西副使，进按察使。……谪输作。……卒。……张羽字来仪，后以字行，本浔阳人。……领乡荐……授太常司丞。……坐事窜岭南。……投龙江以死。……徐贲字幼文，其先蜀人。……洪武七年被荐。……擢河南左布政使。……下狱，瘐死(《明史》卷二八五《文苑传·高启杨基张羽徐贲传》)。

李东阳曰："国初称高、杨、张、徐，高才力声调，过三人远甚，百余年来，亦未见卓然有过之者。"(钱谦益《列朝诗集小传·甲集》)

明初文学之士，承元季虞、柳、黄、吴之后，师友讲贯，学有本原。宋濂、王袆、方孝孺以文雄，高、杨、张、徐、刘基、袁凯以诗著，其他胜代遗逸，风流标映，不可指数，盖蔚然称盛已（《明史》卷二八五《文苑传序》）。

明七子

“七子”学盛唐，雍容雄浑，而遣辞不免空泛。

李梦阳……与何景明、徐祯卿、边贡……康海、王九思……王廷相号“七才子”，皆卑视一世，而梦阳尤甚（《明史》卷二八六《李梦阳传》）。

献吉生休明之代，负雄鸷之才，倜然谓汉以后无文，唐以后无诗，以复古为己任，信阳何仲默起而应之。自时厥后，齐、吴代兴，江、楚特起，北地之坛坫不改。近世耳食者，至谓唐有李、杜，明有李、何，自大历以迄成化，上下千载，无余子焉。呜乎！何其诗也，何其陋也。……国家当日中月满，盛极孽衰，粗材笨伯，乘运而起，雄霸词盟，流传讹种。二百年以来，正始沦亡，榛芜塞路，先辈读书种子从此断绝，岂细故哉？后有能别裁伪体如少陵者，殆必以斯言为然（钱谦益《列朝诗集小传·丙集》）。

李攀龙、王世贞等称“后七子”，或称“嘉靖七子”，或称“八子”，世贞最为杰出，故云名虽七子，实惟一雄。

李攀龙……与……谢榛……吴维岳……王世贞……宗臣、梁有誉……徐中行、吴国伦……称“七子”（《明史》卷二八七《文苑传·李攀龙传》）。

（李）于鳞举进士，候选里居，发愤读书，刺探钩擿，务取人所置不解者，摭拾之以为资，而其矫悍劲鸷之材，足以济之。高自夸许，诗自天宝以下，文自西京以下，誓不污我毫素也。宦郎署五六年，倡五子七子之社。吴郡王元美以名家胜流，羽翼而鼓吹之，其声益大噪。及其自秦中挂冠，构白雪楼于鲍山、华不注之间，杜门高枕，闻望茂著。自时厥后，操海内文章之柄，垂二十年。其徒之推服者，以谓上追虞姒，下薄汉唐。有识者心非之，叛者四起；而循声赞诵者，迄今百年，尚未衰止（钱谦益

《列朝诗集小传·丁集》）。

（王）元美弱冠登朝，与济南李于鳞，修复西京、大历以上之诗文，以号令一世。于鳞既殁，元美著作日益繁富，而其地位之高，游道之广，声力气义，足以翕张贤豪，吹嘘才俊，于是天下咸望走其门，若玉帛职贡之会，莫敢后至。操文章之柄，登坛设墠，近古未有。迄今五十年，《弇州四部》之集盛行海内，毁誉翕集，弹射四起，轻薄为文者，无不以王、李为口实。……迨乎晚年……论《艺苑卮言》，则曰："作《卮言》时，年未四十，与于鳞辈是古非今，此长彼短，未为定论。行世已久，不能复秘，惟有随事改正，勿误后人。"（钱谦益《列朝诗集小传·丁集上》）

钟、谭

公安、竟陵矫七子之弊，务为刻划、冷隽之作。

王、李之学盛行，袁氏兄弟独心非之。……宏道益矫以清新轻俊。……目为公安体。……钟惺、谭元春……复矫其弊，变而为幽深孤峭。……钟、谭之名满天下，谓之竟陵体（《明史》卷二八八《文苑传·袁宏道钟惺谭元春传》）。

中郎（袁宏道）之论出，王、李之云雾一扫，天下之文人才士，始知疏瀹性灵，搜剔慧性，以荡涤摹拟涂泽之病，其功伟矣。机锋侧出，矫枉过正，于是狂瞽交扇，鄙俚公行，雅故灭裂，风华扫地。竟陵代起，以凄清幽独矫之，而海内之风气复大变（钱谦益《列朝诗集小传·丁集中》）。

所谓深幽孤峭者，如木客之清吟……以凄声寒魄为致。……自钟、谭而晦，竞于僻涩蒙昧，所谓以昏气出之也（钱谦益《列朝诗集小传·丁集中》）。

钱、吴、陈之派别

明末，钱谦益兼取苏、陆而轻七子，号为虞山派，领袖东南者四五十年。吴伟业则学元、白，号为娄东派，承其绪者太仓十子也。陈子龙规摹大历，近七子而无其浮响，号为云间派。扬其余波者，西泠十子也。

（钱谦益）先生之诗以杜、韩为宗，而出入于香山、樊川、松陵，以追东坡、放翁、遗山诸家，才气横放，无所不有。……采苓之怀美人，风雨之思君子，饮食燕乐，风怀谑浪，未尝不三致意焉。太史公之论《离骚》也，必原本《国风》《小雅》，其斯为先生之诗已矣（瞿式耜《初学集目录后序》）。

先生讳伟业，字骏公，姓吴氏。吴为昆山名族。……崇祯……辛未会试第一，殿试第二。……南中召拜少詹事。……本朝……授国子监祭酒。……间一岁……南还。……卒于今康熙辛亥十二月二十四日，享年六十有三（《梅村诗集》附《顾湄梅村先生行状》）。

尤以诗自鸣，悲歌感激，有不得于中者，悉寓于诗。居娄东，以诗倡海内，海内宗之（陈廷敬《午亭文编》卷四十七《吴梅村先生墓表》）。

吴伟业选娄东十子诗，以（黄）与坚为冠，其九人为周肇、许旭、顾湄、王揆、王撰、王抃、王摅、王昊、王曜昇也（《清史列传》卷七十《文苑传·黄与坚传》）。

陈子龙字人中，一字卧子，青浦人。崇祯丁丑进士。……鲁王立，授兵部侍郎，兼侍读学士。事败，被获，投水死（陈田《明诗纪事·辛签》卷一）。

卧子负旷世逸才，年二十，与临川艾千子论文不合，面斥之。其四六，跨徐、庾，论策视二苏，诗特高华雄浑，睥睨一世。好推崇右丞，后又模拟太白，于少陵微有异同，要亦倔强，语非繇中也。初与夏考功瑗公、周文学勒卣、徐孝廉闇公同起，而李舒章特以诗故雁行，号陈李诗。继得辕文，又号三子诗。然皆不及（吴伟业《梅村家藏稿》卷五十八）。

陆圻字丽京。……与陈子龙等为登楼社，世号西泠十子体。十子者，圻与同里丁澎、柴绍炳、毛先舒、孙治、张丹、吴百朋、沈谦、虞黄昊、陈廷会也（《清史列传》卷七十《文苑传·陆圻传》）。

亭林之名世

明亡之后，人皆弃帖括而致力于诗，台阁亦以此为招，故诗教盛于一时。其卓然名世者，唯《亭林》一集，气象万千，镕经铸史，无一字虚设。感叹沧桑，令人流涕，与以国破家亡为诗料者又不同。《日知录》论诗一则，其诗造诣，即此可以知之，盖学杜者也。

诗文之所以代变，有不得不变者。一代之文沿袭已久，不容人人皆道此语。今且千数百年矣，而犹取古人之陈言，一一而摹仿之，以是为诗，可乎？故不似则失其所以为诗，似则失其所以为我。李、杜之诗所以独高于唐人者，以其未尝不似而未尝似也。知此者，可与言诗也已矣（顾炎武《日知录》卷二十一）。

诗无长语，事必精当，词必古雅，抒山长老所云“清景当中，天地秋色”，庶几似之（朱彝尊《静志居诗话》卷二十二）。

朱、王领袖南北

朱、王继虞山而起，领袖南北，力绝楚声，而皆学宋。金台十子与渔洋同声气，岭南三家别成一派，而与朱、王为友。惟屈大均与汪琬，同声皆诋虞山。

朱彝尊字锡鬯，浙江秀水人。……康熙十八年……举博学鸿儒科。……除翰林院检讨。……作《明诗综》百卷。……彝尊诗不名一格，少时规杌王、孟，未尽所长。中年以后，学问愈博，风骨愈壮，长篇险韵，出奇无穷。益都赵执信论国朝之诗，以彝尊及王士禛为大家，谓王之才高而学足以副之，朱之学博而才足以运之。……著《曝书亭集》八十卷。……四十八年卒，年八十一（《清史列传》卷七十一《文苑传·朱彝尊传》）。

王士禛，山东新城人。顺治十五年进士。……迁刑部尚书。……（康熙）五十年五月卒于家，年七十有八。所著有《带经堂集》（《清史列传》

卷九《大臣画一传·档正编六·王士禛传》）。

辇下称诗，有十子之目，谓田雯、宋荦、王又旦、丁炜、曹禾、曹贞吉、谢重辉、叶封、汪懋麟、及（颜）光敏也（《清史列传》卷七十《文苑传·颜光敏传》）。

陈恭尹字元孝。……筑室羊城之南，以诗文自娱，自称罗浮布衣。……其为诗激昂顿挫，足以发其哀怨之思。自言平生文辞，多取诸胸臆，仆仆道途，稽古未遑也。卒年七十一。著《独漉堂集》。王隼取恭尹诗，合屈大均、梁佩兰共刻之，为《岭南三家集》。大均字介子，番禺人。……工诗，高浑兀奡。有《翁山诗文集》。佩兰字芝五，南海人。……有《六莹堂集》（《清史稿·文苑传·陈恭尹传》）。

袁、蒋、赵、张

乾、嘉诗人，袁、蒋、赵、张特起，矫康熙季年之荒率，倡为性情之说，务极警辟痛快，其弊遂流为浅俚，与温柔敦厚之旨相去远矣。

袁枚字简斋，浙江钱塘人。……乾隆……四年成进士。……改知县。……调江宁。……卜筑于江宁之小仓山，号随园。……所为诗文，天才横逸，不可方物。然名盛而胆放，才多而手滑，后进之士，未学其才能，先学其放荡，不无流弊焉。……著有《小仓山房诗文集》七十余卷。……嘉庆二年卒，年八十二（《清史列传》卷七十二《文苑传·袁枚传》）。

蒋士铨字心余，江西铅山人。……乾隆十九年，由举人官内阁中书。二十二年成进士。……授编修。……记名以御史用。……以病乞休。四十九年卒，年六十一。……所为诗，气体雄杰，得之天授。变化伸缩，能拔奇于古人之外。至叙述节烈，读之使人感泣。……与袁枚、赵翼称袁、蒋、赵三家。……论者谓袁诗多可惊可喜，蒋诗则多可味，不能轩轾。其诗古体胜近体，七言尤胜。……著有《忠雅堂文集》十二卷、《诗集》二十七卷（《清史列传》卷七十二《文苑传·蒋士铨传》）。

赵翼字耘松，江苏阳湖人。……举乾隆十五年乡试……以一甲三名进士，授翰林院编修。……擢贵西道。……以母老乞归。……撰《廿二史札记》三十六卷……《陔余丛考》四十三卷、《瓯北诗集》五十三卷、《皇朝武功纪盛》四卷、《簷曝杂记》六卷、《唐宋十家诗话》十二卷。其诗与袁枚、蒋士铨齐名，枚称其“忽奇忽正，忽庄忽俳，稗史方言皆可阑入”；士铨则谓其“奇恣雄丽，不可逼视”，人以为知言。嘉庆……十九年卒，年八十六（《清史列传》卷七十二《文苑传·赵翼传》）。

张问陶字仲冶，四川遂宁人。……乾隆五十五年进士。……山东莱州府知府。（嘉庆）十九年卒于苏州，年五十一。……诗尤工，尝作宝鸡题壁诗十八首，指陈军事，得老杜诸将之遗，一时传诵焉。在都与洪亮吉、罗聘相唱和，无虚日。后往见袁枚，枚谓之曰：“所以老而不死者，以未见君诗耳。”其推重如此。……著有《船山诗文集》。论者谓国朝二百年来，蜀中诗人以问陶为最（《清史列传》卷七十二《文苑传·张问陶传》）。

道光之复古

道光时，咏叹之作，多摹少陵五言，竞尚选体，诗事复盛，潘德舆、张际亮其最著者。旁枝有龚自珍，恣奇好怪，多为涩语。

潘德舆字四农，江苏山阳人。道光八年举人。十五年，大挑知县，分发安徽。未几卒，年五十五。……居京后，所与往来，若永丰郭仪霄、建宁张际亮、震泽张履、益阳汤鹏、歙徐宝善，穷精毕力，研悦劘切，尽一时之选。……为文章，入幽出显，沉痛吐露。诗精深奥窔，一语之造，有耐人十日思者。所著有《养一斋诗文集》二十六卷（《清史列传》卷七十三《文苑传·潘德舆传》）。

余幼奉庭训，读汉、魏、李、杜诗最洽，熟杜诗尤多。未冠，先子见背，操笔学诗，苦无指授，漫然弃幼所读者。案头有一部《精华录》，亦知其非绝境，然熏染数月，遂专趋中晚唐人，盖刘宾客、张司业、李昌谷、温飞卿、杜司勋、许丁卯，皆其所涉历者。已乃谓韩、苏为巨观，年少气盛，爱为尽言，殊自豪也。至二十六七岁，乃知以陶公为法，于诗渐辨好丑。近四十岁，稍就确实，以杜为宗，而精力不专，学问不广，子美之门墙，至今不能入，况堂室乎哉（潘德舆《养一斋集·自识》）。

张际亮字亨甫，福建建宁人。……道光十六年举于乡，会试复报罢。……负经济才，磊落有奇气。所为诗，天才奇逸，感时记事，沉郁雄宕，嘉庆、道光以来，作者未能或之先也。著有《松寥山人诗集》《娄光堂稿》（《清史列传》卷七十三《文苑传·张际亮传》）。

李慈铭自谓得力于何、李，而其门有袁昶、沈曾植，遂开宋诗生硬一派。

李慈铭字爱伯，会稽人。……光绪六年成进士。归本班，改御史。……卒年六十六。慈铭为文沉博绝丽，诗尤工，自成一家。……著有《越缦堂文》十卷、《白华绛跌阁诗》十卷、《词》二卷，又《日记》数十册（《清史稿·文苑传三·李慈铭传》）。

予二十年前，已薄视淫靡丽制，惟谓此事当以魄力气体补其性情，幽远清微传其哀乐，又必本之以经籍，宓之以律法，不名一家，不专一代。疵其浮缛，二陆、三潘亦所弃也；赏其情悟，梅郈、樊榭亦所取也。至于感愤切挚之作，登临闲适之篇，集中所存，自谓虽苏、李复生，陶、谢可作，不能过也。砚樵之评，实深思之而不可解。以诗而论，世无仲尼，不当在弟子之列，而谓学温、岐，规沈、宋乎（李慈铭《越缦堂日记》第十六册）。

得香涛复，言予诗雄秀二字，皆造其极，真少陵適派，其火候在竹垞、阮亭之间。竹垞、阮亭七古，皆学杜也。此语殊误，阮亭七古，平弱已极，无一完篇，岂足语少陵宗旨？竹垞亦仅规东坡耳。若予此诗，拟之空同、大复，则殆庶乎（李慈铭《越缦堂日记》第十六册）。

王闿运专摹晋、宋，《湘绮楼诗集》仅刻五七古及五律，平心而论，自是清末一大家。

唐人初不能为五言，杜子美无论矣，所称陈子昂、张子寿、李太白，才刘公幹之一体耳，何足尽五言之妙？故曰唐无五言。学五言者，汉、魏、晋、宋尽之，齐、梁至隋，别创律诗一派，即杜所云庾、鲍、阴、何清逸苦心者也（陈兆奎《王志》卷二）。

（戊）词

明词

明代曲盛而词衰，渐至失传。隆、万以后，此风稍盛。程明善《啸余谱》十卷之作，平仄字数，均出臆定。自汲古阁刻行《宋名家词》六十一家，矩矱始备。朱彝尊撰《词综》三十六卷，自唐迄元，独缺明初，盖以难于着手之故。

明初词人，犹沿虞伯生、张仲举之旧，不乖于风雅。及永乐以后，南宋诸名家词皆不显于世，惟《花间》《草堂》诸集盛行。至杨用修、王元美诸公，小令、中调颇有可取，而长调则均杂于俚俗矣。然一代之词，亦有不可尽废者（王昶《明词综序》）。

清词之盛

有清经学、小学、骈体文，俱为明代所不能及，而填词尤盛。盖文网过密，诗之所不能直言者，乃托为香草美人，以寄其幽忧之思。初卓人月撰《词统》十六卷，录隆庆、万历间词而不及天、崇。《倚声》继之，成于顺治十七年。《瑶华》又继之，成于康熙二十五年。合三集观之，可以知百年间词之变迁。

邹祗谟《倚声集》二十卷。近世如用修、元美、元朗、仲茅诸先生，无不寻流溯源，探其旨趣，而词学复明，犁然指掌。然如钱功甫、卓珂月（人月字）、沈天羽诸前辈，有成书而网罗未备；贺黄公、毛驰黄、刘公㦷诸同志，有论断而甄汰未闻。仆乃与渔洋山人，综核近本，揽撷芳蕤，被以丹黄，申之辨论，为时不及百年，而为体与数与人，仿佛乎两宋之盛

（邹祇谟《倚声集序》）。

蒋景祁《瑶华集》二十二卷。国家文教蔚兴，词为特盛。《倚声集》上溯庆、历，比于诗之陈、隋。此集惟断自六七十年来，词人出处在交会之际，无不甄收，与《倚声》所辑时代稍别（蒋景祁《刻瑶华集述》）。

顾贞观、纳兰成德《今词初集》二卷。清初选家最盛，选八股以射利，选古文诗词以通声气。顾贞观、纳兰成德亦有《今词初集》之选，所以主坛坫招宾客，而其间颇有抑扬，与者为荣，不与者为辱。徐嘉炎未得入门，而致怨于朱彝尊，足见一时熸热情事，士也罔极，二三其德，斯之谓矣（《五石斋题识》）。

清初词家辈出，孙默所辑《十七家》最著。

《国朝名家诗余十七家》三十九卷。孙默字无言，号桴菴，休宁人，家于扬州。清初各家集中，多有《送孙无言归黄山序》，日日言归，得《序》数十篇，诗数百篇，而卒未归。以康熙十七年卒，年六十六，见汪懋麟《百尺梧桐阁文集·孙处士墓志铭》。此本吴伟业《梅村词》二卷、龚鼎孳《香严词》二卷、梁清标《棠村词》二卷、宋琬《二乡亭词》二卷、王士禄《炊闻词》二卷、尤侗《百末词》二卷、陈世祥《含影词》二卷、黄永《南溪词》二卷、陆求可《月湄词》四卷、曹尔堪《溪南词》二卷、邹祇谟《丽农词》二卷、彭孙遹《延露词》三卷、王士禛《衍波词》二卷、董以宁《蓉渡词》三卷、陈维崧《乌丝词》四卷、董俞《玉凫词》二卷、程康庄《衍愚词》一卷，凡十七家三十九卷。初，默辑《三家词》，曰《丽农》《延露》《衍波》，刻于甲辰。合《南溪》《炊闻》《百末》曰六家，刻于丁未。合《含影》《乌丝》《蓉渡》《玉凫》四家，刻于戊申，始名《国朝名家诗余》。至丁巳，又刻其余，始有《十六家》之称。《衍愚》，又后来所刻。予别藏越闿《春芜词》二卷、《广陵唱和词》一卷，所未得者《红桥唱和词》一卷耳。盖默随时增刻，故世鲜全书。昔惟江南图书馆有《十六家词》，亦有缺卷。此本十七家，为最完整可贵矣。清初词尚绮语，清标、士禛俱悔少作，不以入全集。余人词集亦多零落，皆赖此以传，不可谓非一时之渊薮，后之君子，或有取焉（《五石斋题识》）。

浙西六家多奉玉田，其词皆有格律。

龚翔麟《浙西六家词》十一卷。翔麟刻朱竹垞《江湖载酒集》三卷、李武曾《秋锦山房词》一卷、沈融谷《柘西精舍词》一卷、李分虎《耒边词》二卷、覃九沈《黑蝶斋词》一卷，而殿以己作《红藕庄词》三卷，故曰六家。玉田词为当时好尚，朱、李皆以清真立教，附刻之所以张目也。明人填词，喜作艳词，清初犹然。自竹垞选刻《词综》，继刻《六家词》，词律始正，人皆知杌南宋，万红友之功，亦不可没（《五石斋题识》）。

纳兰成德，宰相明珠之子。而善倚声，学南唐二主，颇有俊语。与顾贞观投分最深，吴兆骞得由宁古塔释归，与有力焉。一时文士，以其势要而推之，徐乾学其座主也，至代刻《通志堂经解》，以要名誉，世遂以《饮水词》《侧帽词》拟宋之秦观、柳永，殆非确论。《四库全书》不为论定，盖有微意。

性德，纳喇氏，初名成德……字容若，满洲正黄旗人。……康熙十四年成进士，年十六。……授三等侍卫，再迁至一等。……卒年止三十一。……尤长倚声，遍涉南唐、北宋诸家，穷极要眇，所著《饮水》《侧帽》二集，清新秀隽，自然超逸。……（顾）贞观字梁汾，无锡人。康熙十一年举人。官内阁中书。……与（陈）维崧及朱彝尊称词家三绝。清世工词者，往往以诗文兼擅，独性德为专长，仁和谭献尝谓为词人之词（《清史稿·文苑传一·性德传》）。

道光以后，竞尚填词。周之琦《金梁梦月》一集，称为名贵。

周之琦，河南祥符人。嘉庆十三年进士。改翰林院庶吉士。……授广西巡抚。……同治元年卒（《清史列传》卷四十九《周之琦传》）。

清季大家，应推临桂王鹏运、归安朱祖谋，专学草窗、梦窗，兼刻宋词，校勘极精，足正汲古阁《六十家词》之失。

王鹏运字幼遐，号半塘，晚号鹜翁，广西临桂人。同治九年举人。……迁礼科掌印给事中。……精研词学，为近代宗匠。生平悃款抑塞，悉寄于是。尝校定唐宋元名家之作，裒刻为《四印斋词》（《半塘定稿》附小传）。

始予在汴梁，纳交君，相得也。已而从学为词，愈益亲。……约为词课，拈题刻烛，于喁唱酬，日为之无间。一艺成，赏奇攻瑕，不隐不阿。……予谓君词于回肠荡气中，仍不掩其独往独来之概。……导源碧山，复历稼轩、梦窗，以还清真之浑化。……其必名于后，固无俟余之赘言（朱祖谋《半塘定稿序》）。

朱祖谋字古微，后改名孝臧，号沤尹，又号彊村，浙江归安人。光绪癸未二甲一名进士。……累迁礼部侍郎。……早岁工诗，及交王鹏运，乃专力为词，抗古迈绝，海内称宗匠焉。尝辑刻唐宋金元词为《彊村丛书》，其自著者俱见《彊村遗书》中（朱祖谋《彊村语业》附小传）。

其哀感顽艳，子夜吴趋。其芬芳悱恻，哀蝉落叶。……触绪造端，湛冥过之，信乎所忧者广，发乎一人之本身，抑声之所被者有藉之者耶（张尔田《彊村语业序》）。

《词律》成书于康熙二十六年，自是四声及字句始有定则。杜文澜复加增订，采戈载之说，益严去上之辨。

世传《啸余》一编，即为铁板。近更有《图谱》数卷，尤是金科，凡调之稍有难谐，皆《谱》所已经驳正，但从顺口便可名家。于是篇牍汗牛，枣梨充栋，至今日而词风愈盛，词风愈衰矣。……用是发为愿力，加以校雠。……考其调之异同，酌其句之分合，辨其字之平仄，序其编之短长，务标准于名家，必酌中于各制。有调同名别者，则删而合之；有调别名同者，则分而疏之。复者厘之，缺者补之。时则慎庵吴子，相为助阅于其初。苍崖姜君，更共编摩于其后。录之成帙，稍有可观，计为卷二十，为调六百六十，为体千一百八十有奇。其篇则取之唐、宋，兼及金、元，而不收明朝自度、本朝自度之腔。于字则论其平仄，兼分上去，而每详以入作平、以上作平之说（万树《词律自序》）。

张惠言选词，务以生涩为贵，词家始尚南宋。

宋之词家，号为极盛。然张先、苏轼、秦观、周邦彦、辛弃疾、姜夔、王沂孙、张炎，渊渊乎文有其质焉，其荡而不反，傲而不理，枝而不物。柳永、黄庭坚、刘过、吴文英之伦，亦各引一端，以取重于当世。而前数子者，又不免有一时放浪通脱之言出于其间，后进弥以驰逐，不务原其指意，破析乖刺，坏乱而不可纪。故自宋之亡而正声绝，元之末而规矩隳。以至于今四百余年，作者十数，谅其所是，互有繁变，皆可谓安蔽乖方、迷不知门户者也（张惠言《词选目录叙》）。

（已）戏曲小说

杂剧

明初杂剧，宁献王、周宪王开其端。宁王首撰《卓文君独步大乐天》，周王有《诚斋杂剧》三十一种，曲文流便，多写民间俗事。

献王助长陵靖难，以善谋称。及徙封豫章，颇多觖望。晚乃折节读书，开雕秘籍（朱彝尊《静志居诗话》卷一）。

宪园留心翰墨，谱曲尤工，中原弦索，往往藉以为师，李景文《梦阳》诗云“齐唱宪王新乐府，金梁桥外月如霜”，牛左《史恒》诗云“唱彻宪王新乐府，不知明月下樊楼”，是也（朱彝尊《静志居诗话》卷一）。

自是以后，曲家最盛，以杂剧著名者，刘东生《娇红记》，日本有印本；康海《中山狼》；王九思《杜子美沽酒游春》；徐文长《四声猿》。刘，明初人。康、王，嘉靖时人。

《太和正音谱》曰：“刘东生之词，如海峤云霞。”又云：“镕意铸词，

纤无尘气，可与王实父辈并驱。”（王国维《曲录》卷三）

敬夫之再谪，以及永锢，皆长沙李西涯柄国时事。盛年屏弃，无所发怒，作为歌谣及《杜甫春游》杂剧，力诋西涯。流转腾涌，关陇之士，杂然和之。嘉靖初，纂修《实录》，议起敬夫。有言于朝者曰：“《游春记》李林甫固指西涯，杨国忠得非石斋，贾婆婆得非南坞耶？”吏部闻之，缩舌而止（钱谦益《列朝诗集小传·丙集》）。

王渼陂词固多佳者，何元朗……云：“《杜甫游春》剧，金元人犹当北面，此剧盖借李林甫以骂时相者。其词气雄宕，固陵厉一时。然亦多杂凡语，何得便与元人抗衡？王元美复谓其声价不在关、马之下，皆过情之论也。”（王骥德《曲律》卷四）

对山亦忤于时，放情自废，与渼陂皆以声乐相尚，彼此酬和不辍。康所作尤多，非不莽具才气，然喜生造，喜堆积，喜多用老生语，不得与王并驱。所著《沜东乐府》，可数百首（王骥德《曲律》卷四）。

按文人之意，往往托之填词。王九思《杜甫游春》，指李西涯、杨石斋、贾南坞三相。康对山之《中山狼》，则指李空同。李中麓之《宝剑记》，则指分宜父子。王辰玉之《哭倒长安街》，则指建言诸公。相传汤若士之《紫箫》，亦指当时秉国首揆，才成其半，即为人所议，因改为《紫钗》（焦循《剧说》卷三）。

近之为词者，北调则关中康状元对山、王太史渼陂，蜀则杨状元升菴，金陵则陈太史石亭、胡太史秋宇、徐山人髯仙，山东则李尚宝伯华、冯别驾海浮，山西则常廷评楼居，维扬则王山人西楼，济南则王邑佐舜耕，吴中则杨仪部南峰。康富而芜；王艳而整；杨俊而葩；陈、胡爽而放；徐畅而未汰；李豪而率；冯才气勃勃，时见纰颣；常多侠而寡驯；西楼工短调，翩翩都雅；舜耕多近人情，兼善谐谑；杨较粗莽，诸君子间作南调，则皆非当家也。南则金陵陈大声、金在衡，武林沈青门，吴唐伯虎、祝希哲、梁伯龙，而陈、梁最著。唐、金、沈小令并斐然有致，祝小令亦佳，长则草草；陈、梁多大套，颇著才情，然多俗意陈语，伯仲间耳。余未悉见，不敢定其甲乙也（王骥德《曲律》卷四）。

徐天池先生《四声猿》，故是天地间一种奇绝文字。……《月明度柳翠》一剧，系先生早年之笔。《木兰》《祢衡》，得之新创，而《女状元》则命余更觅一事，以足四声之数。余举杨用修所称黄崇嘏《春桃记》为对，先生遂以《春桃》名嘏（王骥德《曲律》卷四）。

徐文长本古乐府《木兰歌》，演为《雌木兰》杂剧，与《狂鼓史》《翠乡梦》《女状元》为《四声猿》（焦循《剧说》卷五）。

清初，吴伟业撰《秣陵春》《通天台》《临春阁》三种。

吴梅村《通天台》杂剧，借沈初明流落穷边，伤今吊古，以自写其身世。……《临春阁》杂剧，哀悱顽艳，不类《通天台》之悲惋。要其用意有在，于全篇结尾，从冯夫人口中特为点出，盖讽明末诸帅也（杨恩寿《词余丛话》卷二）。

尤侗五种，《桃花源》《黑白卫》《吊琵琶》《读离骚》《清平调》皆谱旧事，惟《钧天乐》传奇，独有所指。

丁酉之秋，薄游太末，阻兵未得归，逆旅无聊，漫填词为传奇，率日一出，阅日而竣，题曰《钧天乐》。家有梨园，归则授使演焉。明年科场弊发，有无名子编为《万金记》者，制府以闻，诏命进览，其人匿弗出，臬司大索江南诸伶杂治之。适山阴姜侍御还朝，过吴门，函征予剧。同人宴之申氏堂中，乐既作，观者如堵，靡不咋舌骇叹，而逻者亦杂其中，疑其事类，驰白臬司。臬司以为奇货，既檄捕优人拷掠诬服，既得主名，将穷其狱，且征贿焉。会有从中解之者，而予已入都门，事亦得寝（尤侗《钧天乐自序》）。

桂馥有《后四声猿》四种：《放杨枝》《题园壁》《谒府帅》《投圂中》。盖嘉庆时官云南永平知县，自伤老大而作也。

同年桂未谷先生，以不世才，擢甲科，震天下，与青藤殊矣。然而远官天末，簿书蕹项背，又文法束缚，无由徜徉自快意。山城如斗，蒲樊杂庭牖间，先生才如长吉，望如东坡，齿发衰白如香山，意落落不自得，乃取三君轶事，引宫按节，吐臆抒感，与青藤争霸风雅。独《题园壁》一折，意于戚串交游间当有所感，而先生曰无之，要其为猿声一也（王定柱《后四声猿序》）。

传奇

明初有《荆钗记》《白兔记》《拜月记》《杀狗记》，世称《荆》《刘》《拜》《杀》。其作者多不可考，曲本错误，亦经后人改正。

古戏如《荆》《刘》《拜》《杀》等，传之几二、三百年，至今不废（王骥德《曲律》卷三》）。

世传《拜月》为施君美作，然《录鬼簿》及《太和正音谱》，皆载在汉卿所编八十一本中，不曰君美。君美名惠，杭州人。吴山前坐贾也。南戏自来无三字作目者，盖汉卿所谓《拜月亭》，系是北剧。或君美演作南戏，遂仍其名，不更易耳（王骥德《曲律》卷三）。

《荆》《刘》《拜》《杀》为剧中四大家。《荆钗》，柯丹丘作。《白兔》，即《刘》也。《拜月》，施君美作。君美名惠，元武林人，今名《幽闺记》。《杀狗》俗名《玉环》，徐畛仲由作。仲由淳安人。洪武中征秀才，至，藩省辞归。有《巢云集》。自称曰："吾诗文未足品藻，惟传奇词曲，不多让古人。"（焦循《剧说》卷二）

《荆钗记》一种，明宁王权撰，明郁蓝生《曲品》题柯丹丘撰，黄文旸《曲海目》仍之。盖旧本当题丹丘先生，郁蓝生不知丹丘先生为宁献王道号，故遂以为柯敬仲耳（王国维《曲录》卷四）。

汤显祖有《临川四梦》。

临川汤奉常之曲，当置法字无论，尽是案头异书。所作五传，《紫箫》《紫钗》，第修藻艳，语多琐屑，不成篇章。《还魂》妙处，种种奇丽动人，然无奈腐木败草，时时缠绕笔端。至《南柯》《邯郸》二记，则渐削芜颣，俯就矩度，布格既新，遣辞复俊。其掇拾本色，参差丽语，境往神来，巧凑妙合，又视元人别一溪径，技出天纵，匪由人造。使其约束和鸾，稍闲声律，汰其剩字累语，规之全瑜，可令前无作者，后鲜来喆，二百年来，一人而已（王骥德《曲律》卷四）。

汤显祖字义仍，号若士，临川人。万历癸未进士。所著《玉茗》四种，《还魂记》《烂柯记》《邯郸记》《紫钗记》，以《还魂》为第一部，俗呼《牡丹亭》，句如雨丝风片，烟波画船，皆酷肖元人。惜其使才，于韵脚所限，多出以乡音，如“子”与“宰”叶之类。其病处在此，佳处亦在此（李调元《雨村曲语》卷下）。

《玉茗》四梦，《牡丹亭》最佳，《邯郸》次之，《南柯》又次之，《紫钗》则强弩之末耳（梁廷枏《曲话》卷三）。

明季以阮大铖为最工，所撰有《双金榜》《牟尼合》《忠孝环》《春灯谜》《燕子笺》。

相传阮圆海作《燕子笺》，是刺倪鸿宝（焦循《剧说》卷三）。

《燕子笺》一曲，鸾交两美，燕合双姝，设景生情，具征巧思。《春灯谜》之十错认，亦似有悔过之意，隐然露于楮墨外。然其人既已得罪名教，即使阳春白雪，亦等诸彼哉之列，置而不论可矣。况其文章之未必能醉人心腑耶（梁廷枏《曲话》卷三）。

清初李笠翁有《十种曲》。

李渔音律独擅，近时盛行其《笠翁十种曲》。十种者，《怜香伴》《风筝误》《意中缘》《凤求凰》《奈何天》《比目鱼》《蜃中楼》《玉搔头》《巧团圆》《慎鸾交》，勾吴虞巍序而行之，称笠翁妻妾和谐。虽长贫贱，不作白头吟。另具红拂眼，亦可取也。世多演《风筝误》，其《奈何天》，曾见苏人演之（李调元《雨村曲话》卷下）。

《笠翁十种曲》，自俱近平妥，行世已久，姑免置喙。近人惟绵州李太史调元最深喜之，谓如景星庆云，先睹为快。家居时，常令歌伶搬演为乐。其第十种名《比目鱼》，有自题诗云："迩来节义颇荒唐，尽把宣淫罪戏场。思借戏场维节义，系铃人授解铃方。"太史谓："读是诗，方知其绣曲心苦。盖追十种中命意，结穴在此也。"客有笑其偏嗜笠翁曲者，太史尝诵此诗答之（梁廷枏《曲话》卷三）。

《长生殿》为谱董鄂妃事而作。

稗畦居士洪昉思昇，仁和人。工词曲，撰《长生殿》杂剧。荟萃唐人诸说部中事，及李、杜、元、白、温、李数家诗句，又刺取古今剧部中繇丽色段以润色之，遂为近代曲家第一。在京师填词初毕，选名优谱之，大集宾客。是日国忌，为台谏所论，与会凡数人，皆落职。赵秋谷时官赞善，亦罢去。秋谷年二十三，典试山西。回时，骡车中惟携《元人百种曲》一部，日夕吟讽。至都门，值《长生殿》初成，因为点定数折，昉思跌宕孤逸，无俗情。年五十余，落水死。毛西河《长生殿院本序》云：洪君昉思好为词。以四门弟子，遨游京师。初为《西蜀吟》，既而为《大晟乐府》，又既而为金、元间人曲子，自散套雅剧以至院本，每用作长安往来歌咏酬赠之具。尝以不得事父母，作《天涯泪》剧，以寓其思亲之旨。应庄亲王世子之请，取唐人《长恨歌》事，作《长生殿》院本，一时勾栏多演之。越一年，有言日下新闻者，谓长安邸第每以演《长生殿》，为见者所恶。会国恤止乐，其在京朝官，大红小红已浃日，而纤练未除，言官谓遏密读曲，大不敬。赖圣明宽之，第褫其四门之员，而不予以罪。然而京朝诸官，则从此有罢去者（焦循《剧说》卷四）。

钱塘洪昉思昇撰《长生殿》，为千百年来曲中巨擘。以绝好题目，作绝大文章，学人才人，一齐俯首。自有此曲，无论惊鸿、彩毫，空惭形秽，即白仁甫《秋夜梧桐雨》，亦不能稳占元人词坛一席矣。如《定情》《絮阁》《窥浴》《密誓》数折，俱能细针密线，触绪生情。然以细意熨贴为之，犹可勉强学步。读至弹词第六、七、八、九转，铁拨铜琶，悲凉慷慨，字字倾珠落玉而出，虽铁石人不能不为之断肠、为之下泪。笔墨之妙，其感人一至于此，真观止矣（梁廷枏《曲话》卷三）。

近今李笠翁渔十种填词，洪昉思昇《长生殿》，亦大手笔，各有妙处。但李之宾白似多，洪之曲文似冗，又不知后人作何评论也（刘廷玑《在园杂志》卷三）。

孔尚任制《桃花扇》，写南渡事，最易感人。所谓南朝兴亡，尽在桃花扇底是也。

予未仕时，每拟作此传奇，恐闻见未广，有乖信史，寤歌之余，仅画其轮廓，实未饰其藻采也。然独好夸于密友曰，吾有《桃花扇》传奇，尚秘之枕中。及索米长安，与僚辈饮谯，亦往往及之。又十余年，兴已阑矣。少司农田纶霞先生来京，每见，必握手索览。予不得已，乃挑灯填词，以塞其求，凡三易稿而书成，盖己卯之六月也。……《桃花扇》钞本，久而漫灭，几不可识。津门佟蔗村者诗人也，与粤东屈翁山善，翁山之遗孤，育于其家，佟为谋婚产，无异己子，世多义之。薄游东鲁，过予舍，索钞本读之，才数行，击节叫绝，倾囊橐五十金付之梓人，计其竣工也，尚难于百里之半，灾梨真非易事也（孔尚任《桃花扇本末》）。

《桃花扇》笔意疏爽，写南朝人物，字字绘水绘声。至文词之妙，其艳处似临风桃蕊，其哀处似着雨梨花，固是一时杰构。然就中亦有未惬人意者，福王三大罪五不可之议，倡自周镳、雷演祚，今《阻奸》折竟出自史阁部，则与《设朝》折大相径庭，使观者直疑阁部之首鼠两端矣。且既以《媚座》为二十一折矣，复加入《孤吟》一折，其词义犹之家门大意，是为蛇足，总属闲文。至若曲中词调，伶人任意删改，为斯文一大恨事。然未有先虑其删改，而特在作曲时，为俗伶豫留地步者。今《桃花扇》，长者七八曲，其少者四五曲，未免故走易路。又以左右部分正间合润四色，以奇偶部分中戾余煞四气，以总部分经纬二星，毋论有曲以来，万无此例。即谓自我作古，亦殊觉淡然无味，不知何所见而云也（梁廷枏《曲话》卷三）。

孔云亭原稿第十三出，直叙宁南谋逆，胁何忠诚公同叛。何公投江，逆流六十里，遇神获救诸轶事。左梦庚急以千金为云亭寿，哀其削去，云亭遂改《哭主》一出，生气勃勃，宛然为烈皇复仇，与史（可法）、黄（得功）鼎立而三，为胜国忠臣之最。信乎文人之笔操予夺权也（杨恩寿《词余丛话》卷三）。

蒋士铨《藏园九种》，为《四弦秋》《一片石》《忉利天》《雪中人》《香祖楼》《临川梦》《桂林霜》《冬青树》《空谷香》。《临川梦》乃讥袁枚而作。

《藏园九种》，为乾隆时一大著作，专以性灵为宗，具史官才、学、识之长，兼画家皱、瘦、透之妙，洋洋洒洒，笔无停机。乍读之，几疑发泄无余，似少余味。究竟无语不铄，无意不新，无调不谐，无韵不响，虎步龙骧，仍复周规折矩，非凫西、笠翁所敢望其肩背（杨恩寿《词余丛话》卷二）。

黄燮清《倚晴楼七种》，为《茂陵弦》《帝女花》《脊令原》《鸳鸯镜》《凌波影》《桃溪雪》《居官鉴》。

黄燮清原名宪清，字韵甫，浙江海盐人。道光十五年举人。……调松滋（县），有政声。未几卒。燮清颖敏过人，才思秀丽。诗格不名一家，尤工倚声。所撰乐府诸词，流播人口，时比之尤侗（《清史列传》卷七十三《文苑传·黄燮清传》）。

长平公主经烈皇手刃，断臂不殊。入我朝后，奉诏访原聘驸马周世显，照公主例赐婚。……《芝龛记》有《感徽》一出，叙此事不甚周备。海盐黄韵珊谱作《帝女花》院本，本末较详，词笔逼近《藏园》，非《芝龛》可同日语也（杨恩寿《词余丛话》卷二）。

小曲

诗之余为词，词之余为曲，曲之余为小曲，务以通俗为贵。钱大昕谓传奇之演绎，优伶之宾白，情词动人心目，虽里巷小夫妇人，无不为之歌泣者。实则小曲之感人，尤甚于杂剧传奇，以其通俗也，然亦须有笔力者。

小曲《挂枝儿》即《打枣竿》，是北人长技，南人每不能及。昨毛允遂贻我吴中新刻一帙，中如《喷嚏》《枕头》等曲，皆吴人所拟。即韵稍出入，然措意俊妙，虽北人无以加之，故知人情原不相远也（王骥德《曲律》卷四）。

元人小令，行于燕赵，后浸淫日盛。自宣、正至化、治后，中原又行，《琐南枝》《傍妆台》《山坡羊》之属，李崆峒先生初自庆阳徙居汴梁，闻之以为可继《国风》之后。何大复继至，亦酷爱之。今所传《泥捏人》及《鞋打卦》《熬鬏髻》三阕，为三牌名之冠，故不虚也。自兹以后，又有《耍孩儿》《驻云飞》《醉太平》诸曲，然不如三曲之盛。嘉、隆间，乃兴《闹五更》《寄生草》《罗江怨》《哭皇天》《乾荷叶》《粉红莲》《桐城歌》《银绞丝》之属，自两淮以至江南，渐与词曲相远。不过写淫媟情态，略具抑扬而已。比年以来，又有《打枣干》《挂枝儿》二曲，其腔调约略相似，则不问南北，不问男女，不问老幼良贱，人人习之，亦人人喜听之，以至刊布成帙，举世传诵，沁人心腑。其谱不知从何来，真可骇叹。又《山坡羊》者，李、何二公所喜。今南北词俱有此名，但北方惟盛《爱数落山坡羊》。其曲自宣、大、辽东三镇传来，今京师妓女惯以此充弦索北调。其语秽亵鄙贱，并桑濮之音，亦离去已远，而羁人游婿，嗜之独深，丙夜开樽，争先招致。而教坊所隶筝篆等色，及九宫十二则，皆不知为何物矣。俗乐中之雅乐，尚不谐里耳如此，况真雅乐乎（沈德符《万历野获编》卷二十五）。

小曲者别于昆弋大曲也，在南则始于《挂枝儿》。如贯华堂《西厢》所载："送情人直送到丹阳路，你也哭，我也哭，赶脚的也来哭。赶脚的他哭是因何故？去的不肯去，哭的只管哭，你两下里调情，我的驴儿受了苦。"一变为《劈破玉》，再变为《陈垂调》，再变为《黄鹂调》。始而字少句短，今则累数百字矣。在北则始于《边关调》，盖因明时远戍西边之人所唱。其辞雄迈，其调悲壮，本《凉州》《伊州》之意。如云："斗大黄金印，天高白玉堂。大丈夫豪气三千丈，百万雄兵腹内藏，要与皇家做个栋梁。男儿当自强，四海把名扬。姓名儿定标在凌烟阁上。"明诗云"三弦紧拨配边关"是也。今则尽儿女之私、靡靡之音矣。再变为《砑砑优》。砑砑优者，夜夜游也，或亦声之余韵。《呀呀哟》，如《倒扳桨》《靛花开》《跌落金钱》，不一其类。又有《节节高》一种，节节高本曲牌名，取接接高之意。自宋时有之，《武林旧事》所载元宵节乘肩小女是也。今则小童立大人肩上，唱各种小曲，做连像。所驮之人，以下应上，当旋即旋，当转即转，时其缓急而节凑之，想亦当时《鹧鸪》《柘枝》之类也。今日诸舞失传，徒存其名，乌知后日之《节节高》，不亦今日之《鹧鸪》《柘枝》也哉（刘廷玑《在园杂志》卷三）。

文小槎者，外火器营人。曾从军西域及大、小金川。归途自制马上曲，即今八角鼓中所唱之单弦杂牌子及岔曲之祖也。本名小槎曲，减称槎曲，讹为岔曲，又称脆唱（崇彝《春明谈往》）。

果勒敏字杏岑，博尔济吉特氏。世袭子爵，官杭州将军。罢归，穷极无聊，日游戏园，颇通词曲。无聊时所编排子曲、岔曲甚多，能以市井俚语加入，而有别趣。于最窄之辙，押之极稳妥。此实偏才，亦能作诗，则打油类也，殊不可耐。凡歌唱类分十三辙，犹之韵也。如中东、言前、江阳、花发、由求、仁辰、灰堆、依期、蓑波、姑苏、怀来、遥条之类，最窄之辙为捏邪（皆作叠雪不符，此二字皆仄声），戏界多忌此辙。果公有自编大排子曲，用此辙极俏，惜忘其名。所居在王府大街，即今之培元学校（崇彝《春明谈往》）。

排子曲每段更换一调，故呼为杂排子，多至三十余种。常用之名，有《金钱莲花落》《云苏调》《南城调》《倒推船》《叠断桥》《罗江怨》《南锣》《翠莲卷》《数唱》《快书》《湖广调》《靠山调》之类。开唱时必有数句，曰曲儿头，住头处曰卧牛儿。尾声非以快书，即以数唱儿结之，亦由慢而改紧。今之所谓单弦者，即拆之排子曲中之余也。他若《马头调》，即大七句，其曲甚长，并非只有七句，因其腔调仅七个，倒换用之而已（崇彝《春明谈往》）。

小说

小说为讲史之遗，经文人润色，而为章回说部，相传为罗贯中所著者有《三国志传通俗演义》《隋唐志传通俗演义》《残唐五代传》《水浒传》《平妖传》。

罗贯中，太原人，号江湖散人。与人寡合，乐府隐语，极为清新。与余为忘年交，遭时多故，各天一方。至正甲辰复会，别来又六十余年，竟不知其所终（《录鬼簿续编》）。

《三国志演义》。明人作《琵琶记传奇》，而陆放翁已有“满村都唱蔡中郎”之句。今世所传《三国演义》，亦明人所作。然《东坡集》记王彭论曹刘之泽云：途巷小儿薄劣，为其家所厌苦，辄与数钱，令聚听说古话。至说三国事，闻玄德败，则颦蹙有涕者；闻曹操败，则喜唱快，以是知“君子小人之泽，百世不斩”云云，是北宋时，已有演说三国野史者矣。又李义山《骄儿诗》“或谑张飞胡，或笑邓艾吃”，似当日俳优，已有以益德为戏弄者（沈涛《交翠轩笔记》）。

《水浒传》。故老传闻，罗氏为《水浒传》一百回，各以妖异语引其首。嘉靖时，郭武定重刻其书，削其致语，独存本传。金坛王氏《小品》中亦云：此书每回前各有楔子，今俱不传。予见建阳书坊中所刻诸书，节缩纸板，求其易售，诸书多被刊落。此书亦建阳书坊翻刻时删落者（周亮工《因树屋书影》卷一）。

《水浒传》，相传为洪武初越人罗贯中作，又传为元人施耐庵作，田叔禾《西湖游览志》又云此书出宋人笔。近金圣叹自七十回之后，断为罗所续，因极口诋罗，复伪为施《序》于前，此书遂为施有矣。予谓世安有为此等书人，当时敢露其姓名者？阙疑可也（周亮工《因树屋书影》卷一）。

《金瓶梅》。袁中郎觞政，以《金瓶梅》配《水浒传》为外典，予恨未得见。丙午，遇中郎京邸，问曾有全帙否，曰第睹数卷，甚奇怪。今惟麻城刘延白承禧家有全本，盖从其妻家徐文贞录得者。又三年，小修上公车，已携有其书，因与借抄挈归，吴友冯犹龙见之惊喜，怂恿书坊，以重价购刻。马仲良时榷吴关，亦劝予应梓人之求，可以疗饥，予曰："此等书必遂有人板行，但一刻则家传户到，坏人心术。他日阎罗究诘始祸，何辞置对？吾岂以刀锥博泥犁哉。"仲良大以为然，遂固箧之。未几时，而吴中悬之国门矣。然原本实少五十三回至五十七回，遍觅不得。有陋儒补以入刻，无论肤浅鄙俚，时作吴语，即前后血脉亦绝不贯串，一见知其赝作矣。闻此为嘉靖间大名士手笔，指斥时事。如蔡京父子则指分宜，林灵素则指陶仲文，朱勔则指陆炳，其他各有所属云（沈德符《万历野获编》卷二十五）。

《西游记》。旧志称（吴）射阳性敏多慧，为诗文下笔立成。复善谐谑，著杂记数种，惜未注杂记书名。惟《淮贤文目》载，射阳撰《西游记通俗演义》。是书明季始大行，里巷细人乐道之。而前此亦未之有闻，世乃称为证道之书，批评穿凿，谓吻合金丹大旨，前冠以虞道园一《序》，而尊为长春真人秘本，亦作伪可嗤者矣。按明郡志谓出射阳手，射阳去修志时未远，岂能以世俗通行之元人小说攘列己名？或长春初有此记，射阳因而衍义，极诞幻诡变之观耳。亦如《左氏》之有《列国志》，《三国》之有《演义》，其中方言俚语，皆淮上之乡音街谈，巷弄市井妇孺皆解，而他方人读之不尽然，是则出淮人之手无疑。然射阳才士，此或其少年狡狯，游戏三昧，亦未可知。要不过为村翁塾童笑资，必求得修炼秘诀，则梦中说梦（阮葵生《茶余客话》卷二十一）。

今行世之批本四大奇书，原书多经修改。

四大奇书……如《水浒》……金圣叹加以句读字断，分评总批，觉成异样花团、锦簇文字。……再则《三国演义》。……杭永年一仿圣叹笔意批之，似属效颦。然亦有开生面处，较之《西游》，实处多于虚处。盖《西游》为证道之书。……乃汪憺漪从而刻画美人，唐突西子。其批注处，大半摸索皮毛。即《通书》之太极无极，何能一语道破耶？若深切人情世务，无如《金瓶梅》，真称奇书。……彭城张竹坡为之先总大纲，次则逐卷逐段分注批点，可以继武圣叹。是惩是劝，一目了然。惜其年不永，殁后，将刊板抵偿夙逋于汪君苍孚，苍孚举火焚之，故海内传者甚少。嗟乎！四书也以言文字，诚哉奇观（刘廷玑《在园杂志》卷二）。

《封神演义》，以幽渺之思，恣肆之笔，写郁勃之怀。所予者没而封神，所不予者则为兴朝佐命，盖千古愤世之作。王闿运颇赏之，其弟子宋育仁经生也，遂诠释此书，衡量三教。

《封神演义》者，本拟《水浒传》《西游记》而作，亦兼袭《三国志》。其文有狼筅，在明嘉靖以后，而俗间大信用之，至以改撰神号，至今言四天王、哼哈、财神、温瘟皆本之，已为市井不刊之典矣。余童时，喜其言《太极图》有焚身之祸，盖意在讥明太宗杀方正学诸君，及其言猪狗佐白蝬总戎，以讥李景隆诸将，以为各有所指。然其文衍成数十万言，必有所命意，乃能敷演。而闻仲者又以拟张江陵不学而跋扈也，其言姜环又明斥梃击事。明人喜为传奇、演义之言，而此独恢诡不平，多所指斥，大致以财色为戒，故独重赵公明兄妹。财为兄而色为妹，未有无财而能耽色者也。置之十绝之中者，戕生多端，中年尤在财色也。十绝破而杀仙，万仙诛而沐猴冠矣，此由庶人以至天子，不可以《太极图》自陷于落魂也。故必以《太极图》易草菅人，不可以太子入《太极图》，乃愤时嫉俗者之所为。大要言贤智皆助逆，谗邪皆为神，唯禽兽乃可通天，甚恶道学之词，疑李卓吾之所为也。昔疑其有金丹医方之说，尝欲评之。今乃知其仍为迂儒，故标其作意如此。至其神名，盖别有所本，非由此始，则无可考矣（王闿运《湘绮楼日记》光绪十九年正月二十日）。

《醒世姻缘》，或谓蒲松龄所作，以书中所述济南旱灾，与《聊斋文集》纪灾前后篇所述康熙四十二年旱灾，约略相同也。

杨复吉《梦阑琐笔述》。鲍以文云：留仙尚有《醒世姻缘》小说，实有所指。书成，为其家所讦，至褫其衿（《骨董琐记》卷七）。

康熙五十三年，严禁小说，书估不敢私刻贩卖，明季以来，小说盛行之风，自此顿衰。又四五十年，始有《红楼梦》之作，然只抄阅而已，作者、阅者俱有避忌。又久之，始有刻本。

《红楼梦》。闻旧有《风月宝鉴》一书，又名《石头记》，不知为何人之笔。曹雪芹得之，以是书所传述者，与其家之事迹略同，因借题发挥，将此部删改至五次，愈出愈奇，乃以近时之人情谚语，夹写而润色之，借以抒其寄托。曾见抄本，卷额本有其叔脂研斋之批语，引其当年事甚确，易其名曰《红楼梦》。此书自抄本起，至刻续成部，前后三十余年，恒纸贵京都，雅俗共赏，遂浸淫增为诸续部六种，及传奇盲词等等杂作，莫不依傍此书创始之善也。雪芹二字，想系其字与号耳，其名不得知，曹姓，汉军人，亦不知其隶何旗。闻前辈姻戚有与之交好者。其人身胖头广而色黑，善谈吐，风雅游戏，触境生春，闻其奇谈娓娓然令人终日不倦，是以其书绝妙尽致。闻袁简斋家随园，前属隋家者，隋家前即曹家故址也，约在康熙年间。书中所称大观园，盖假托此园耳。其先人曾为江宁织造，颇裕，又与平郡王府姻戚往来。书中所托诸邸甚多，皆不可考，因以备知府第旧时规矩。其书中所假托诸人，皆隐寓其家某某，凡性情遭际，一一默写之，惟非真姓名耳。闻其所谓宝玉者，尚系指其叔辈某人，非自己写照也。所谓元、迎、探、惜者，隐寓“原应叹息”四字，皆诸姑辈也。其原书开卷有云作者自经历一番等语，反为狡狯托言，非实迹也。本欲删改成百二十回一部，不意书未告成而人逝矣。余曾于程、高二人未刻《红楼梦》板之前，见抄本一部，其措辞命意，与刻本前八十回多有不同。抄本中增处、减处、直截处、委婉处，较刻本总当，亦不知其为删改至第几次之本。八十回书后，惟有目录，未有书文，目录有大观园抄家诸条，与刻本后四十回四美钓鱼等目录迥然不同。盖雪芹于后四十回虽久蓄志全成，甫立纲领，尚未行文，时不待人矣。又闻其尝作戏语：若有人欲快睹我书不难，惟日以南酒烧鸭享我，我即为之作书云。观刻本前八十回，虽系其真笔，粗具规模，其细腻处不及抄本多多矣。或为初删之稿乎（裕瑞《枣窗闲笔》）。

同时《儒林外史》亦盛行于南方。

先生姓吴氏，讳敬梓，字敏轩，一字文木，全椒人。世望族，科第仕宦多显者。先生生而颖异，读书才过目辄能背诵。稍长，补学官弟子员。袭父祖业，有二万余金。素不习治生，性复豪上，遇贫即施。偕文士辈往还，饮酒歌呼穷日夜，不数年而产尽矣。安徽巡抚赵公国麟闻其名，招之试，才之，以博学鸿词荐，竟不赴廷试，亦自此不应乡举。而家益以贫，乃移居江城东之大中桥。环堵萧然，拥故书数十册，日夕自娱，窘极则以书易米。或冬日苦寒无酒食，邀同好汪京门、樊圣□辈五六人，乘月出城南门，绕城堞行数十里，歌吟啸呼，相与应和。逮明，入水西门，各大笑散去，夜夜如是，谓之暖足。余族伯祖丽山先生与有姻连，时周之。方秋霖潦三四日，族祖告诸子曰："比日城中米奇贵，不知敏轩作何状，可持米三斗、钱二千往视之。"至则不食二日矣。然先生得钱则饮酒歌啸，未尝为来日计。其学尤精《文选》诗赋，援笔立成，夙构者莫之为胜。辛酉、壬戌间，延至余家，与研诗赋相赠答，惬意无间。而性不耐久客，不数月别去。生平见才士，汲引如不及。独嫉时文士如雠，其尤工者，则尤嫉之。余恒以为过，然莫之能禁，缘此所遇益穷。与余族祖绵庄为至契，绵庄好治经，先生晚年亦好治经，曰此人生立命处也。岁甲戌，与余遇于扬州，知余益贫，执余手以泣曰："子亦到我地位，此境不易处也，奈何？"余返淮，将解缆，先生登船言别，指新月谓余曰："与子别，后会不可期。即景悢悢，欲构句相赠，而涩于思，当俟异日耳。”时十月七日也。又七日，而先生殁矣。先数日，裒囊中余钱，召友朋酣饮，醉辄诵樊川“人生只合扬州死”之句，而竟如所言，异哉。先是，先生子烺已官内阁中书舍人，其同年王又曾毂原适客扬，告转运使卢公，殓而归其殡于江宁，盖享年五十有四。所著有《文木山房集》《诗说》若干卷。又仿唐人小说，为《儒林外史》五十卷，穷极文士情态，人争传写之。子三人，长即烺也，今官宁武府同知。论曰：余生平交友，莫贫于敏轩。抵淮访余，检其橐，笔砚都无。余曰：“此吾辈所倚以生，可暂离耶？”敏轩笑曰：“吾胸中自具笔墨，不烦是也。”其流风余韵，足以掩映一时。窒其躬，传其学，天之于敏轩，傥意别有在，未可以流俗好尚测之也（程晋芳《勉行堂文集》卷六《文木先生传》）。

明季，冯梦龙纂《古今小说》《警世通言》《醒世恒言》，谓之“三言”。大约采宋人通俗小说，或加删改，增以明人及己所作。同时，凌濛初复编刻《拍案惊奇》及《二刻拍案惊奇》，谓之“二拍”。濛初，盖湖州书贾也。

冯梦龙字犹龙，长洲人。由贡生选授寿宁知县。有《七乐斋稿》。明府善为启颜之辞，间入打油之调，虽不得为诗家，然亦文苑之滑稽也（朱彝尊《静志居诗话》卷二十）。

蒲松龄拟唐人小说，而成《聊斋志异》。自谓集腋为裘，妄续《幽冥》之录；浮白载笔，仅成《孤愤》之书。其书取材《太平广记》等书所记狐鬼事而变化之，兼采邸报所记及里巷见闻。唐人小说，一变而为宋人通俗小说，由文言而白话。再变而为《聊斋志异》，由白话而文言。摹经摹史，穷形尽相，刻画如生，风行最广而最久，续者不休，皆以《聊斋》为名，最为可笑。惟史襄龄《枕瑶杂记》三卷，曲折有致，能得其神似。

先生讳松龄，字留仙，一字剑臣，柳泉其别号也。先生初应童子试，即以县、府、道三第一，补博士弟子员，文名藉藉诸生间。然入棘闱，辄见斥，慨然曰："其命也夫！"用是决然舍去，而益肆力于古文辞，奋发砥淬，与日俱新。而其生平之侘傺失志，濩落郁塞，俯仰时事，悲愤感慨，又有激发其志气，故其文章颖发苕竖，恢诡魁垒，用能绝去町畦，自成一家。而蕴结未尽，则又搜抉奇怪，著为《志异》一书，虽事涉荒幻，而断制谨严，要归于警发薄俗，扶持道教，则犹是其所以为古文者而已，非漫作也。先生性朴厚，笃交游，重名义，而孤介峭直，尤不能与时相俯仰。少年与同邑李希梅及余从伯父历友、视旋诸先生，结为郢中诗社，以风雅道义相劘切，终始一节，无少间。乡先生给谏孙公为时名臣，而风烈所激，其厮役佃属，或阴为恣睢，乡里莫敢言。先生独毅然上书千余言以讽，公得书惊叹，立饬其下皆敛戢。新城王司寇素奇先生才，屡寓书，将一致先生于门下，卒以病谢，辞不往（此妄言也，集中《与阮亭书》有十年前一奉几杖语。《祭阮亭文》有缔结姻盟语，可证辞不往之非）。呜呼！学者目不见先生，而但读其文章，耳其闻望，意其人必雄谈博辩，风义激昂，有不可一世之概。及进而接乎其人，则循循然长者；听其言，则讷讷如不出诸口；而窥其中，则蕴藉深远，要皆可以取诸怀而被诸世。然而厄穷困顿，终老明经，独其文章意气，犹可以耀当时而垂后世。先生之不幸也，而岂足以尽先生哉。先生祖讳生汭，父讳槃，娶刘氏，增广生刘公季调女。子四人，孙八人，曾孙四人，五世孙才一人。所著《文集》四卷、《诗集》六卷、《聊斋志异》八卷。以康熙五十四年正月二十二日卒，享年七十有六。以本年葬村东之原。又十年，为雍正改元之三年，其孤将为碑以揭其行，以文属余，以余于先生为同邑后进，且知先生之深也。乃不辞而为之文，以表于墓（《聊斋文集》附张元《柳泉蒲先生墓表》）。

纪昀撰《四库全书总目提要》有名，别有《阅微草堂笔记》二十四卷，为《滦阳消夏录》《如是我闻》《槐西杂志》《姑妄听之》《滦阳续录》，或称纪五种，言鬼狐及因果报应，诋讲学家及人情机诈，最喜说理，又《聊斋志异》之变体。后来俞樾《右台仙馆笔记》稍似之。

河间先生典校秘书廿余年，学问文章，名满天下。……年近七十，不复以词赋经心，惟时时追录旧闻，以消闲送老。……先生尝曰：《聊斋志异》盛行一时，然才子之笔，非著书者之笔也。虞初以下，干宝以上，古书多佚矣。其可见完帙者，刘敬叔《异苑》、陶潜《续搜神记》，小说类也。《飞燕外传》《会真记》，传记类也。《太平广记》事以类聚，故可并收。今一书而兼二体，所未解也。小说既述见闻，即属叙事，不比戏场关目，随意装点。伶元之传，得诸樊嬺，故猥琐具详。元稹之《记》，出于自述，故约略梗概。杨升庵伪撰秘辛，尚知此意，升庵多见古书故也。今燕昵之词、媟狎之态，细微曲折，摹绘如生，使出自言，似无此理；使出作者代言，则何从而闻见之？又所未解也。留仙之才，余诚莫逮其万一。惟此二事，则夏虫不免疑冰（《姑妄听之》附盛时彦《跋》）。

补遗

卷五　明清上

（二）明初之政局

（3）《永乐大典》

（甲）纂修之经过

明成祖靖难功成、盛行诛戮之后，即命儒生修《永乐大典》，盖与宋初修《太平御览》《册府元龟》《文苑英华》同一用心，而规模之巨则远过之。其为书凡二万二千八百七十七卷，凡例目录六十卷，共为册万一千九十五。始纂于永乐元年，越年奏进。初名《文献大成》，继以所辑尚多未备，遂命重修，与其事者凡二千余人，告成于永乐五年，更名《永乐大典》。当时政令严急，故能迅速成书。一准《洪武正韵》，以韵统字，以字系事，所载诸书均散入各韵之中。有以一字一句分韵者；有析取一篇，以篇名分韵者；有钞录全书，以书名分韵者。有割裂，无删改。明以前佚文秘本世所不传者，赖其全部、全篇收入，得以略存古人著作，其功盖不可没。

永乐元年（一四〇三年）秋七月丙子朔……上谕翰林侍读学士解缙等曰："天下古今事物，散载诸书，篇帙浩穰，不易检阅。朕欲悉采各书所载事物，类聚之而统之以韵，庶几考索之便如探囊取物尔。尝观《韵府》《回溪》二书，事虽有统，而采摘不广，纪载大略。尔等其如朕意，凡书契以来经、史、子、集百家之书，至于天文、地志、阴阳、医卜、僧道、技艺之言，备辑为一书，毋厌浩繁。"（《明太宗实录》卷二十）

永乐二年（一四〇四）年十一月丁巳，翰林院学士兼右春坊大学士解缙等进所纂录韵书，赐名《文献大成》，赐缙等百四十七人钞有差，赐宴于礼部。既而上览所进书，尚多未备，遂命重修，而敕太子少师姚广孝、刑部侍郎刘季篪及缙总之，命翰林学士王景、侍读学士王达、国子祭酒胡俨、司经局洗马杨溥、儒士陈济为总裁，翰林院侍讲邹缉、修撰王褒、梁潜、吴溥、李贯、杨觏、曾棨、编修朱纮、检讨王洪、蒋骥、潘畿、王偁、苏伯厚、张伯颖、典籍梁用行、庶吉士杨相、左春坊左中允尹昌隆、宗人府经历高得旸、吏部郎中叶砥、山东按察佥事晏璧为副总（裁），命礼部简中外官及四方宿学老儒有文学者充纂修，简国子监及在外郡县学能书生员缮写，开馆于文渊阁，命光禄寺给朝暮膳（《明太宗实录》卷三十二）。

永乐五年（一四〇七年）十一月乙丑……太子少师姚广孝等，进重修《文献大成》，书凡二万二千二百一十一卷、一万一千九十五本，更赐名《永乐大典》，上亲制《序》以冠之（《明太宗实录》卷五十四）。

（乙）副本之重录

《大典》原本不详何时移来北京，后贮于文楼。至嘉靖三十六年，奉天、华盖、谨身三殿火，亟命救出，于是有重录《永乐大典》之举。始事于嘉靖四十一年，讫工于隆庆元年，缮写者逾百人，每人日写三叶，历时五六年，止重录一部。阁臣及在事诸臣，升赏极优，盖重其事。

嘉靖四十一年（一五六二年）八月乙丑，诏重录《永乐大典》。命礼部左侍郎高拱、右春坊右中允管国子监司业事张居正，各解原务，入馆校录。拱仍以侍郎兼翰林院学士，同左春坊左谕德兼侍读瞿景淳充总校官，居正仍以中允兼翰林院编修，同修撰林燫、丁士美、徐时行、编修吕旻、王希烈、张四维、陶大临、检讨吴可行、马自强充分校官。初，文皇帝命儒臣汇粹秘阁书籍，分韵类载，以便检考，供事编辑者三千余人，为卷凡二万有奇，名曰《永乐大典》。书成，贮之文楼。其帙甚巨，上初年好古礼文之事，时取探讨，殊宝爱之。自后凡有疑郤，悉按韵索览，几案间每有一二帙在焉。及三殿灾，上闻变，即命左右趣登文楼，出《大典》，甲夜中谕凡三四传，是书遂得不毁。上意欲重录一部，贮之他所，以备不虞，每为阁臣言之。至是谕大学士徐阶曰："昨计重录《永乐大典》，两处收藏。兹秋凉，可处理。"乃选各色善楷书人礼部儒士程道南等百余人，就史馆分录，而命拱等校理之（《明世宗实录》卷五一二）。

万历间，禁中又火，原本贮文渊阁者，竟无下落。而副本在明季已有散佚。

累臣若愚曾闻成祖敕儒臣纂修《永乐大典》一部，系胡广、王洪等编辑。时号召四方文墨之士，累十余年而就，计二万二千八百七十卷、一万一千九十五本。因卷帙浩繁，未遑刻板，正写册原本。至孝庙弘治年，以《大典》金匮秘方，外人所未见者，乃亲洒宸翰，识以御宝，赐太医院使臣王圣济、殿内臣宠盖，欲推之以福海内也。阁臣王文恪鏊恭撰颂以揄扬盛美。相传至嘉靖年间，于文楼安置。偶遭回禄之变，世庙亟命挪救，幸未至焚，遂敕阁臣徐文贞阶，复令儒臣照式摹抄一部。当时供誊写官生一百八名，每人日抄三叶，自嘉靖四十一年起，至隆庆元年，始克告成。及万历年间，两宫三殿复遭回禄，不知此新、旧《永乐大典》二部，今又见贮于何处也（刘若愚《酌中志》卷十八）。

胡仪部青莲，携其尊人所出中秘书名《永乐大典》者，与《韵山》政相类，大帙三十余本，一韵中之一字犹不尽焉（张岱《陶庵梦忆》卷六）。

其副本贮皇史宬者，雍正初，移于翰林院敬一亭，所缺几二千册，则存者九千余册而已。光绪初，存三千余册。甲午，经翁同龢点查，只存八百余册。庚子之役，翰林院被焚，全书荡然无余。通计世界各国图书馆所藏《大典》，凡三百余册，而我有其三之一焉。

《圣祖仁皇帝实录》成，词臣屏当皇史宬书架，则副本在焉，因移贮翰林院，然终无过而问之者。前侍郎临川李公（绂）在书局，始借观之，于是予亦得寓目焉。……会逢今上纂修《三礼》，予始语总裁桐城方公（苞）钞其《三礼》之不传者，惜乎其阙失几二千册（全祖望《鲒埼亭集外编》卷十七《钞永乐大典记》）。

光绪乙亥（元年、一八七五年），重修翰林院衙门，庋置此书不及五千册。严究馆人，交刑部，毙于狱，而书无著。余丙子（二年、一八七六年）入翰林，询之清秘堂前辈，云尚有三千余册。……迨丙戌（十二年、一八八六年），志伯愚侍读锐始导之入敬一亭观书，并允借阅，每册高一尺六寸、广九寸五分，以至粗黄绢连脑包过，硬面宣纸，朱丝阑，每叶八行，每行大十五、小三十字，朱笔句读，书名或朱书或否。乾隆间，馆臣原签尚有存者（缪荃孙《艺风堂文续集》卷四《永乐大典考》）。

午初至翰林院，赴大教习任。……至清秘堂坐，办事诸君咸集，揖坐，向来所无，因此次有院长也。看明钞《四史》不全，《永乐大典》剩八百余本。又至宝善亭看藏书，较从前不过有十之三耳（《翁文恭公日记》甲午六月初十日）。

（丙）《大典》中所存古书

乾隆三十七年二月，有诏搜访遗书。安徽学政朱筠，请辑《大典》中古书善本，因有《四库全书》处之设。先后十余年间，辑出古书数百种，多刻入聚珍板丛书。其为《四库》著录者三百六十五种，附存目者又一百有六种。其中以《旧五代史》《续资治通鉴长编》《建炎以来系年要录》《水经注》诸书为最有名。

臣在翰林院，常翻阅前明《永乐大典》。其书编次少伦，或分割诸书以从其类，然古书之全而世不恒觏者，辄具在焉。臣请敕择取其中古书完者若干部，分别缮写，各自为书，以备著录。书亡复存，艺林幸甚（朱筠《笥河文集》卷一《谨陈管见开馆校书折子》）。

乾隆三十八年八月庚午……谕："昨据军机大臣议覆朱筠条奏，校核

《永乐大典》一折，已降旨派军机大臣为总裁，拣选翰林等官，详定规条，酌量办理。……著再添派王际华、裘曰修为总裁官，即会同遴简分校各员，悉心酌定条例。……寻议：……此书卷帙浩繁，必须多派人员，方能迅速排纂。谨派分校翰林三十员专司纂辑，仍派办事翰林，并酌选军机司员，作为提调，翰林院典簿等官作为收掌，常川赶办，毋致作辍。……再查翰林院署内迤西房屋一区……作为办事之所，检查较为近便。”得旨依议，将来办理成编时，著名《四库全书》（《清高宗实录》卷九二六）。

章学诚谓周永年专司其事，实则邹炳泰纂辑者最多。

宋元遗书，岁久湮没，畸篇剩简，多见采于明成祖时所辑《永乐大典》。时议转从《大典》采缀，以还旧观。而馆臣多次择其易为功者，遂谓搜取无遗逸矣。书昌（周永年）固执以争，谓其中多可录。同列无如之何，则尽举而委之书昌。书昌无间风雨寒暑，目尽九千巨册，计卷一万八千有余，丹铅标识，摘抉编摩。于是永新刘氏兄弟公是、公非诸集以下，又得十有余家，皆前人所未见者，咸著于录。好古之士，以为书昌有功斯文，而书昌自是不复任载笔矣（章学诚《章氏遗书》卷十八《周书昌别传》）。

最先钞《大典》者为全祖望。其未及钞者，后皆入《四库》。嘉庆中，徐松所辑皆巨帙。光绪中叶，缪荃孙复辑得数种。文廷式尝录《经世大典·驲站》，今仅存诸册中，足资辑录者尚不少。

但钞其欲见而不可得者，而别其例之大者为五：其一为经。诸解经之集大成者，莫如房审权之《易》、卫湜、王与之之二《礼》，此外莫有仿之者。今使取《大典》所有，稍为和齐而斟酌，则诸经皆可成也；其一为史。自唐以后，六史篇目虽多，文献不足，今采其稗野之作、金石之记，皆足以资考索；其一为志乘。宋元图经旧本，近日存者寥寥。明中叶以后所编，则皆未见古人之书而妄为之。今求之《大典》，厘然具在；其一为氏族。世家系表而后，莫若夹漈《通略》，然亦得其大概而已，未若此书之该备也；其一为艺文。东莱《文鉴》不及南渡，遗集之散失者，《大典》得十九焉。其余偏端细目，信手荟萃，或可以补人间之缺本，或可以正后世之伪书，则信乎取精多而用物宏，不可谓非宇宙间之鸿宝也。……自从事于是书，每日夜漏三下而寝，可尽二十卷。而以所签分令四人钞之，或至浃旬未毕（全祖望《鲒埼亭集外编》卷十七《钞永乐大典记》）。

祁门马嶰谷曰：琯、仁和赵谷林昱，均为谢山（全祖望）致钞资。而谢山改知县，未久于其事。钞出者，宋田氏《学易蹊径》二十卷，高氏《春秋义宗》百五十卷，曹粹中《诗说》，王安石《周官新义》，《刘公是文钞》，《唐说斋文钞》，史真隐《尚书》《周礼》《论语解》，《二袁先生文钞》，元窦苹酒秠先生《令谱》（今《周官新义》《刘公是文》《二袁先生文》均成书，有传本，余未闻）。杭堇浦（世骏）《续礼记集说》，所采宋元人说，半出于《大典》（缪荃孙《艺风堂文续集》卷四《永乐大典考》）。

第诸书辑散为整，考订不易。有业经辑出而未及进呈者，如宋元两《镇江志》《嘉泰吴兴志》《嘉定维扬志》《奉天录》《九国志》之类，亦复不少。……而修《全唐文》时，大兴徐星伯先生松曾钞出《宋会典》五百卷、《中兴礼书》一百五十卷、《河南志》三卷、《秘书省续到阙书》二卷，仁和胡书农学士敬钞出施谔《临安志》十六卷、《大元海运记》一卷，孙文靖公尔准钞出仇远《山村词》（缪荃孙《艺风堂文续集》卷四《永乐大典考》）。

前后阅过九百余册，而余丁内艰矣。零落不完，毫无巨籍，钞出宋《十三处战功录》《曾公遗录》《顺天志》《泸州志》《宋中兴百官题名》《国清百录》诸书（缪荃孙《艺风堂文续集》卷四《永乐大典考》）。